Carla Hannaford

Bewegung – das Tor zum Lernen

VAK Verlag für Angewandte Kinesiologie GmbH
Freiburg im Breisgau

Titel der amerikanischen Originalausgabe:
Smart moves. Why learning is not all in your head
© Dr. Carla Hannaford, 1995
Erschienen bei: Great Ocean Publishers, Inc., Arlington/Virginia
ISBN 0-915556-27-8

Die Deutsche Bibliothek – CIP-Einheitsaufnahme

Hannaford, Carla:
Bewegung – das Tor zum Lernen / Carla Hannaford. – 2., verb. Aufl. –
Freiburg im Breisgau : VAK, Verl. für Angewandte Kinesiologie, 1997
Einheitssacht.: Smart moves <dt.>
ISBN 3-924077-93-2

2., verb. Auflage: 1997
© VAK Verlag für Angewandte Kinesiologie GmbH, Freiburg 1996
Illustrationen: siehe Abbildungsverzeichnis
Übersetzung: Elisabeth Lippmann
Lektorat: Norbert Gehlen
Umschlag: Hugo Waschkowski
Druck: Friedrich Pustet GmbH & Co. KG, Regensburg
Printed in Germany
ISBN 3-924077-93-2

Inhalt

Wichtige Hinweise des Verlags

Die in diesem Buch vorgestellten Übungen, Vorschläge und Verfahrensweisen dienen dem pädagogischen Ziel, das Lernen zu erleichtern. Sie haben sich als sicher und effektiv bewährt. Wer sie anwendet, tut dies in eigener Verantwortung. Die Autorin und der Verlag beabsichtigen nicht, Diagnosen zu stellen oder Therapieempfehlungen zu geben.

Brain-Gym® ist in den USA von der EK-Foundation und in Deutschland vom IAK Institut für Angewandte Kinesiologie GmbH, Freiburg, als Warenzeichen geschützt.

Dank an meine Mutter, Minnie Foote, die mir das Leben schenkte, Beharrlichkeit vermittelte und Vorbild zu Flexibilität und Glanzleistungen war

Dank an meinen Vater, Jim Foote, der mir den Mut gab, etwas zu riskieren und das Leben zu einem Abenteuer zu machen

Dank an meine Tochter, Breeze, für ihre Liebe und Klugheit, für Einsichten und dafür, daß sie meine Lehrerin, Kotrainerin und Reisepartnerin war

Danksagungen

Meine Anerkennung und mein Dank gelten den nachfolgend genannten Menschen:

James Lindsey für seine Liebe und Geduld, für seine kreativen Vorschläge und seine Erfahrung am Computer

Mark und Margaret Esterman für ihren Einsatz und ihre uneingeschränkte Unterstützung

Cherokee Shaner, Sandra Zachary, Linda Grinde, Johanna Bangeman, Chris Brewer, Angela Spain, Peggy Spencer und ihren Familien und meinen übrigen Freunden in Hawaii und Montana für gemeinsames Arbeiten und Spielen, das Gelegenheit zu gemeinsamem Lernen bot

Brian Nakashima und Francis Shimatsu, die dank ihrer Fürsorge für die Kinder in den hawaiianischen Schulen bereit waren, meine Arbeit zu unterstützen

Paul und Gail Dennison für ihre grundlegende Arbeit, und Olemara Peters für ihre Vorschläge zur rechten Zeit

Paul MacLean, Fran Woolard, Cal Hashimoto und Jeff Low für ihre Inspiration

Rose Harrow, Jessica Thayer, Victoria Lennon, Judy Metcalf, Ruth Knight, Ann Bogdavich, Jim Lieb, Carol Hunter, Lloyd Walker, Martha Denny, Mary und Billy O'Donnell für ihr unerschütterliches Vertrauen in mich und für ihre Durchsicht des Manuskripts in verschiedenen Stadien

Barbara Given und Paul Messier für ihre umfassende Vision und ihre vorteilhaften Verbindungen

Arney Langburg und seiner „pro-aktiven" Vision schulischer Erfolge wider alle Erwartungen

Dee Coulter, deren Arbeit mit jungen Menschen ein Modell für mein Leben war

Anthony Trowbridge für seine Freundschaft und seine glänzenden Erkenntnisse

Svetlana Magutova, Anne Marie Nel, Esta Steenekamp, Laurette Metcalfe, Marilyn Stewart, Andre Vermeulen, Andrzej Wieckowski, Renate Wennekes, Irene Kirpichnikow, Alfred Schatz, Rosemarie Sonderegger, Tanya McGregor und all den außergewöhnlichen Menschen in Rußland, Südafrika, Europa, Kanada, Australien und Neuseeland, die ihre Erfahrungen mit mir ausgetauscht haben

Karl Nel, Shirley Bell, Hanna und Anthony Scott, Helen und Glen Jansen, Truss Gaerts und Faruk Hoosain, durch die ich viele wunderbare Afrikaner und ihre Lebensweise näher kennengelernt habe

Dawn Gilchrist und Harley Hayward, die mir die reiche Kultur der australischen Aborigines nahebrachten

Karen Faurfelt, Jörgen Lerche und Metta Nielsen, die mich in das dänische Schulsystem einführten

John und Ros Harding, die mir Mut machten und ermöglichten, mit Kindern mit Down-Syndrom und cerebralen Lähmungen in der Sunfield Home School zu arbeiten

Jim Butler für seine Hilfe und seine Informationen über elektromagnetische Felder.

Ich danke allen Kindern, die mein Leben in meiner Arbeit mit ihnen und ihrer Arbeit mit mir beeinflußten, und ...

Charles Harter, M.D., meinem Partner, für seine Liebe und den entscheidenden Anstoß zur Fertigstellung des Buches.

Teil I

Wege des Erkennens

Kapitel 1

Lernen geschieht nicht nur im Kopf

Der Geist, der unergründliche Schöpfer der Wirklichkeit, der Kultur, der Geschichte und des gesamten menschlichen Potentials, fasziniert und verblüfft uns immer wieder, wenn wir versuchen, uns selbst zu verstehen. Schon sehr lange streben wir danach, Aufklärung über den menschlichen Geist zu erlangen, indem wir die flüchtigen Eindrücke und Bruchstücke zusammenfügen, die wir durch die Beobachtung und Erforschung des Gehirns erhalten. Einen grundlegenden und mysteriösen Aspekt des Geistes haben wir aber bisher übersehen: Lernen, Denken, Kreativität und Intelligenz sind nicht nur Prozeßabläufe des Gehirns, sondern des ganzen Körpers. Empfindungen, Bewegungen, Emotionen und Funktionen zur Integration des Gehirns gründen im Körper. Die menschlichen Qualitäten, die wir dem Geist zuschreiben, können nie getrennt vom Körper existieren.

Natürlich wissen wir, daß unser Gehirn in unserem Schädel eingeschlossen ist und ständig mit dem übrigen Körper in Verbindung steht. Wenn wir aber in der Praxis über das Denken nachdenken oder es anregen wollen, wenn wir günstige Bedingungen zum Lernen und zu kreativem Denken schaffen wollen, betrachten wir das Denken gewöhnlich als eine Art körperlosen Prozeß, als hätte der Körper nur die Aufgabe, das Gehirn von einer Stelle zur anderen zu bringen, damit es seine wichtige Aufgabe des Denkens erfüllen kann.

Die Vorstellung, unser Intellekt könnte irgendwie getrennt von unserem Körper existieren, ist tief in unserer Kultur verwurzelt. Daraus ist auch die Einstellung entstanden, daß alles, was wir mit unserem Körper tun, ebenso wie die lebenserhaltenden körperlichen Funktionen, Empfindungen und Emotionen, einer niederen Ebene zuzuordnen und weniger typisch menschlich sei. Dieser Gedanke bildet auch die Grundlage für pädagogische Theorien und eine Praxis, die das Lernen erschwert und weniger erfolgreich macht, als es sein könnte.

Denken und Lernen geschieht nicht nur im Kopf. Der Körper ist im Gegenteil vom ersten Moment bis ins hohe Alter integraler Bestandteil aller intellektuellen Prozesse. Die Sinnesorgane unseres Körpers füttern das Gehirn mit Informationen aus unserer Umgebung. Daraus entsteht unsere Kenntnis über die Welt, und darauf können wir uns stützen, wenn wir Neues schaffen. Und es sind unsere Bewegungen, die uns unser Wissen zum Ausdruck bringen lassen, und die, wenn sie komplexer werden, höhere kognitive Funktionen erleichtern. Dies ist die Schlußfolgerung, die durch die neurowissenschaftliche Forschung mit immer neuen Details gestützt wird. Wenn unsere Kenntnisse über das Gehirn auch noch sehr lückenhaft sind, so haben wir doch viel gelernt in den letzten Jahren. Und ich glaube, daß dieses Wissen die Art und Weise verändern wird, wie wir Kinder erziehen und unterrichten, wie wir uns selbst sehen und unser ganzes Leben lang lernen.

Wir müssen die Bedeutung des Körpers beim Lernen, wie sie durch wissenschaftliche Forschung nachgewiesen wurde, sehr viel stärker beachten. In diesem Buch wird versucht, diese neuen Erkenntnisse in eine zeitgemäße und dynamische Sicht des Lernens einzubinden. Insbesondere soll beleuchtet werden, auf welch vielfältige Weise mentale Prozesse durch Bewegung eingeleitet und unterstützt werden.

Was Sie in diesem Buch finden

Teil I (*Wege des Erkennens*) behandelt die körperliche Entwicklung und die Entwicklung des Gehirns – das Wachstum der körperlich-geistigen Anlagen, mit denen wir lernen. Intelligenz, die allzuoft auf analytische Fähigkeiten reduziert und als IQ nach Punkten bestimmt wird, hängt in weit größerem Maße von Gehirn und Körper ab, als uns im allgemeinen klar ist. Körperliche Bewegung spielt von frühester Kindheit bis ins hohe Alter eine entscheidende Rolle bei der Entstehung von neuralen Netzwerken (von Nervenzellen), die erwiesenermaßen Voraussetzung für das Lernen sind.

Wir behandeln drei unterschiedliche, aber miteinander verbundene Arten von geistig-körperlichen Prozeßabläufen: Wahrnehmungen, Emotionen und Denken. Wahrnehmungen und Empfindungen, die über die

Augen, die Ohren, über Nase, Zunge, Haut und die Propriozeptoren empfangen werden, sind die Grundlage für das Wissen. Der Körper ist das Medium für diese Art von Lernen, indem er alle Wahrnehmungen sammelt, die uns über die Welt und über uns selbst Aufschluß geben.

Als nächstes untersuchen wir die tiefgehenden Verknüpfungen von Körper, Emotionen und Denken. Unsere Vorstellung von emotionalen Prozessen erfährt durch neuere Erkenntnisse der Neurowissenschaften eine Veränderung. Emotionen erscheinen in einem neuen Licht – als ein Körper-Geist-System, das wichtige Informationen für kognitive Prozesse beisteuert.

Dann befassen wir uns mit dem Denken und dem Bedürfnis nach Bewegung: Wir *brauchen* Bewegungen, um unsere Gedanken zu ankern und die Fähigkeiten auszubilden, mit denen wir unser Leben lang unser Wissen zum Ausdruck bringen. Wie abstrakt unser Denken auch scheinen mag, es kann nur durch den Gebrauch unserer Muskeln offenbar werden – durch Sprechen, Schreiben, Musizieren, Rechnen, und so weiter. *Unser Körper* redet, fokussiert beim Lesen die Augen auf die Seite, hält beim Schreiben den Stift und spielt die Musik.

In Teil II (*Bewegung macht klug*) gehen wir näher auf die Bedeutung von Bewegung ein und stellen Brain-Gym® vor, eine Reihe integrativer Bewegungen, die das Lernen allgemein fördern.

In Teil III (*Unsere Lernsysteme hegen und pflegen*) gehen wir schließlich auf die Notwendigkeit der Streßbewältigung ein und behandeln die Ernährung und andere physische Voraussetzungen für das Lernen. Wie wir sehen werden, hat Streß nicht nur, wie allgemein bekannt, Auswirkungen auf die Gesundheit; er wirkt sich auch extrem nachteilig auf das Lernpotential aus. Streß ist die Hauptursache für viele der Lernprobleme bei Menschen, denen Hyperaktivität, ADS (Aufmerksamkeitsdefizit-Syndrom, mit oder ohne Hyperaktivität) oder Verhaltensstörungen attestiert werden. Ich werde Vorschläge machen, was Sie tun können, um die Auswirkungen von Streß in Ihrem Leben zu reduzieren. Am wichtigsten ist dabei, daß Sie sich mehr bewegen, daß Sie insbesondere Integrationsübungen machen, die Balance und Koordination fördern und damit Entwicklung und Funktion des Nervensystems unterstützen.

Der Anfang dieser Geschichte

Seitdem ich Zeuge geworden bin, welche Wunder bei Kindern mit „Lern-störungen" durch Bewegung bewirkt wurden, fasziniert mich die Bedeu-tung der Bewegung im Lernprozeß. Bei der Arbeit mit diesen Kindern stellte ich fest, daß sie sehr viel leichter lernen konnten, wenn wir zunächst einige einfache Übungen zur Ganzkörperintegration machten. Meine Faszination wuchs, als ich die Übungen mit den Kindern mitmachte und merkte, daß ich viel leichter denken, kommunizieren und beliebige Dinge lernen konnte – von Bücherschreiben bis zu Skifahren.

Mir war Lernen nie leichtgefallen. Wäre ich ein Kind und müßte heute zur Schule gehen, würden mir sicher „Lernstörungen" oder „ADS mit Hyperaktivität" bescheinigt. Ich konnte nicht lesen, bevor ich zehn war, und mußte mich bewegen, um lernen zu können. Meine Tochter hatte in der Schule ähnliche Schwierigkeiten. Aufgrund dieser Erfahrungen konnte ich sehr gut verstehen, warum Bewegung das Lernen so entschei-dend fördert.

Die Veränderungen, die durch derart einfache körperliche Aktivitäten bei Kindern mit „Lernstörungen" erzielt wurden, weckten meine Neugier – ich mußte den Grund dafür kennenlernen. So begann ich nachzu-forschen und gelangte zu der Erkenntnis, daß Bewegung die neuralen Verbindungen im ganzen Körper aktiviert und so den ganzen Körper zum Instrument des Lernens macht. Wahrlich ein großer Schritt weg von der Vorstellung, daß Lernen nur im Gehirn geschieht.

Wenngleich die moderne Wissenschaft dazu beiträgt, die Rolle des Körpers und die Notwendigkeit von Bewegung beim Lernen richtig ein-zuschätzen, erschwert uns die moderne Lebensweise wahrscheinlich stärker denn je zuvor, von dieser Einsicht zu profitieren. Kinder verbrin-gen gewöhnlich viel Zeit mit Fernsehen, Computern und Videospielen und entwickeln – wie ihre Eltern – einen Lebensstil, in dem regelmäßiges sportliches Training nicht vorkommt. Wenn wir uns bewegen, dann ge-schieht das wettbewerbsmäßig oder zwanghaft, und wir riskieren allzu-leicht Verletzungen. Unser persönlicher Alltag ist erfüllt von Streß, und unsere Gesellschaft plagt die Furcht vor Gewaltübergriffen, die durch die Medien noch geschürt wird. Allzuoft erscheinen Medikamente als die ein-zig mögliche und empfehlenswerte Hilfe gegen den ganzen Streß und die Hyperaktivität. Die genannten und noch weitere Faktoren beeinträchti-gen entscheidend die Fähigkeit zum Lernen und damit auch die Fähigkeit, kreativ zu sein und unser volles Potential als Menschen auszuschöpfen.

Um diesen gefährlichen Tendenzen entgegenzuwirken, wäre es meiner Meinung nach hilfreich, wenn wir die enorme angeborene Kapazität des Geist-Körper-Systems zum Lernen besser erfassen und auch die Bedeutung von Bewegung für deren Aktivierung verstehen würden. Für mich sind die sich abzeichnenden wissenschaftlichen Erkenntnisse unendlich faszinierend – und überaus bedeutsam für unsere Zukunft als Individuen und als globale Zivilisation. Die Entdeckung, daß Bewegung nicht nur das Lernen, sondern auch Kreativität, Streßmanagement und Gesundheit entscheidend verbessert, hatte und hat weiterhin direkte Auswirkungen: Für Geschäftsleute, die mit Streß fertigwerden und doch produktiv sein müssen. Für alte Menschen, die ihr klares Denken, ihr Gedächtnis und ihre Vitalität behalten möchten. Für Pädagogen, Lehrer und Eltern, die auf Erfolg für alle Kinder bedacht sind. Und für die Kinder und Erwachsenen, denen leichtfertig „Lernstörungen", „ADS mit oder ohne Hyperaktivität" oder „Verhaltensstörungen" attestiert werden, als seien dies tatsächlich Krankheiten. Für diese Menschen wird es möglich, daß sie ohne Medikamente die Verantwortung für ihr eigenes Leben übernehmen, daß sie ihre Fähigkeiten zum Lernen und zu schöpferischen Tätigkeiten ausbilden und ein erfülltes Leben führen.

Zu Beginn unserer Reise der Erkenntnis möchte ich ein Wunder beschreiben: die erstaunliche neurale Plastizität des Geist-Körper-Systems, die ich bei der Verwandlung eines kleinen Mädchens namens Amy beobachtet habe.

Amys Verwandlung

Amy war eine hübsche Zehnjährige mit langen goldenen Locken und einem strahlenden Lächeln. Für eine Fünftkläßlerin war sie normal groß, aber sie hinkte deutlich sichtbar, da sie einen Fuß nachzog. Und ihr Sprachstil war verworren und recht einsilbig, so daß sie schwer zu verstehen war. Amy hatte durch körperliche Mißhandlung im Alter von sechs Wochen einen Gehirnschaden erlitten. Bei ihrer sehr liebevollen Mutter und dem Stiefvater war sie ein liebenswertes, lebhaftes Kind geworden.

Da Amy weder lesen, schreiben noch kommunizieren konnte, kam sie in der Schule in eine separate Klasse mit fünf „verhaltensgestörten" Kindern. Ich arbeitete zu dieser Zeit als Beraterin an der Grundschule und bot an, drei Kinder aus dieser Gruppe täglich während der Pause zu übernehmen, um die Lehrer zu entlasten. Amy gehörte mit zwei achtjährigen

Jungen zu dieser Gruppe. Ein Junge galt als geistig zurückgeblieben (auch seine Eltern wurden als geistig behindert angesehen), der andere Junge galt als verhaltensgestört, da er immer wieder heftige Wutausbrüche hatte.

Ich werde nie vergessen, wie wir uns in meinem Büro, das kaum größer als ein Wandschrank war, trafen und miteinander vertraut wurden. In der ersten Woche führte ich mit jedem Kind die Dennison-Lateralitätsbahnung durch. Danach machten wir täglich fünf Minuten Brain-Gym®-Übungen. Dabei handelt es sich um einfache Körperbewegungen (in Kapitel 7 beschrieben), die das ganze Gehirn aktivieren, besonders die Bereiche der Stirnlappen. Wir tranken außerdem sehr viel Wasser.

Danach gingen wir ins Freie und kickten noch etwa zehn Minuten mit einem Fußball. Die Jungen waren begeistert, und Amy rannte schreiend und lachend dem Ball nach. An Regentagen verbrachten wir die Zeit mit Sprechen, künstlerischen Tätigkeiten und Singen. Immer gab es viel zu lachen. Manchmal las ich den Kindern Geschichten vor, dann wieder erfanden wir gemeinsam Geschichten, mit verstellter Stimme und anderem Akzent, und oft malten wir dazu.

Wenn es zu einem Streit kam, hatte ich die Regel aufgestellt, daß jeder zwei Minuten die Brain-Gym®-Stellung *Hook-ups* einnehmen mußte. Nachdem sich die Kinder auf diese Weise beruhigt und eine Integration erreicht hatten, konnten sie vernünftig über ihre Frustration oder ihr Bedürfnis sprechen. Dieser Ablauf führte dazu, daß Gefühle in gemäßigter Form zum Ausdruck gebracht wurden und die Spannung nachließ. In Hook-ups zu sitzen wurde zu einem wertvollen zwischenmenschlichen Instrument, das Aufrichtigkeit ohne Angst oder Gewalt förderte.

Die Kinder und ich wurden Freunde, und unsere täglichen Aktivitäten wurden Routine. Nachdem ich zwei Monate mit Amy gearbeitet hatte, rief mich ihre Mutter an, um mir außerordentlich gute Neuigkeiten zu berichten. Der Kinderarzt der Familie hatte sein Erstaunen über Amys neue Fähigkeit, in Sätzen zu sprechen, geäußert. Ich hatte die Veränderung nicht bemerkt, da ich Amy täglich sah.

Nach weiteren Monaten gelang es Amy, den Ball zu treffen und auch zu kicken, so daß die Jungen jetzt gerne mit ihr spielten. Ihr Hinken hatte deutlich nachgelassen, und Amy konnte den Fußball „pfeilgerade" kicken. Amy mochte Pferde, aber das Pferd, das sie am ersten Tag für mich gemalt hatte, hatte nur die Farbe mit dem Pferd gemeinsam. Am Ende des Schuljahrs war das Pferd auf ihrem Bild zu erkennen.

Nach fünf Monaten hatte Amy im Lesen den Stand der zweiten Klasse erreicht, und sie schrieb gerne. Nach sieben Monaten erzählte sie mir eine überzeugende Lüge, was zeigte, daß sie jetzt auch anspruchsvollere kognitive Fähigkeiten kreativ einsetzen konnte. Zum Ende des Schuljahrs hatte sie im Lesen fast das Klassenniveau erreicht, sie schrieb recht einfallsreiche Geschichten und konnte erfolgreich kommunizieren.

Amy hatte fünf Jahre die Schule besucht und hatte vorher trotz sehr guter Lehrer kaum Fortschritte gemacht. Ihr plötzlicher Fortschritt fiel mit der Einführung von Bewegung in ihren Tagesablauf zusammen – Bewegung in Form von Brain-Gym®, Fußball, Kunst und Musik. Auch die Jungen hatten in diesem Jahr erstaunliche Fortschritte in ihren schulischen Leistungen erzielt. Sie waren außerdem besser in der Lage, in emotional schwierigen Situationen ruhig und gelassen zu bleiben.

Diese Erfahrung bestärkte meine Überzeugung ganz entscheidend, daß Bewegung für das Lernen irgendwie wichtig sei. Ich gewann in zunehmendem Maße die Erkenntnis, daß der Körper beim Lernen genauso einflußreich wie das Gehirn ist, und ich begann Fragen zu stellen und forschte, und daraus entstand schließlich dieses Buch. Ich hatte bei Kindern und Erwachsenen nach Brain-Gym®-Bewegungen entscheidende Verbesserungen ihrer *schulischen* Fähigkeiten beobachtet, aber die Geschichte mit Amy zeigte, daß sich bei *allem*, was sie tat, Verbesserungen zeigten.

Das war gleichzeitig faszinierend und rätselhaft. Wir haben viel Zeit und Mühe darauf verwendet, den Menschen das Lernen beizubringen, und trotzdem werden die Ergebnisse der Leistungstests immer schlechter, und es gibt immer mehr Analphabeten. Wäre es möglich, daß wir Bewegung als eines der wesentlichen Elemente einfach übersehen haben? Meine Neugier gab den Anstoß, daß ich weiter ins Labyrinth der Neurophysiologie vorstieß, die ich jahrelang an der Universität gelehrt hatte. Meine Nachforschungen erstreckten sich auch auf den exponentiell wachsenden Kenntnisstand über das Funktionieren des Geist-Körper-Systems und die wichtige Verbindung von Bewegung, Sinnen und Emotionen für wirksames Lernen. Es ist höchste Zeit, daß wir unsere falschen Vorstellungen über unseren Körper einer Prüfung unterziehen. Damit können wir den Weg für das Geist-Körper-System freimachen, damit es sein unendliches Potential für Lernen, Denken und Kreativität wiedererlangt.

Kapitel 2

Neurale Netzwerke – Entwicklung über extra breite Straßen

„Das Wachstum des menschlichen Geistes ist noch immer ein großes Abenteuer, in vieler Hinsicht das größte Abenteuer auf Erden."
Norman Cousins

Amys aufregende Fortschritte erschienen allen Beteiligten wie ein Wunder. Mit ihrem unerschütterlichen Mut war sie uns vor allem ein Vorbild – und gleichzeitig wurde mir angesichts ihrer Entwicklung klar, über welch enorme Plastizität und Heilkraft unser Körper-Geist-System verfügt.

Die menschliche Natur ist sehr anpassungsfähig und flexibel. Als Spezies haben wir uns vielen verschiedenen Umwelten erfolgreich angepaßt, von den Regenwäldern am Äquator bis zur arktischen Tundra. Dank der Plastizität unseres Körper-Geist-Systems können wir uns anpassen und Baumhäuser oder Iglus bauen.

Die neurale Plastizität ist eine dem Nervensystem eigene und sehr nützliche Eigenschaft. Sie macht Lernen möglich und ebenso eine Adaption nach aufgetretenen Schädigungen, so daß wieder neu gelernt werden kann. Vom Zeitpunkt kurz nach der Konzeption bis zum Tod ist das Nervensystem ein sich dynamisch veränderndes, selbstorganisierendes System. Die Entwicklung erfolgt nicht nach einem einzigen Grundmuster und ist nie statisch – wir entwickeln unsere neuralen Verbindungen als direkte Antwort auf unsere Lebenserfahrungen. Die Ausbildung von Fähigkeiten und eine Stärkung unseres Potential gehen Hand in Hand. Wenn wir wachsen, wenn wir uns bewegen und wenn wir lernen, verbinden sich die Zellen unseres Nervensystems zu sehr komplexen Mustern von neuralen

Pfaden. Diese Muster werden das ganze Leben hindurch organisiert und umorganisiert, und wir erhalten dadurch mehr Möglichkeiten, äußere Reize aufzunehmen und die unendlich vielen Tätigkeiten eines Menschenlebens auszuführen.

Durch diese Plastizität verfügt das Nervensystem über ein riesiges Potential für Veränderung und Wachstum. Im Fall einer Schädigung von Nerven wie bei Amy können andere Nerven an deren Stelle treten und die verlorene Funktion übernehmen. Dies läßt sich auch bei Schlaganfallpatienten überzeugend beobachten, deren Nervensystem sich so reorganisiert, daß verlorene Funktionen, wie die Sprache, wiederhergestellt werden können.

Die gesamte neurale Organisation geschieht als Antwort auf Stimulierung und Aktivität, das heißt durch den Gebrauch der neuralen Pfade. Bewegung und Training etablieren diese Pfade und bauen sie weiter aus.

Wie wir lernen

Im Grunde ist die Geschichte neuraler Heilungen auch die Geschichte des Lernens. Wenn wir geboren werden, sind fast alle Nervenzellen oder Neuronen bereits vollständig vorhanden. Üblicherweise ist das Gehirn des Neugeborenen nur wenig organisiert, es reagiert auf Klänge und Schwerkraft, und es nimmt die materielle Welt auf und reagiert darauf. Obwohl wir uns in der genetischen Ausstattung unterscheiden, besitzen wir im Grunde genommen alle das gleiche umfangreiche Potential. Erhalten wir die notwendige Menge an Nahrung, Sauerstoff, Reizen und Bewegungsfreiheit, bauen wir alle sehr komplexe Nervensysteme auf und wir erneuern sie auch – und denken uns nichts dabei. Die unserem Geist eigene Plastizität und Kapazität ist ehrfurchtgebietend – und viele Menschen glauben, daß wir gerade erst begonnen haben, unser vollständiges geistiges Potential anzuzapfen.

Lernen findet statt, während wir mit der Welt interagieren. Im Gehirn und im Körper läuft dieses Lernen als Kommunikation zwischen Neuronen ab. Wenn wir sensorische Reize erhalten und Bewegungen einleiten, bilden unsere Neuronen Verlängerungen aus, die sogenannten Dendriten, hin zu anderen Neuronen. Diese Dendriten bringen die Kommunikation der Nervenzelle mit anderen Nervenzellen zustande. Neuronale Gruppen bilden Kommunikationsmuster, die zu Pfaden und bei häufigem Gebrauch zu extra breiten Straßen werden, mit deren Hilfe wir leicht Zugang zu unserer Welt finden und auf sie einwirken.

Dieser Prozeß, in dem die Nervenzellen Verbindungen und Netzwerke schaffen, heißt – in *unsere* Realität übersetzt – Lernen und Denken. Wenn Assoziationen zustande kommen und Informationen zusammengefaßt werden, erweitern sich die Pfade zu komplexen Netzwerken. Diese Netzwerke wiederum können verändert werden, wenn das System in seiner Selbstorganisation komplexere Formen entwickelt.

Neuronen

Um in der Geschichte des Lernens weiterzukommen, müssen wir uns die Hauptdarsteller, unsere Neuronen (= Nervenzellen), näher betrachten. Neuronen sind spezialisierte Zellen, die für die Übermittlung elektrischer Botschaften durch den ganzen Körper speziell angepaßt sind. Man glaubt, daß das menschliche Nervensystem aus 10^{11} Neuronen besteht; das sind etwa genauso viele, wie es Sterne in der Milchstraße gibt. Keine zwei Neuronen sind identisch, aber entsprechend ihren Funktionen lassen sie sich grob in einige Kategorien unterteilen. (1; siehe Anmerkungen am Schluß des Buches)

Es gibt drei Haupttypen von Neuronen: sensorische, intermediäre und motorische. (Vgl. Abb. 2.1, S. 23) Das Zentralnervensystem (Gehirn und Rückenmark) erhält sensorische Informationen aus dem ganzen Körper durch die sensorischen Neuronen: von der Haut, den Augen, den Ohren, der Zunge, der Nase und den Propriozeptoren. Propriozeptoren sind Sinnesorgane, die Informationen über die Stellung von Muskeln oder Muskelspannungen, über die Aktivität von Gelenken und das Gleichgewicht liefern. Die Propriozeptoren befinden sich in Muskeln, Sehnen, Gelenken und im Innenohr.

Intermediäre Neuronen haben Netzwerkfunktion. Im Rückenmark und im Gehirn übermitteln intermediäre (Assoziations-) Neuronen über ihre Dendriten Informationen an Netzwerke anderer intermediärer Neuronen im ganzen Gehirn. (2) Das große intermediäre Netz von Assoziationsneuronen umfaßt 99,98 Prozent aller Neuronen im Zentralnervensystem (ZNS). Sie tragen alle Informationen zusammen, verarbeiten sie und animieren dann den Körper, die Muskeln und die Drüsen, mit Hilfe motorischer Neuronen zu reagieren. (3) Das große intermediäre Netz kann als Kommandozentrale betrachtet werden, da es direkt mit dem gesamten Informationsnetz des Gehirns verbunden ist.

Sind die Informationen verarbeitet, leitet das große intermediäre Netz eine Aktion ein, indem es Botschaften an die entsprechenden motorischen Neuronen sendet, die sich im Gehirn befinden. Motorische Neuronen tragen die Botschaften vom ZNS zu den Muskeln und Drüsen, um deren Funktionen zu aktivieren. Für jede Tätigkeit müssen motorische Neuronen aktiviert werden. Für grobmotorische Bewegungen, zum Beispiel das Vor- und Zurückschwingen des Arms, stimuliert ein einziges motorisches Neuron vielleicht hundertfünfzig bis zweitausend Muskelfasern und bringt diese zu gleichzeitiger Kontraktion. Bei präzisen Bewegungen werden weniger als zehn Muskelfasern durch ein Neuron angeregt. Diese gezieltere Verteilung erlaubt eine genauere Muskelkontrolle bei höherwertigen Fähigkeiten, wie zum Beispiel bei Konzertpianisten oder Gehirnchirurgen. (4)

Neuronenbündel bilden Nerven, wie zum Beispiel den Ischiasnerv, der eine Leitung mit Millionen sensorischer und motorischer Neuronen darstellt und die Nervenversorgung zum Bein und vom Bein weg gewährleistet.

Alle Strukturen in einem Neuron bestimmen und programmieren gemeinsam das Verhalten eines Organismus. (5) Die Zellkörper enthalten den Kern und andere wichtige Organellen der Zelle. Die Zellkörper sind gewöhnlich von den Knochen der Wirbelsäule und des Schädels geschützt, da sie die genetische und regenerative „Hardware" der gesamten Zelle enthalten.

Dendriten sind die stark verzweigten, dicken Verlängerungen des Zellkörpers, die Informationen sammeln und Impulse an den Zellkörper weitergeben. Das Axon ist meist eine lange, dünne Faser, die die Impulse vom Zellkörper weg zu einem anderen Neuron, einem Muskel oder einer Drüse führt. Wenn Neuronen wieder und wieder benutzt werden, legen sie über das Axon eine vielschichtige, weiße Segmentschicht aus Phospholipid mit der Bezeichnung Myelin. Myelin vergrößert die Geschwindigkeit der Übermittlung der Nervenimpulse und isoliert, schützt und unterstützt die Regeneration von beschädigten Nerven.

Wenn wir etwas neu lernen, geht das langsam, so als müßten wir uns erst einen Pfad durch unwegsames Gelände bahnen. Werden aber die Neuronen wiederholt aktiviert, wächst mehr Myelin nach. Je mehr Myelin, desto

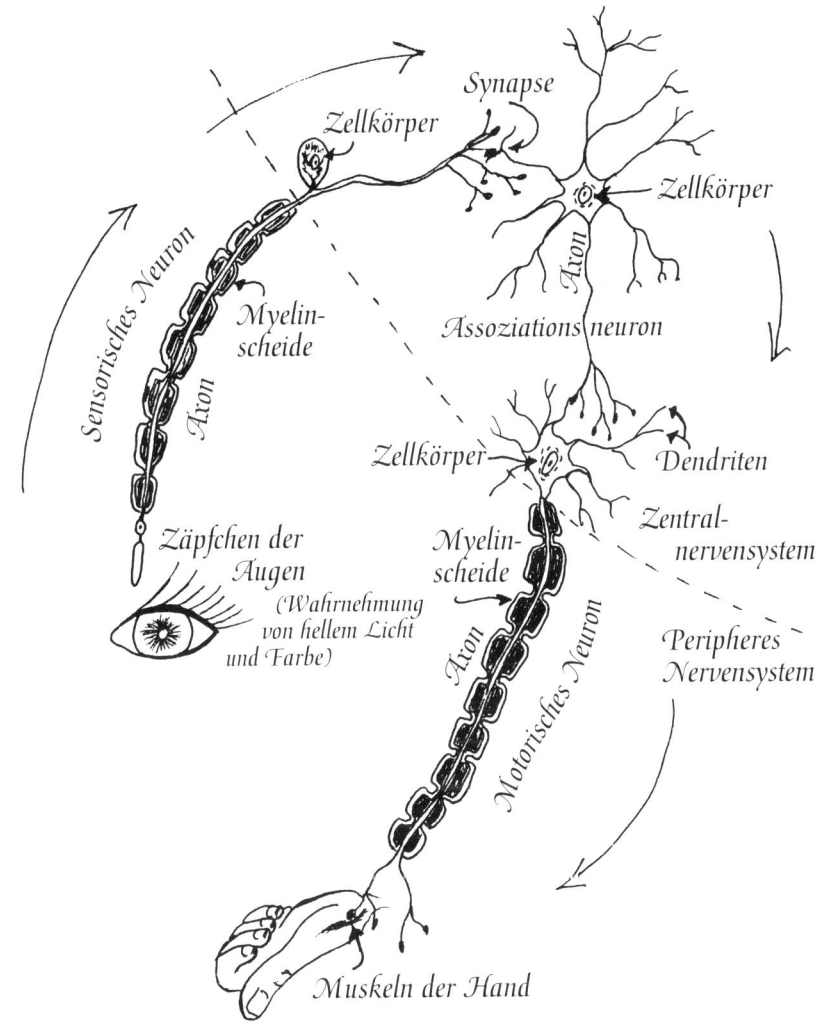

Abbildung 2.1: Neuronentypen

schneller die Übermittlung. In Neuronen mit einer starken Myelinschicht werden die Impulse mit einer Geschwindigkeit von 100 m pro Sekunde weitergeleitet. Deshalb gilt also: Je mehr Übung und je mehr Myelin, um so schneller geschieht die Verarbeitung – bis sie schließlich so leicht und vertraut wird, als fahre man schnell über eine extra breite Straße. Myelin ist verantwortlich für die Farbe der weißen Substanz in Gehirn und Rückenmark. Nervenfasern ohne Myelin sind grau und bilden mit den Zellkörpern die graue Substanz in Gehirn und Rückenmark.

Multiple Sklerose und die Tay-Sachs-Krankheit sind auf die Zerstörung der Myelin-Scheide zurückzuführen. (6) Ein neuerer Film, *Lorenzo's Oil*, der auf einer wahren Geschichte beruht, handelt von einer seltenen Krankheit, die das Myelin auf den Neuronen zerstört. Die engagierten Eltern, die nicht an die tödliche Diagnose glauben wollten, studierten die Zusammensetzung von Myelin und konnten die Krankheit aufhalten. Durch die Anwendung bestimmter Fettsäuren (Öle) konnten sie die Wiederherstellung des verlorenen Myelin unterstützen. Auch das wieder ein Beispiel für die bemerkenswerten Heilungskräfte des menschlichen Nervensystems.

An den Enden der Axone befinden sich Telodendren (Telefonbäume) mit Endplatten. In diesen befinden sich synaptische Bläschen, die bestimmte chemische Stoffe, die Neurotransmitter, enthalten. Bei der Aktivierung überbrücken die Neurotransmitter die Lücke (Synapse) zwischen dem Neuron und der Zellmembran des Zielneurons, des Muskels oder der Drüse, um die Aktivierung dieser Membran anzuregen oder zu verhindern. An diesen Kontaktstellen werden Informationen von einer Zelle zur anderen übertragen.

Einige Neurotransmitter wirken erregend und verstärken die Weiterleitung der Botschaften, indem sie das Aktionspotential der Membran verringern beziehungsweise eine Depolarisation (Spannungsabnahme) der Membran bewirken. Andere haben hemmende Eigenschaften, sie schränken die Übermittlung von Botschaften durch Erhöhung des Potentials der Membran ein. Das Potential der Membran und spezifische Neurotransmitter werden im weiteren noch behandelt.

Die Synapsen sind die Aktionsfelder der meisten Arzneimittel, die das Nervensystem beeinflussen, und viele psychiatrische Beschwerden sind auf die Unterbrechung der synaptischen Kommunikation zurückzuführen. (7)

Die Weiterleitung von Nervenimpulsen geschieht nur in einer Richtung, vom Zellkörper durch die Axone zu den Endpunkten der Telodendren. Botschaften werden chemisch über die Synapsen und elektrisch entlang der Nervenfasern weitergeleitet. Damit Sie eine bessere Vorstellung bekommen, beschreibe ich die Vorgänge, die ablaufen, wenn Sie aus

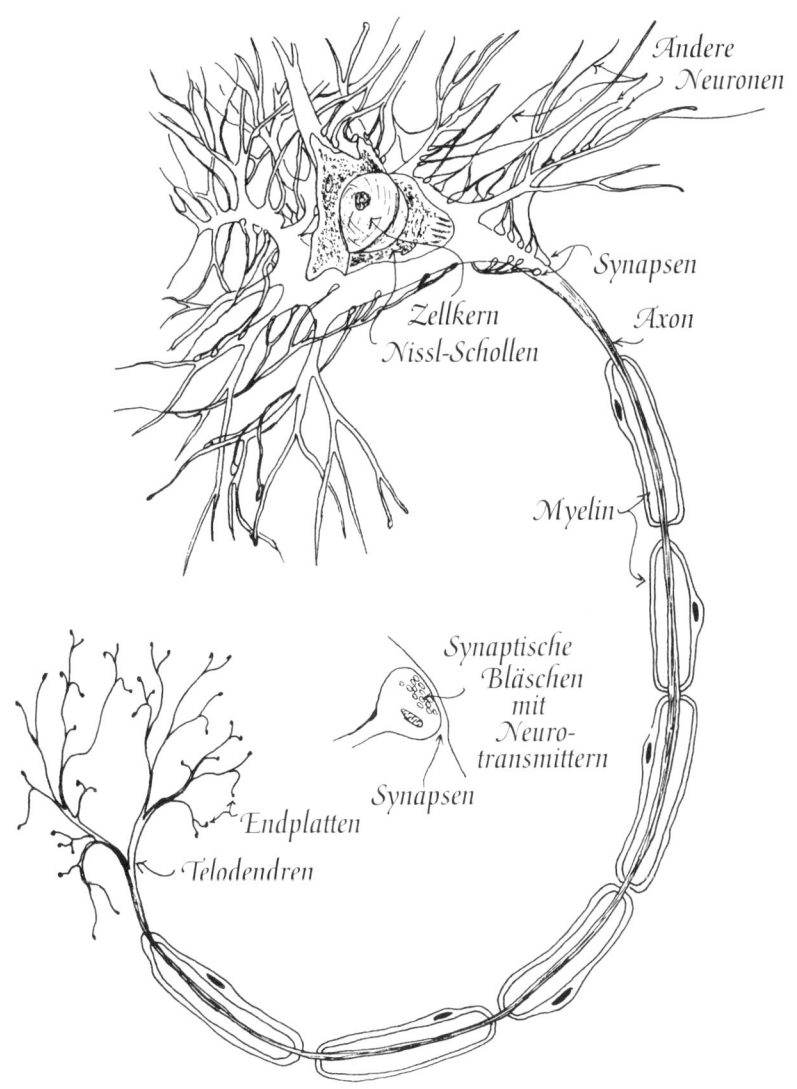

Abbildung 2.2: Motorische Neuronen

Versehen mit dem Fuß auf eine scharfe Kante treten: Dendriten in den Schmerzrezeptoren der Fußsohle nehmen den Reiz auf. Die Botschaften von den Dendriten werden durch den Zellkörper und durch das Axon an

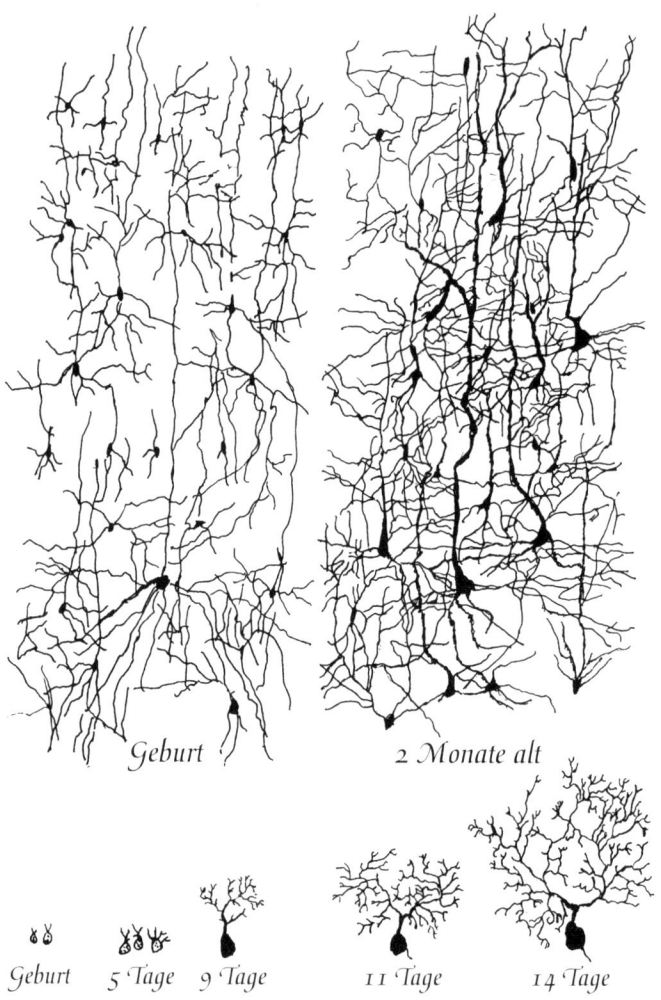

Geburt   2 Monate alt

Geburt   5 Tage   9 Tage   11 Tage   14 Tage

Abbildung 2.3: Neurale Netze (bei der Geburt und mit zwei Monaten)

die Telodendren und die Endplatten weitergeleitet. Die synaptischen Bläschen geben über die Synapse Neurotransmitter ab, die die Rezeptoren des nächsten Neurons aktivieren, gewöhnlich ein intermediäres Neuron des Rückenmarks. Dieses Neuron verbindet sich dann über eine Synapse mit einem motorischen Neuron, dessen Axon die Botschaft an Muskeln im Fuß weitergibt, damit diese nicht zu stark auf den Stein treten. Gleichzeitig nimmt das intermediäre Neuron zu einem anderen intermediären Neuron Verbindung auf und vermittelt den Impuls an den sensorischen Kortex im Gehirn, wo Ihnen die Vorstellung eines spitzen Steins unter Ihrem Fuß bewußt wird.

Auf diese Weise findet im Körper die Kommunikation zwischen äußerer und innerer Umgebung statt. Diese andauernde molekulare Kommunikation kann – abhängig von der Nutzung – neu strukturiert werden und ist zusammenhängenden, synchronisierten Veränderungen unterworfen, wenn Lernen stattfindet. Die wunderbare Flexibilität unseres Nervensystems erlaubt eine große Bandbreite von Fähigkeiten. So entwickeln wir neurale Netze, um die feinmotorische Muskelkontrolle und das musikalische Gespür eines Pianisten oder das Raumempfinden eines Malers möglich zu machen. Es liegt weitgehend an uns. In gewissem Sinn bauen wir unser eigenes Nervensystem als eine Spezialkonstruktion auf, damit wir unsere Interessen auswählen und unseren Lebensunterhalt bestreiten können.

Nervennetze

Während wir denken, uns erinnern und geistig und körperlich aktiv sind, werden neue Dendriten gebildet – aus Proteinen, die in den Nissl-Schollen im Zellkörper des Neurons durch Synthese entstehen. Eine Nervenzelle kann weniger als zwölf oder bis zu mehr als tausend neue Dendriten haben. Sie dienen als Kontaktstellen und öffnen beim Lernen neue Kanäle zur Kommunikation mit anderen Neuronen. (8) Sie werden unbedingt gebraucht, da, wie Solomon Snyder bemerkt, „die Kommunikation zwischen Zellen oder Zellgruppen für das Überleben vielzelliger Organismen unentbehrlich wichtig ist." (9) Die Entwicklung von neuralen Netzen ist in der Abbildung 2.3 grafisch dargestellt.

Dendriten schaffen zunehmend komplexe, zusammenhängende Netzwerke von neuralen Pfaden, über die Reaktionen und Gedanken in Form elektrochemischer Impulse weitergeleitet werden. Diese sich ständig verzweigenden Pfade befinden sich beständig in einem Zustand des Entstehens. Solange die Stimulation andauert, verzweigen sich die Dendriten weiter. Diese Verzweigung hört auf, wenn die Stimulation beendet ist. Unser ganzes Leben lang verändern sich diese Pfade von einem Augenblick zum anderen. (10) Schließlich bilden sie nur einige wenige dauernde Verbindungen an den Synapsen mit bestimmten Zielzellen. Durch die fortgesetzte Erfahrung können diese Synapsen aber auch weiter modifiziert werden. Wenn Neues gelernt wird, entstehen viele synaptische Verbindungen. Später werden diese Verbindungen aber gezielt eingeschränkt, um das Denken effizienter zu machen. (11) Neuronen können zwischen tausend und zehntausend Synapsen haben, und sie können Informationen von tausend weiteren Neuronen aufnehmen. (12)

Das große intermediäre Netz

Nach unserem gegenwärtigen Verständnis des großen intermediären Netzes könnten wir es mit einem unstrukturierten Informationsnetz ohne vorgegebene Form vergleichen, in dem mehrere Prozessoren gleichzeitig, parallel arbeiten. Während elektrische Impulse in Computerkreisläufen eine Million Mal schneller als die elektrophysiologischen Impulse in den Neuronen vorankommen, ist der Computer zur Zeit noch auf einen einzigen Prozessor beschränkt. Ein Prozessor, egal wie schnell er arbeitet, wird schließlich mit Informationen überlastet, und es kommt zu Engpässen. Und auch Versuche, diese Engpässe durch parallele Prozessoren mit hoher Kapazität zu umgehen, führen wieder zu Verarbeitungsproblemen. Es ist sehr schwierig, Programme aufzustellen, die derartige Engpässe vermeiden, das heißt auszuschließen, daß einige Stellen überlastet und andere untätig sind.

Das große intermediäre Netz kennt keine derartigen Einschränkungen. Durch die komplexen Verbindungen der Neuronen wird auch mit langsamen Impulsen ein Informationsnetz ohne vorgegebene Form geschaffen, das alle Informationen im Gehirn jederzeit von jedem Punkt aus zugänglich macht. Der Vergleich und die Aufbereitung von Informationen geschieht tatsächlich gleichzeitig, ohne daß es von Natur aus zu Engpässen kommt.

Eine typische Datenbank mit Informationen, beispielsweise eine Adressenliste, sammelt alle zutreffenden Daten (eine „Teilmenge" der insgesamt vorhandenen Informationen), gibt sie in eine einzige Sammlung, die dann mit anderen Dateien in einem Speicher abgelegt wird. Einzelinformationen können in die anderen Dateien nur dann verteilt werden, wenn sie einzeln in jede der entsprechenden Dateien eingespeist werden. Solange die Informationen in den verschiedenen Datenbanken richtig sind, gibt es kein Problem bei der Verarbeitung. Ist eine Datenbank jedoch überholt, müssen die neuen Daten manuell erfaßt und mit der vorhandenen Sammlung abgestimmt werden, damit eine neue Datenbank angelegt werden kann. Das muß mit allen in Frage kommenden Datenbanken wiederholt werden, und so geht der Prozeß von Erfassen und Zusammenstellen angesichts ständig neu ankommender Informationen unvermindert weiter.

Das große intermediäre Netz jedoch ist ein Informationsnetz ohne vorgegebene Form. Alle Informationen, nicht nur eine oder mehrere Teilmengen, werden sofort aktualisiert und stehen dann für Überarbeitungen, Lernen und Wachstum zur Verfügung. Nehmen Sie das einfache Beispiel, daß Sie beim Tanzen jemanden kennenlernen. Alle verfügbaren Informationen – Name, Erscheinungsbild, Gesprächsinhalt, Körperbewegung beim Tanzen, das Umfeld, der emotionale Kontext usw. – alles wird durchgängig im großen intermediäre Netz in freier Assoziation mit bereits vorhandenen Informationen gespeichert. Treffen Sie denselben Menschen später wieder, wird Ihr Netz sofort anhand der neuen Informationen aktualisiert. Das große intermediäre Netz ist so ungeheuer flexibel, daß es überhaupt keine Ähnlichkeit mit einem Computer hat. Die Programmierung des Gehirns ist so beweglich und anpassungsfähig, daß es normalerweise viele alternative Pfade für die Verarbeitung einer Information gibt.

Schauen wir uns die Neuronen innerhalb dieses großen Systems der Informationsverarbeitung an, sehen wir, um wieviel das Gehirn flexibler ist als der modernste Computer. In einem Computer ist die kleinstmögliche Informationseinheit entweder eine 1 oder eine 0 (ein oder aus). Im Gehirn jedoch stellt die kleinstmögliche Erinnerungseinheit (Neuron) selbst schon einen Computer dar, da so viele Informationen an diesem einen Punkt zusammenkommen. Und das Neuron ist nicht nur ein Computer, es ist ein anpassungsfähiger Computer, der sich bei neuem Input beständig verändert.

Das Nervensystem ist sehr komplex, sowohl aufgrund der Vielzahl an Verbindungen im System als auch aufgrund der Tatsache, daß einige Synapsen das Zielneuron hemmen, während andere es erregen. Das spezifische Gleichgewicht von Kräften und Informationen entscheidet, wie dieser hervorragend organisierte Neuronenverbund operiert. Es wird geschätzt, daß im Gehirn eine Trillion (10^{18}) Nervenverbindungen vorhanden sind. Damit übersteigt die Zahl der zu einem beliebigen Zeitpunkt möglichen Kombinationen an synaptischen Botschaften die Zahl der Atome des bekannten Universums. (13)

Wenn wir neurale Netzwerke mit von Menschen geschaffenen Netzwerken vergleichen, ergibt sich die Spezialisierung aus den spezifischen Verbindungen (wer Ihre Kontaktpartner sind) und aus der Art der synaptischen Interaktionen (was Ihre Kontaktpartner Ihnen mitteilen und was Sie Ihrem nächsten Kontaktpartner von dem Gehörten erzählen). (14) Das Gehirn ist ein System von Systemen. Neuronen organisieren sich in lokalen Netzwerken, die in Bereiche und Strukturen im Gehirn integriert werden, die wiederum als Systeme zusammenarbeiten.

Aufbau von Grundmustern

Um bildlich darzustellen, wie wir Grundmuster von Neuronen ausbilden und darauf unser ganzes Leben aufbauen, untersuchen wir einmal, wie sich künstlerische Fähigkeiten entwickeln. Es beginnt damit, daß wir die Natur mit unseren Sinnen bewußt erfassen und neurale Muster im Gehirn einrichten, die diese Bewußtheit repräsentieren. Diese Muster werden verfeinert, wenn wir uns die Welt durch Berührung, Klang, Geruch, Geschmack und schließlich auch durch Sehen erschließen. Die Bereiche des Gehirns, die nach Berührungen sensorischen Input erhalten, beginnen sich über Assoziationsbereiche mit den Bereichen für Klang und Sehen zu verbinden. Diese Kontakte ermöglichen uns Querverbindungen zwischen unseren Erfahrungen, und dadurch entsteht unser vertrautes grundsätzliches Verständnis von der Natur und unserer einzigartigen, subjektiven Realität.

Wenn wir unsere motorischen Fähigkeiten entwickeln, kann unsere sensorische Wirklichkeit dann in eine Bewegung des ganzen Körpers oder eine bestimmte Handbewegung übersetzt werden. Ausgehend von unseren inneren Bildern und direktem sensorischem Input fangen wir an, das zu zeichnen, was wir erfahren.

Unsere ersten Zeichnungen sind vielleicht Farbkleckse, die unsere sensorische Bewußtheit und unsere Emotionen darstellen. Die Koordination von Hand und Augen macht es möglich, daß unsere Hände und unsere Augen in einem Tanz vereint sind, der unser taktiles, kinästhetisches Verständnis der Welt zum Ausdruck bringt. Später probieren wir Linien aus und zeichnen die Menschen und die Gegenstände in unserer Umgebung, wobei wir immer wieder auf unser Grundverständnis von Größe und Raum zurückgreifen. Dieses Verständnis kommt aus Grundmustern, die durch unsere Erfahrung mit der Schwerkraft und mit unseren taktilen und propriozeptiven Sinnesorganen entstanden sind und die schließlich in das Sehen integriert wurden.

Wir erweitern unser Wissen, wenn wir über unser vorhandenes Verständnis der dreidimensionalen Welt hinausgehen, und zwar mit erlernten Techniken, die uns ermöglichen, Perspektive darzustellen. Noch kunstvoller wird es, wenn wir weitere Nervenenden zu unseren Händen entwickeln und verfeinerte motorische Koordination beherrschen. Jetzt wird das Auge unser zuverlässiges Fenster zum Verständnis unserer Welt, indem die Grundmuster weiter integriert werden. Mit Hilfe der Augen-Hand-Koordination wird die Hand jetzt beim Malen durch die Augen gelenkt, und wir malen, was wir sehen; wir beziehen uns jetzt auf unsere erworbene Realität anstatt auf unsere Hand.

Vollendete Kunst entsteht dann, wenn wir alle Grundmuster unserer Sicht der Welt mit unseren Sinnen und Gefühlen, mit Bewegung und technischem Geschick vereinen und etwas schaffen, was jenseits unserer Vorstellung von Realität liegt und von ihr verschieden ist. Von dieser Spielwiese aus hält das integrierte Gehirn, das über reichlich Grundmuster verfügt, Ausschau nach neuen Möglichkeiten, damit sich der Künstler in uns verwirklichen kann.

In dem Maße wie sich die neuralen Netze weiterentwickeln und lebenslang unser Grundmuster verändern, wächst unsere Leistungsfähigkeit und unsere Flexibilität. Aber auch als große Künstler greifen wir in späteren Jahren immer wieder auf die Grundmuster zurück, die wir als Kinder entwickelten, um unsere Welt zu erfassen und zu verstehen.

Die Entwicklung einer Fähigkeit beginnt wie jedes Lernen mit der Ausbildung unseres grundlegenden Verständnisses von der Welt, über unsere Sinne, unsere Gefühle und unsere Bewegung. Zu dieser Basis an Grundmustern fügen wir beständig neues Lernen in Form immer komplexerer neuraler Netzwerke hinzu. Die Grundmuster bilden den Informationsrahmen, aus dem sich weitere neurale Netzwerke entwickeln, um lebenslang unser Wissen und unsere Fähigkeiten zu erweitern.

Das Gehirn neu modellieren

Die meisten Pfade entwickeln sich durch Stimulation und Erfahrung, die wir durch die Interaktion mit der Umgebung gewinnen. Das trifft besonders auf Menschen zu, die ihr Leben lang neuen und neuartigen Gedanken und Situationen aufgeschlossen gegenübertreten. Wie Michael Merzenich feststellt, „modelliert sich das Gehirn neu, wann immer wir ein neues Verhalten zeigen". (15) Das Gehirn behält diese Fähigkeit auch im hohen Alter. „In einem gesunden Gehirn", schreibt Deepak Chopra, „ist Senilität nicht der normale physische Endzustand." (16) Je mehr die Menschen aktiv lernen, desto geringer ist die Wahrscheinlichkeit, daß sie Symptome der Alzheimer-Krankheit zeigen.

Durch intellektuelle Aktivität entwickelt sich zusätzliches Gehirngewebe, das Schäden kompensieren kann. Je mehr das Gehirn eingesetzt wird, desto mehr wächst es. PET-Aufnahmen (Positronenemissionstomographie) zeigen, daß sich ein Betroffener auch nach einem Schlaganfall, bei dem die Neuronen in dem befallenen Gehirnbereich auf Dauer geschädigt sind, wieder erholen kann. (17) Nach Aussagen von Stanley Rapoport, dem Direktor des Instituts für Neurowissenschaften am National Institute on Aging, stellt das ältere Gehirn als Ausgleich für Verluste neue Verbindungen her. Die Zuständigkeit für bestimmte Aufgaben wird von einem Bereich des Gehirns in einen anderen verlegt. (18)

Die Plastizität und die ausgezeichnete Organisation des Nervensystems eröffnen uns die Möglichkeit zu lebenslangem Lernen und zu Heilung. Als Amy damit anfing, alle ihre Sinne und integrierte Bewegungen beständig einzusetzen, konnte sie ihre neuralen Netzwerke umfassender und wirksamer neu organisieren. Obwohl sie zunächst schwerwiegende körperliche und Lernbehinderungen aufwies, ließen sich nachher lediglich Lernschwierigkeiten feststellen. Mit der Überwindung neuer Herausforderungen wuchs die Komplexität und Effizienz ihres Nervensystems. Sie besitzt jetzt nicht nur die neurale Hardware, sondern auch die integrativen Werkzeuge, um ihr Leben lang Wachstum und Neuorganisation zu fördern. Amy macht mir bewußt, daß sich jeder Mensch im Prozeß des Werdens befindet. Warum also verordnen wir den Menschen Einschränkungen mit Etiketten wie „Lernstörungen", „Verhaltensstörungen" oder sogar „geistige Behinderungen"?

Kapitel 3

Sensorische Erfahrung

„Lernen ist Erfahrung.
Alles andere ist einfach nur Information."
Albert Einstein

Es kann noch lange dauern, bis wir – wenn überhaupt – in der Lage sein werden, die erstaunlichen Geheimnisse des menschlichen Geistes zu entwirren, die Geheimnisse von Denken, Emotionen, Lernen, Vorstellungskraft, Kreativität und der vielen wunderbaren Fähigkeiten, die jeder Mensch besitzt. Aber dank dem reichen Segen an neurowissenschaftlichen Beobachtungen und Forschungsergebnissen in den letzten Jahren verstehen wir schon vieles. Diese neuen Einsichten helfen den Weg zur bestmöglichen Entwicklung unserer Fähigkeiten aufzuzeigen.

Ein Forschungsbereich, der besonders weitreichende Entdeckungen aufweisen kann, befaßt sich mit der Entwicklung des Gehirns und seiner vollständigen Interdependenz (wechselseitigen Abhängigkeit) mit dem übrigen Körper. Unsere Kenntnisse über die Entwicklung des Gehirns wurden möglich, weil wir sie, auch im vorgeburtlichen Stadium, in immer feineren Details beobachten können. Die Geschichte der Entwicklung des Gehirns ist an und für sich schon faszinierend, aber sie wird noch faszinierender durch das, was sie über die Evolution der Fähigkeiten des menschlichen Geistes aussagt.

Was wir wissen, fühlen, lernen und denken, wird durch die Art und Weise geformt, *wie* wir wissen, fühlen, lernen und denken. Wie wir dies tun, hängt von den sensorisch-motorischen Systemen ab, durch die uns unsere gesamte Erfahrung der Welt und unserer eigenen Person vermittelt wird. Diese sensorisch-motorischen Systeme formen unsere Erfahrung und werden durch sie geformt. Damit ist die Geschichte der Entfaltung dieser Systeme ein Schlüssel zum Verständnis von Lernen.

Empfindungen als Informationen

Denken, Kreativität und Lernen entstehen aus der Erfahrung. Wenn wir etwas erfahren, bringen wir Informationen in unser System und bauen so die neuralen Netzwerke aus. Diese gestatten uns, die jeweilige Information so zu nutzen, daß wir die Welt besser verstehen und lernen, uns in ihr zu entwickeln. Eine wichtige Komponente der Erfahrung ist der sensorische Input aus unserer Umgebung, der über Augen, Ohren, Geschmacksknospen, Nase und Haut hereinkommt; außerdem der Input von unserem Körper über Nervenrezeptoren an jedem Muskel und jedem Organ.

Unser ganzer Körper dient als fein eingestellter sensorischer Empfänger zum Sammeln von Informationen. Die sensorischen Organe (Augen, Ohren und Nase), die *entfernte* Signale aufnehmen, sitzen oben auf der Spitze des Rumpfes unseres Körpers, der einen stabilen „Zweifuß" darstellt. Die Rezeptorsysteme sitzen auf dem Zweifuß und begegnen der Umwelt ganz direkt. Die parabolförmigen Ohren reflektieren den Klang in die Ohrkanäle, die Augen nehmen neben dem breiten vorderen Bereich auch die Peripherie mit auf, und die Nase entdeckt winzige chemische Boten in der Luft. Weiterer Input kommt von den Geschmacksknospen, die gelöste chemische Stoffe am Eingang zur Speiseröhre überwachen, und außerdem von einer großen Anzahl Berührungsrezeptoren.

Jeder Quadratzentimeter Haut besitzt Rezeptoren für Berührung, Druck, Hitze, Kälte und Schmerz, wobei Lippen, Hände und Gesicht mehr Rezeptoren aufweisen. Über diese Rezeptoren kann unsere Haut, die einem Raumanzug ähnlich ist, unsere Umgebung genau erfassen, während sie uns andererseits vor Wasserverlust schützt. Und im Innern schickt jede Bewegung ein wildes Aufgebot an Impulsen mit Höchstgeschwindigkeit zum Gehirn, damit es über jegliche Haltungsänderung und über die Position des Körpers im Raum informiert wird. Alle diese Empfindungen geben uns eine Vorstellung von uns selbst und von unserer Welt, und sie stellen damit das Rohmaterial, aus dem Wissen, Denken und Kreativität entstehen können.

Sensorische Erfahrungen bauen neurale Netzwerke auf

Unser sensorischer Apparat ist für unser Lernen so lebenswichtig, daß er sich bereits wenige Monate nach der Befruchtung im Uterus entwickelt. Wir lernen die Schwerkraft zuerst über unser Vestibularsystem (Gleichgewichtsorgan) kennen, und das bereits *vor* der Geburt. Hören, Geruch, Geschmack und Berührung bauen auf unserem Gleichgewichtssinn auf, um uns erste Vorstellungen von der Welt zu geben. Erst später sind wir in der Lage, diese zunehmend komplexen sensorischen Vorstellungen zusammenzusetzen, um unser Sehen zu akkomodieren (anzupassen).

Neurale Netzwerke erwachsen aus unseren einzigartigen sensorischen Erfahrungen, und sie legen komplizierte Muster fest, die die gesamte Entwicklung der höheren Ebenen unseres Gehirns lenken. Die Erfahrung entscheidet, wie diese Muster geformt und wie weit verzweigt sie sind. Sie werden in Übereinstimmung mit dem, was wir tun und was wir in unserem Umfeld erleben, festgelegt. (1) Je reichhaltiger unsere sensorische Umgebung ist und je mehr Freiheit wir haben, diese zu erkunden, desto verzweigter sind die Muster für Lernen, Denken und Kreativität.

Die Vorstellungen, die wir aus unserer sensorischen Erfahrung ableiten, sind der Grundstoff für Denken und Kreativität. Vorstellungen – in Gestalt von Formen, Farben, Bewegungen, Gefühlen, Klang, gesprochenen und unausgesprochenen Worten – entstehen aus unseren erworbenen Mustern in allen Bereichen des Gehirns. Farb- und Formmuster kommen aus dem Hinterhauptlappen, Klang und Worte aus den Schläfen- und Stirnlappen, emotionale Erfahrungen aus dem limbischen System und Bewegungsmuster aus dem Stammganglion des limbischen Systems. Wenn wir das Wort Lastwagen hören, sind uns alle unsere Erfahrungen mit Lastwagen sofort als bildliche Vorstellungen zugänglich – ein schwereres Fahrzeug, laut, gefährlich, große Reifen, Dieselgeruch, das Fahrgefühl, der Eindruck, wenn sie auf der Straße an uns vorbeifahren, und auch das Gefühl von mehr Macht, das mit Lastwagen verbunden wird. Mit Hilfe dieser Vorstellungen erhält neuer Lernstoff einen Sinn; wir stellen in verschiedensten Varianten Verbindungen zwischen erinnerten Vorstellungen her und kommen so auf neue Ideen und Gedanken. Wissen auf breiter Grundlage ist abhängig von diesen kompliziert verwobenen, aber dennoch separaten, multisensorischen Bündeln von Vorstellungen, die mit Hilfe unserer sensorischen Erfahrungen zusammengesetzt und immer wieder überarbeitet wurden.

Betrachten wir zum Beispiel, wie wir unseren Wortschatz durch neue Vokabeln erweitern. Jeder Klang, jedes Wort und jeder Satz wird durch eine ausgeklügelte innere Vorstellung von inneren Bildern gestützt. Wenn wir lesen, übersetzt das Gehirn die Worte in bekannte sensorische Vorstellungen, damit wir sie verstehen. Sicher haben Sie bemerkt, daß es schwierig ist, die Bedeutung eines Textes zu verstehen, wenn Sie sich beim Lesen keine Vorstellung davon machen können.

Unsere sensorischen Erfahrungen, äußere wie innere, formen unsere Vorstellungen und deshalb unser Denken. Neues Lernen erfolgt dann, wenn neue sensorische Erfahrungen unsere Vorstellungen von unserer Welt und uns selbst näher bestimmen, verändern und immer komplexer werden lassen. Unser Körper ist bei diesen Bemühungen voll beteiligt.

Unsere Sinne entwickeln

Um zu verstehen, wie wichtig sensorischer Input für Lernen, Denken und Kreativität ist, müssen wir uns damit befassen, wie das Gehirn wächst und reift, angefangen bei den frühesten Strukturen und Funktionen.

Dr. Paul MacLean, der Direktor des Laboratory of Brain Evolution and Behavior (Gehirnentwicklung und Verhalten) am National Institute of Mental Health in Washington, DC, hat eine Theorie entwickelt, nach der das menschliche Gehirn aus drei unterschiedlichen Teilen besteht. Entsprechend der Theorie vom dreigliedrigen Gehirn *(Triune Brain Theory)* lassen sich die drei Teile biologisch, elektrisch und chemisch genau beschreiben, und sie lassen sich anhand von Entwicklungsmustern und sich herausbildenden Funktionen unterscheiden. Den drei Bereichen gab er folgende Namen: 1. das reptilienhafte Gehirn, 2. das limbische oder paläomammalische Gehirn, 3. der Neokortex oder das neomammalische Gehirn. (2)

Der Hirnstamm, eine Erinnerung an unsere Reptilienabstammung, hat sich als erster Bereich entwickelt. Es ist der entwicklungsmäßig älteste Teil des Gehirns, der sich von der Befruchtung bis zum fünfzehnten Lebensmonat entwickelt. Die Aufgabe dieses Teils ist die Selbsterhaltung. Das reptilienhafte Gehirn überwacht die Außenwelt mit Hilfe von sensorischem Input und aktiviert entsprechend seinen Wahrnehmungen den Körper, damit dieser mit körperlichen Reaktionen das Überleben sichert.

Automatische und reflexartige Reaktionen, wie zum Beispiel das Schreien des Säuglings oder das schnelle Wegziehen des Beins bei Schmerzen, werden teilweise von diesem Hirnbereich reguliert. Dies ist auch der Teil des Gehirns, der bei Streß oder Gefahr die Kontrolle übernimmt, denn er gibt den Anstoß zur Kampf-oder-Flucht-Reaktion des Körpers und steuert diese. Das reptilienhafte Gehirn ist für den Überlebenswillen des Geist-Körper-Systems zuständig und stellt sicher, daß Grundbedürfnisse befriedigt werden, bevor andere, höhere Funktionen ablaufen können.

Erstes Bestreben des Säuglings ist es, seine Bedürfnisse nach Nahrung, Wärme und Schutz zu befriedigen. So lernt er angemessene Reaktionen, mit denen er seine Versorger dazu bringt, für diese Bedürfnisse zu sorgen. Allmählich lernt der Säugling – durch seine sensorischen Systeme – genug über seine Welt und über Körperbeherrschung, um seine Umwelt beherrschen und zuletzt für sich selbst sorgen zu können.

Das reptilienhafte Gehirn schließt den Hirnstamm ein, das verlängerte Mark, die Brücke und das Kleinhirn. Alle Empfindungen gehen zuerst durch den Hirnstamm und werden dann von der Schaltzentrale (der Brücke) zur Interpretation in den *Thalamus* (im limbischen Hirn) und/oder den Neokortex weitergeleitet. Neurale Netze müssen zuerst im reptilienhaften Gehirn entwickelt werden. Dann weiß das übrige Gehirn, was in der Außenwelt geschieht, und kann darauf reagieren. Wenn wir das reptilienhafte Gehirn abschalten, sind wir in einem Schlafzustand, in dem wir weder etwas aus der Außenwelt aufnehmen noch darauf reagieren. (3)

Das reptilienhafte Gehirn bildet neurale Netze, die mit unseren sensorisch-motorischen Grundmustern kodiert sind, auf denen das Lernen und damit unser weiteres Leben aufbaut. Nerven erscheinen drei Wochen nach der Befruchtung des Eis und beginnen sich sofort mit anderen Nerven zu verbinden. Diese sich bildenden neuralen Netze entstehen aus den Milliarden Neuronen des Zentralnervensystems. (4) Während sich das reptilienhafte Gehirn ausformt – vorgeburtlich und in den ersten fünfzehn Lebensmonaten – entwickeln wir schätzungsweise hundert Billionen neurale Netze, die alle unsere Sinne und Muskelbewegungen verbinden. Dadurch verstehen wir die materielle Welt und wie wir darin Sicherheit gewinnen können.

Der Vestibularapparat: das Sinnesorgan für Bewegung und Gleichgewicht

Wenn wir an unsere Sinne denken, so beziehen wir uns meist nur auf die fünf Sinne, die Informationen von außerhalb aufnehmen: Sehen, Hören, Riechen, Schmecken, Berühren. Genausowichtig für unsere Entwicklung und unser Leben ist jedoch die Berücksichtigung von sensorischem Input, der uns über Schwerkraft und Bewegung, über die Muskelbewegungen und unsere Position im Raum informiert – dies geschieht über den Vestibularapparat und die Propriozeption. Diese spielen eine überraschend wichtige Rolle für unsere Wahrnehmung der Welt und – wie wir noch sehen werden – für unser Verstehen und Lernen.

Das erste sensorische System, das fünf Monate nach der Konzeption bereits voll entwickelt und mit Myelin überzogen ist, ist der Vestibularapparat, der den Sinn für Bewegung und Gleichgewicht kontrolliert. Dieses System hält sowohl das statische wie auch das dynamische Gleichgewicht aufrecht. Statisches Gleichgewicht bezieht sich auf die Orientierung des Körpers, hauptsächlich des Kopfes, in Relation zur Schwerkraft, zum Beispiel beim Stehen. Dynamisches Gleichgewicht sorgt für die Beibehaltung der Position des Körpers, hauptsächlich die Stellung des Kopfes, besonders bei plötzlichen Bewegungen wie bei Beschleunigung, Verlangsamung und Drehung, wenn Sie selbst sich bewegen, wie zum Beispiel beim Laufen. (5)

Wir besitzen mehrere kleine Organe, die zu den vestibularen Empfindungen beitragen. Von ihnen sammeln wir Informationen über die Kopfstellung in Relation zum Boden. Von allen Sinnesorganen sind sie die empfindlichsten. Sie liegen im Warzenfortsatz des Schläfenbeins (die Erhebung hinter dem Ohrläppchen) und teilweise im Innenohr. Dazu gehören *Utriculus, Sacculus,* die Bogengänge und die Vestibulariskerne von Rückenmark und Brücke (*Medulla* und *Pons*). (6)

Statisches Gleichgewicht

Das statische Gleichgewicht des Körpers wird von Utriculus und Sacculus überwacht, deren Wände Haarbüschel, eine gelatineartige Schicht und Otolithen (Kalziumkarbonatkristalle) enthalten. Jedes Mal, wenn wir unseren Kopf bewegen, werden auch die Otolithen bewegt, die dann einen Zug auf die Gelatineschicht ausüben, durch den die Haarzellen bewegt und zu einer Richtungsänderung gebracht werden. Diese Richtungsänderung bewirkt sensorische Nervenimpulse entlang des Vestibularnervs zum Gehirn. Diese Impulse gehen weiter zum Kleinhirn, das die Muskelbewegungen überwacht und Korrekturen veranlaßt, auch bei den Augenbewegungen, die von der Großhirnrinde gesteuert werden. Dadurch wird das motorische System angeregt, das die Impulse zu bestimmten Muskeln,

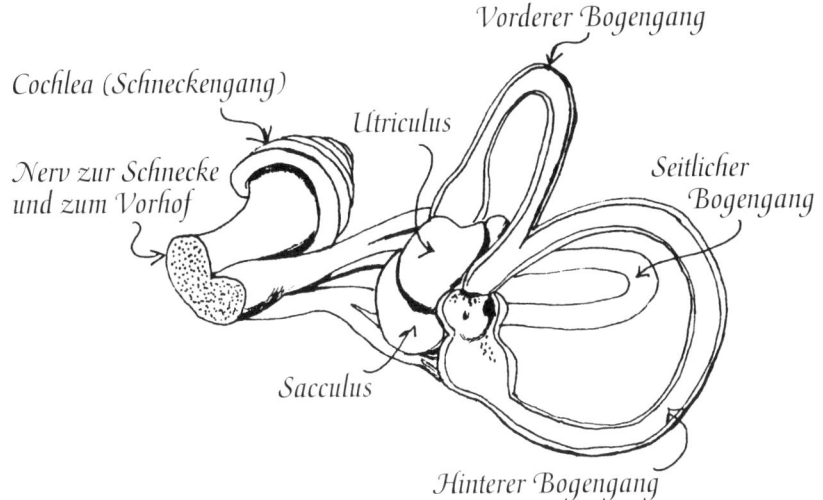

Abbildung 3.1: Mechanismen des Innenohrs

speziell zu Rumpf- und Nackenmuskeln, verstärkt oder abschwächt. So passen sich unsere Muskeln sofort an, damit wir nicht die Balance oder das Gleichgewicht verlieren. (7)

Mit Informationen von Utriculus und Sacculus können wir unseren Körper gleichbleibend aufrecht halten. Reisen mit dem Auto, auf dem Wasser oder in der Luft können jedoch ein Gefühl von Ungleichgewicht auslösen, das manchmal zur sogenannten Reisekrankheit führt.

Auch Informationen von den Augen tragen zu unserem Gleichgewichtsgefühl bei. Homer Hendrickson stellt fest:

> „Etwa 20 Prozent der Botschaften von den Augen, von der Retina und den äußeren Augenmuskeln gehen in Bereiche des Gehirns, die für Gleichgewicht zuständig sind. Jedes dieser Subsysteme muß immer wieder mit den anderen Subsystemen Vergleiche und Anpassungen vornehmen, damit ein statisches und dynamisches Gleichgewicht gegenüber der Schwerkraft bestehen bleibt."(8)

Überlegen Sie einmal, was geschieht, wenn Sie im Auto lesen. Sie halten Ihre Augen beim Lesen statisch, aber Ihr übriger Körper, besonders der Kopf, ist in Bewegung. Das System muß harte Arbeit leisten, um die

Augen in einem sich bewegenden Kopf auf einer Ebene und statisch zu halten. Gleichzeitig versucht das System, den übrigen Körper bei ständigem Wechsel der Schwerkraft durch Beschleunigung oder Verzögerung in der Balance zu halten. Wenn die Verwirrung nicht befriedigend gelöst wird, muß man sich übergeben, was vielleicht eine Methode des Körpers ist, daran zu erinnern, daß die Augen Entspannung brauchen. Ähnliches kann in einem IMAX-Kino (mit einer gerundeten Leinwand) geschehen, wo sich die Augen viel bewegen müssen, der Körper aber statisch bleibt und die Kommunikation zwischen den beiden schwierig ist.

Dynamisches Gleichgewicht

Die drei knöchernen Bogengänge liegen in etwa im rechten Winkel zueinander und halten das dynamische Gleichgewicht, indem sie Störungen der Balance in den drei Ebenen aufdecken. Wenn sich der Kopf infolge einer Drehung des Körpers bewegt, fließt die Endolymphe in den Bogengängen über die Haarzellen und neigt sie. Die daraus folgenden Impulse folgen denselben Pfaden wie beim statischen Gleichgewicht.

Nach Aussagen von Eugene Schwartz führt schon die geringste Veränderung der Flüssigkeit und der Otolithen in den Bogengängen zu Veränderungen von Nacken-, Rumpf-, Glieder- und Augenmuskeln. (9) Das Vestibularsystem ist bereits bei einem zwei Monate alten Embryo sichtbar. (10) Im Kopf läßt sich viel Aktivität beobachten, wenn der Fetus sich im Fruchtwasser bewegt, und später, wenn das Kind von ersten Bewegungen zum Krabbeln und dann zum Gehen und Laufen übergeht. Die Stimulation durch diese Bewegungen ist wichtig für die Verarbeitung im Gehirn.

Die Vestibulariskerne, ein Geflecht von Neuronen im verlängerten Mark und der Brücke, tragen Impulse von den Bogengängen und dem Kleinhirn zum Retikulären Aktivierungssystem (RAS) im Hirnstamm. Das RAS ist ein Nervengeflecht, das Impulse vom verlängerten Mark und der Brücke zum Neokortex leitet. Bereits im Uterus „erweckt" das RAS den Neokortex und erhöht die Erregbarkeit und Reaktionsfähigkeit für ankommende Reize aus der Umgebung. Diese „Erweckung" durch das RAS bereitet uns darauf vor, Dinge aus unserer Umgebung aufzunehmen, zu reagieren und zu lernen. (11, 12) Diese Verbindung zwischen dem vestibularen System und dem Neokortex sowie zwischen den Augen und den Rumpfmuskeln ist für den Lernprozeß äußerst wichtig. Wenn wir uns nicht bewegen und den Vestibularapparat nicht aktivieren, nehmen wir keine Informationen aus der Umgebung auf.

Kinder drehen sich gerne stundenlang auf Karussells, die sie selbst anschieben, und aktivieren so ihr Vestibularsystem. Aber haben Sie auch bemerkt, daß Sie als Erwachsene lieber nur zuschauen? Dafür gibt es einen Grund. In der Pubertät verdickt sich die Endolymphe in den Bogengängen als Reaktion auf die Reproduktionshormone. Die größere Zähigkeit führt dazu, daß die Haarzellen länger geneigt bleiben, und so braucht das ganze System länger, bis es zu einem stabilen Gleichgewicht zurückfindet.

Vergnügungsparks und Flugsimulatoren, die sensorisch anregend wirken sollen, schlagen Kapital aus unserem Vestibularsystem. Wenn sie das Vestibularsystem aktivieren, weckt das RAS das übrige Gehirn für die ankommenden Reize auf. Die Fahrten bringen den ganzen Vestibularapparat aus dem Gleichgewicht und bewirken so nicht nur eine umfassende Körpererfahrung, sondern auch ein Adrenalin-„Hoch". Adrenalin, unsere Überlebensdroge, läßt noch mehr sensorischen Input in unser System, eigentlich mit der Absicht, jede Gefahr in der Umgebung zu bemerken. So wird dafür gesorgt, daß der Mensch seinen Körper voll einsetzt, auch wenn dies unter solchen Umständen nicht unbedingt gesund ist.

Von der Konzeption bis fünfzehn Monate nach der Geburt ist der Vestibularapparat sehr aktiv, da das Kind das Gefühl für die Schwerkraft und die Kenntnis seiner physischen Umgebung durch Bewegung erwirbt. Jede Bewegung des Kindes stimuliert den Vestibularapparat, der das Gehirn zu neuem Lernen anregt. Ausgehend von diesem sensorischen „Aufwachen" und der grundlegenden Kenntnis der Schwerkraft kann ein Kind die bemerkenswertesten Balanceakte ausführen. Nach nur reflexhaften Bewegungen bei der Geburt lernt das Kind in einem Gravitationsfeld stehen, gehen und sogar laufen, und das mit etwa einem Jahr. Dieses anfängliche Lernen ermöglicht uns, später auf Balken über Flüsse zu gehen, Treppen zu steigen, Rad zu fahren, Schlittschuh zu laufen und Millionen anderer Dinge zu tun, die eine gute Balance voraussetzen.

Der Gehörsinn

Mit zwölf Wochen bewegt sich der Fetus spontan. Nerven, Lungen und Diaphragma synchronisieren ihre Funktionen allmählich und trainieren so die Lungen für die ersten Atemzüge nach der Geburt. Der Fetus ist von den ersten Klangmustern umgeben, die vom Nervensystem aufgenommen werden. Dazu gehört der Herzschlag der Mutter, ihre Atmung und Verdauung und ihre Stimme. Mit fünf Monaten reagiert der Fetus, wenn die Mutter spricht, auf Phoneme (= kleinste bedeutungsunterscheidende, aber nicht bedeutungstragende sprachliche Einheiten), auf wechselnde Klangschwingungen wie zum Beispiel die der verschiedenen Vokale, die er durch das Fruchtwasser hört.

Mit Hilfe endoskopischer Aufnahmen entdeckte Dr. Alfred Tomatis, daß der Fetus einen bestimmten Muskel, beispielsweise am Arm oder am Bein, immer dann bewegt, wenn er ein bestimmtes Phonem hört. Jeder der untersuchten Feten bewegte einen anderen Muskel, aber bei demselben Phonem wurde jedes Mal der gleiche Muskel bewegt. Diese frühzeitige Verbindung einer Muskelreaktion mit einem Klang gibt einen Hinweis darauf, wie wichtig für das Lernen die Verankerung sensorischen Inputs mit Bewegung ist. Weltweit gibt es in der Sprache etwa fünfzig Phoneme. Diese sensorisch-motorische Reaktion auf Phoneme erlaubt es dem Fetus, bereits im Uterus mit dem Lernen von Sprache zu beginnen. (13, 14)

Ab der vierundzwanzigsten Woche zeigt der Fetus im Schlaf schnelle Augenbewegungen (REM = *rapid eye movements*). Er reagiert auf Musik, indem er mit den Augen zwinkert und sich gleichsam rhythmisch tanzend bewegt. Ab dem siebten Monat lassen sich gezielte Bewegungen beobachten, von denen man annimmt, daß sie nicht mehr nur reflexhaft sind. (15)

Ist beim Neugeborenen das Fruchtwasser in der Eustachischen Röhre und im äußeren Ohrkanal getrocknet, so wird das Gehör einer der zuverlässigsten und wichtigsten Sinne. Bei den meisten Menschen ist das Gehör bei der Geburt perfekt, nimmt aber von da an stetig ab. Die Schnecke im Innenohr besteht aus einem komplizierten Mechanismus von Haarzellen, die ähnlich wie die Tasten eines Klaviers aufgereiht sind. Diese Haarzellen reagieren auf bestimmte Schwingungen durch Stimulation bestimmter Nervenenden. Dieses elegante „innere Keyboard" nimmt aber im Vergleich zum Klavier pro Taste zehn Schwingungen auf.

Hören ist die erste „Verteidigungslinie" der Säuglinge. Sie drehen beim Schlafen instinktiv ihr dominantes Ohr nach außen, um die Klänge und Geräusche aus der Umgebung aufnehmen zu können. Ist ein Klang fremd, besonders laut oder plötzlich, schrecken sie auf, schreien und versuchen damit die Gefahr zu verscheuchen und Hilfe herbeizurufen.

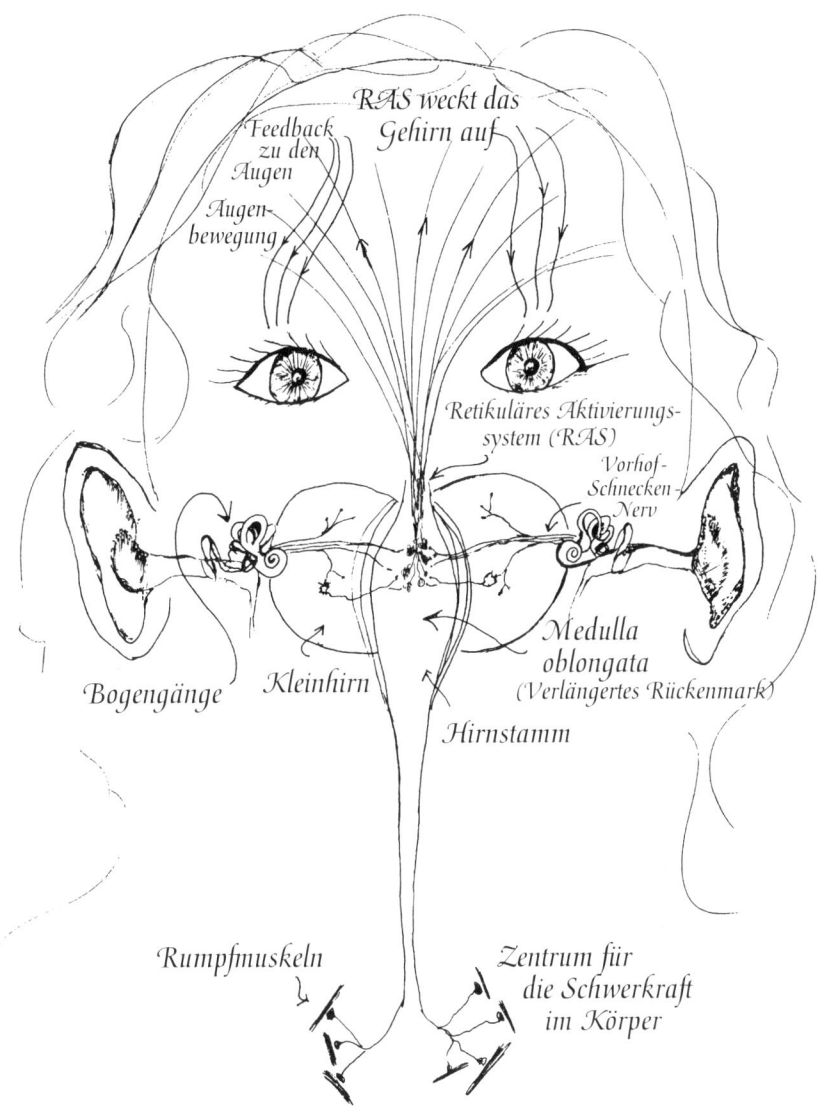

Abbildung 3.2: Der Vestibularapparat

Auch als Erwachsene verhalten wir uns ähnlich. Bin ich in einem fremden Raum, drehe ich instinktiv mein dominantes Ohr beim Schlafen nach oben, um bei Gefahr bereit zu sein. Zu Hause, wo ich mich sicher fühle, schlafe ich gewöhnlich mit dem dominanten Ohr nach unten, um ankommende Geräusche abzublocken. Als einer unserer ersten Sinne spielt das Gehör eine wichtige Rolle, indem es das Gehirn lebenslang für bevorstehendes Lernen, sei es zu unserem Schutz oder zum Verständnis, einsatzbereit macht.

Lärmverschmutzung (lauter und/oder beständiger Lärm, der eine Zeitlang andauert) besonders im oberen Klangbereich zerstört diese feinen Haarzellen unseres „inneren Keyboards" und verringert damit unsere Gehörschärfe. Dr. Tomatis entdeckte, daß diese hohen Klangschwingungen auch eine wichtige Rolle spielen, um die Wachheit und Energie im System aufrechtzuerhalten. Er beobachtete beispielsweise überraschende Folgen, als Klöster in Frankreich in den sechziger Jahren die Gregorianischen Choräle wegließen, um sich an die moderne Zeit anzupassen. Diese Gesänge enthielten Schwingungen der oberen Register und Harmonien (Obertöne), die für Wachheit sorgten. Das Ergebnis der Umstellung war, daß die Mönche mehr Schlaf brauchten, weniger produktiv waren und häufiger krank wurden. Tomatis zog die Parallele zu der Erfahrung von Fabrikarbeitern, bei denen wegen des beständigen Lärms in der Fabrik der obere Hörbereich fehlte und die ähnlich unruhig und weniger produktiv geworden waren. (16) Übermäßig lauter Musik oder ständig Geräuschen mit der gleichen Schwingung ausgesetzt zu sein kann zu Schäden führen. (17) Es ist also wichtig, unser wunderbares Gehör zu schützen, nicht nur um das Gehör für das Überleben und zum aktiven Zuhören zu erhalten, sondern auch um für die Wachheit zu sorgen, die durch die höheren Schwingungen bewirkt wird – was alles wiederum zum Lernen beiträgt.

Die Gerüche des Lebens

Auch der Geruchssinn ist bei der Geburt sehr fein. In der Nasenbrücke, genau unter dem Stirnlappen, befinden sich Milliarden winziger Haarzellen. Diese stimulieren olfaktorische Nerven für jeden dem Menschen bekannten Geruch (chemische Stoffe in der Luft). Säuglinge können mit sechs Wochen den Geruch der Brust ihrer Mutter von dem einer fremden Mutter unterscheiden. (18) Gerüche sind sehr stark im Gedächtnis verankert und spielen für das Lernen des Säuglings und im ganzen Leben eine entscheidende Rolle. Denken Sie nur daran, wie manchmal ein Geruch eine Flut von Erinnerungen heraufbeschwört. Zwei deutsche Expertinnen für körperliche Entwicklung behaupten, daß das Gedächtnis unterstützt werden kann, wenn man sich die Nase reibt, bevor man etwas lernt, was man wirklich behalten will. (19)

Gerüche lassen uns auch auf Gefahren aufmerksam werden. Wenn Menschen oder Tiere Angst haben, sondern sie Pheromone ab, die von bestimmten Tieren leicht erspürt werden (zum Beispiel Hunden), die auf diese Furcht reagieren. Wie ein Hund kann der Säugling oder das Kind das Gefühl von Gefahr oder Angst in seiner unmittelbaren Umgebung erspüren und entsprechend handeln, um sich zu schützen.

Unser Geruchsinn wird auch in der Pubertät wichtig, wenn „sexuelle Gerüche" sich verstärken. Diese sind starke Stimulanzien für das reptilienhafte Gehirn und lösen Imponiergehabe (Werben und Zur-Schau-Stellen), Paarung und Verjagen von Außenseitern (Schutz des eigenen Territoriums) aus. Obwohl unsere Gesellschaft sich sehr bemüht, diese natürlichen Triebe außer Kraft zu setzen, zeigen sie sich nach wie vor herrlich bei unseren Teenagern! (20)

Der Tastsinn

Die Haut als das größte Organ des Körpers ist reich ausgestattet mit Nervensensoren für leichte und starke Berührung, Druck, Hitze, Kälte, Schmerz und für Propriozeption. Unter Propriozeption versteht man die Empfindungen von den Muskeln, den Sehnen und dem vestibularen System, durch die das Gehirn die Bewegung und die Haltung des Körpers und seiner Teile im Raum bestimmt. Alle diese Empfindungen gehen durch den Hirnstamm zum Thalamus und dann zum somato-sensorischen Kortex des Großhirns (Scheitellappen). (21) Mit allen ihren Sensoren wird die Haut zum wichtigsten Organ für frühes Umgebungslernen.

Schon eine Berührung erhöht die Produktion eines bestimmten Hormons im Gehirn, des Nervenwachstumsfaktors, der das größere Nervensystem und speziell die Entwicklung von neuralen Netzen aktiviert. Sensorische Neuronen werden durch den Nervenwachstumsfaktor während der Embryonalentwicklung stimuliert. Später, und bis ins Erwachsenenalter, stimuliert dieser Faktor sympathische Neuronen, die sensorische Impulse für das autonome Nervensystem – den Initiator von Kampf- oder Fluchtreaktionen – überwachen. Im Gehirn regt der Faktor das Wachstum von Axonen und Neuronenhypertrophie an (Entwicklung

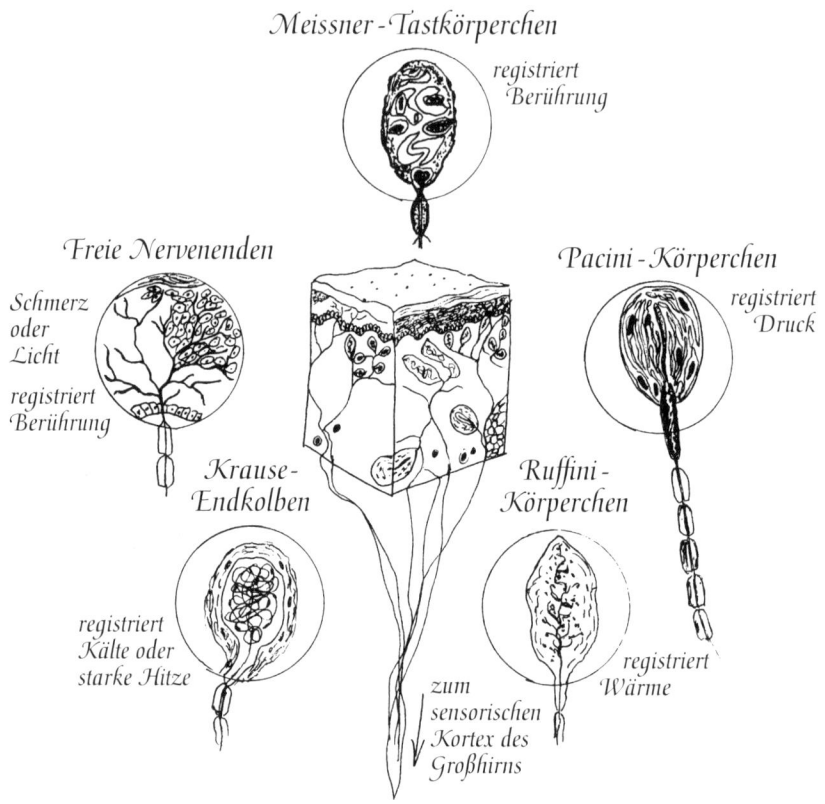

Abbildung 3.3: Sensorische Bereiche der Haut

von Nervennetzen), er hilft, die neuronalen Funktionen aufrechtzuerhalten, und verstärkt die Synthese von Acetylcholin (Gewebshormon). (22) Bei fehlender Berührung zeigen Kinder (und möglicherweise Erwachsene) verringerte motorische und mentale Funktionen. Wahrscheinlich besteht tatsächlich eine Beziehung zwischen einem Mangel an Berührung und einem niedrigen Acetylcholin-Pegel, wie man ihn bei Alzheimer-Patienten festgestellt hat. (23, 24)

Jean Ayres entdeckte auch eine Verbindung zwischen Berührungssensibilität (die Unfähigkeit, Berührung zu ertragen) und Lernschwierigkeiten bei Kindern.(25) In ihrem erfolgreichen Programm für Lernschwierigkeiten geht es darum, das sensorische System durch eine angemessene

46

Aktivierung aller Berührungsrezeptoren anzuregen. Sie verwendet dazu leichte Berührung und Druck; weiche Bürsten und Bälle werden über die Hautoberfläche, speziell an Armen, Beinen und Rücken gerollt, und alles wird mit Bewegung integriert.

Die Berührung gleich nach der Geburt stimuliert das Wachstum der sensorischen Nervenenden des Körpers, die bei motorischen Bewegungen, räumlicher Orientierung und visueller Wahrnehmung (und auch bei Berührung) beteiligt sind. Werden diese Nervenenden nicht aktiviert, funktioniert das RAS, das den Neokortex anregt, nicht in vollem Umfang. Das führt zu Beeinträchtigungen der muskulären Bewegungen und der sensorischen Wahrnehmungen, und zu unterschiedlichen Verhaltens- und Lernstörungen. (26)

Fehlende Berührung kann die Nervenentwicklung derart verlangsamen, daß wesentliche körperliche Funktionen sich nicht entwickeln und der Tod eintritt. Eine Studie in französischen Waisenhäusern während des Zweiten Weltkriegs wies bei den Kindern, die keine Berührung erhielten, eine hohe Todesrate nach. Auch wenn die Kinder nur negative Berührung erfuhren (also Schläge oder Prügel), lag die Todesrate sehr viel niedriger. Joseph Chilton Pearce erwähnt ein Programm („Project Kangaroo"), bei dem Frühgeburten von der Krankenschwester oder der Mutter an der Brust in einem Beutel direkt auf der Haut herumgetragen wurden. Diese dauernde Berührung ließ die Todesrate bei diesen Frühgeburten entscheidend zurückgehen. Allein die Berührung stimuliert das sensorisch-motorische Wachstum und die Entwicklung von Nervennetzen und gibt dem Säugling eine Chance im Kampf um sein Leben. (27)

Berührung und Lernen

Um den Mund und in den Händen befinden sich mehr Rezeptoren für Berührung als in allen anderen Bereichen des Körpers. Das wird in der Originaldarstellung der sensorischen und motorischen Kortices (Rindenbereiche) des Großhirns von Penfield und Jasper gezeigt (siehe Abb. 3.4, S. 48). (28) Die Berührung ist ein integraler, natürlicher Bestandteil des Lebens. Säuglinge nehmen gerne alle Dinge zum Mund – nicht um sie zu essen (auch wenn das unbeabsichtigt geschieht), sondern um die Gegenstände mit dem Mund und den Händen zu berühren und voll zu erspüren.

Unser ganzes Leben hindurch können wir durch „handgreifliche", praktische Erfahrungen oder manuelle Tätigkeiten während eines Lernprozesses die Effektivität des Lernens beträchtlich verstärken. Meine Collegestudentinnen und -studenten stellten fest, daß sie die Informationen einer Vorlesung leichter aufnahmen, wenn sie dabei mit Ton hantieren konnten. Immer wenn Berührung mit den anderen Sinnen kombiniert ist, wird ein größerer Teil des Gehirns aktiviert, und damit werden mehr komplexe neurale Netze aufgebaut und ein größerer Teil des Lernpotentials angezapft.

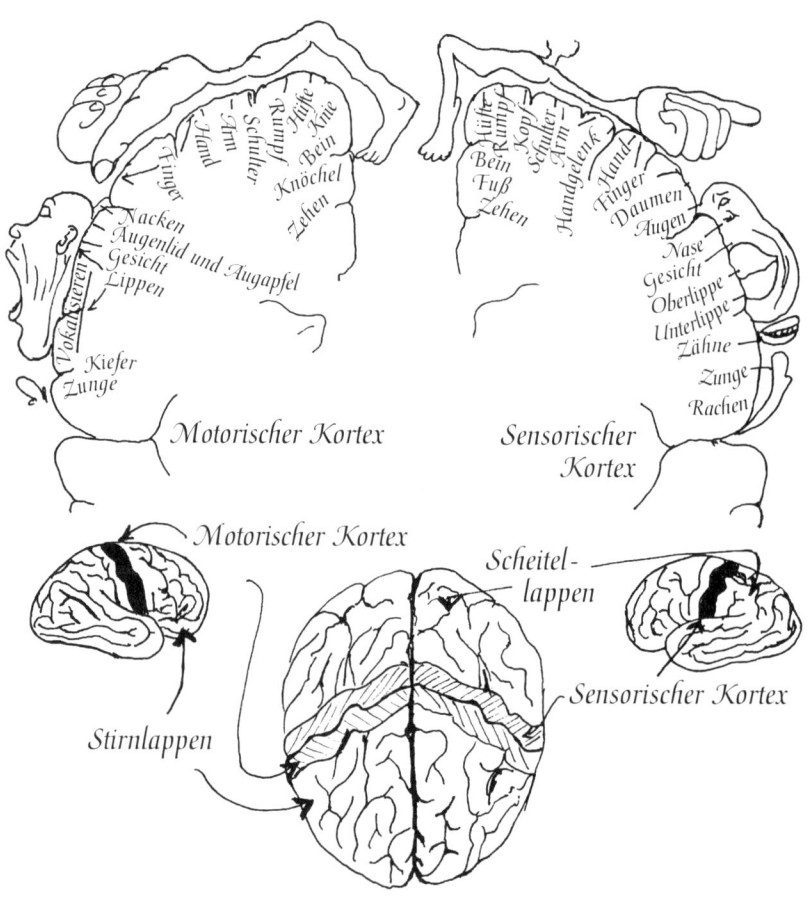

Abbildung 3.4: Übersicht der sensorischen und motorischen Bereiche der Großhirnrinde (nach Penfield u. Jasper)

Berührung ist ein starker Anker für Verhalten und Lernen. Werden Kinder beim Lesen sanft an der Schulter berührt, verbindet das Gehirn die ermutigende Berührung mit dem Lesen und hilft mit, die positive Erfahrung zu ankern. Ein kanadischer Grundschullehrer berichtete mir kürzlich von einem Berührungsexperiment, das dies bestätigt. Die Lehrer konzentrierten sich auf Schüler, die in der Schule „verrückt spielten" oder ihre Hausaufgaben entweder nicht machten oder nicht abgaben. Fünfmal täglich schenkten die Lehrer diesen Schülern besondere Beachtung, wenn sie sich „gut" verhielten – sie berührten sie an der Schulter und bemerkten (in anerkennendem Ton): „Ich finde es gut, wie du das machst." Fielen die Schüler unangenehm auf, wurden sie ignoriert. In allen Fällen besserte sich das Verhalten der Schüler in den ersten zwei Wochen, und sie machten ihre Hausaufgaben.

Mir ist bewußt, daß unsere Gesellschaft unangemessene Berührungen sehr fürchtet. Dies hat dazu geführt, daß wir Berührung auch dann vermeiden, wenn Kinder (und Erwachsene) diese mehr denn je brauchen. Es wird Zeit, daß wir wieder lernen, Berührung zur Anerkennung einzusetzen, und daß wir sie wegen ihrer Funktion in der Entwicklung und beim Lernen schätzen.

Propriozeption

Propriozeption, der Sinn, der die Haltung des Körpers und seine Position im Raum erfaßt und steuert, ist eine der wichtigsten Voraussetzungen für unser Wissen. Charles Sherrington beschreibt ihn sehr treffend als „unseren geheimen, unseren sechsten Sinn". Wie Oliver Sacks betont, wird Propriozeption als so selbstverständlich betrachtet, daß wir erst in den Jahren nach 1890, als Sherrington diese „entdeckte", langsam erkannten, wie wichtig sie ist, damit wir ein Gefühl für uns selbst haben können. (29)

Alle unsere Muskeln besitzen propriozeptive Rezeptoren, die den Grad der Streckung der Muskeln erfassen. Diese Rezeptoren vermitteln uns beständig alle Informationen über unsere Körperhaltung und -position und geben uns das nötige Feedback, damit wir uns bewegen und in der Balance bleiben können. Propriozeptoren sind hervorragend zum Lernen geeignet: Wir können unsere Umwelt erforschen, indem wir sie über unsere Muskeln sinnlich verstehen lernen.

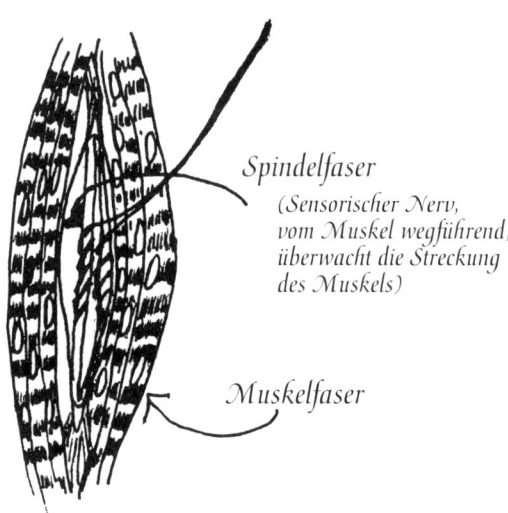

Spindelfaser
(Sensorischer Nerv,
vom Muskel wegführend,
überwacht die Streckung
des Muskels)

Muskelfaser

Abbildung 3.5: Propriozeptoren

Entwicklungsmäßig ist das propriozeptive System eng mit dem vestibularen System gekoppelt, mit dessen Hilfe wir das Gleichgewicht halten, um uns aus der Ruheposition heraus in Bewegung zu setzen. Bei Säuglingen geht die Bewegung von den inneren Rumpfmuskeln aus. Die Propriozeptoren senden beständig Feedback an den motorischen Kortex, so daß immer komplexere Bewegungen möglich werden. So kriecht der Säugling zunächst nur auf dem Bauch, lernt dann sich umzudrehen, zu sitzen, zu stehen und schließlich zu laufen.

Gezielte Bewegungen setzen ein sicheres Gleichgewicht voraus, das von einem ausgeklügelten propriozeptiven System abhängig ist, mit dessen Hilfe fortwährend alle Körperteile aufeinander abgestimmt werden. Die Propriozeption liefert das nötige Feedback, um die Muskeln in der für das Gleichgewicht optimalen Streckung oder Beugung zu halten. So gibt der bekannte Begriff „zentriert sein" einen Hinweis auf die Bedeutung der Propriozeption beim Yoga oder bei den Kampfsportarten. Bei diesen Übungen liegt die Betonung auf den Haltungsmuskeln des Rumpfes, mit denen wir über die Propriozeption die ersten Erfahrungen mit Gleichgewicht und Schwerkraft machen. Wenn das Feedbacksystem zwischen den Propriozeptoren und den Muskeln durch ständigen Einsatz gut entwickelt ist, bleibt das Gleichgewicht durchgängig erhalten. (30) Wenn Streß die gleichmäßige Aktivierung dieses Systems stört, sind wir „nicht mehr zentriert", und das Gleichgewicht und das bewußte Raumempfinden gehen verloren. Dann geschehen Unfälle, wir ziehen uns Kratzer, blaue Flecken oder Knochenbrüche zu, da unsere propriozeptive Wahrnehmung sich nicht mehr auf unser Gleichgewicht konzentriert, sondern auf das Entkommen vor einer Gefahr.

Oft beobachten Eltern und Lehrer Phasen körperlicher Unbeholfenheit oder Koordinationsmängel bei Kindern, die mitten in einem Wachstumsschub stecken oder diesen gerade überstanden haben. Was hier zu sehen ist, ist in Wirklichkeit eine verzögerte Anpassung der propriozeptiven Eigenwahrnehmung des Körpers im Raum an das körperliche Wachstum. Wenn sich die Propriozeption an die neue Größe und die neuen Proportionen angeglichen hat, verschwindet die Unbeholfenheit wieder.

Unsere Propriozeption füttert das Gehirn beständig mit Feedback, damit diese für das Gleichgewicht unserer Schulter- und Nackenmuskeln sorgt und die Augen beim Lesen auf gleicher Höhe bleiben. Durch die Propriozeption können wir auf einem Stuhl sitzen, uns Informationen anhören und Notizen machen. Durch sie wissen wir auch, wie die Choreographie unserer Muskeln beschaffen sein muß, damit wir beim Laufen im unebenen Gelände nicht hinfallen.

Mimikry, Modellieren, Trockenübungen

Die Empfindlichkeit unserer Propriozeption erlaubt uns nicht nur, unser Gleichgewicht zu überwachen, sondern auch, unsere Umgebung kennenzulernen. Sie sind vielleicht schon mit kleinen Kindern spazierengegangen und haben beobachtet, wie sie, wenn sie auf etwas Neues und Interessantes stoßen, dieses Objekt mit Körperbewegungen in einer Art Mimikry darstellen. Kinder sind großartige Imitatoren, sie sind sich der Bewegungen der Erwachsenen beim Gehen, Sprechen, Gestikulieren und bei anderen Tätigkeiten sehr genau bewußt und modellieren diese. Durch dieses körperliche Modellieren erspüren sie die Welt um sich herum von innen heraus, um sie so zu verstehen.

Kinder können gut beobachten und verbringen viel Zeit mit Zuschauen und Rollenspielen. Dank ihrer reichen Phantasie können sie komplizierte Bewegungen wie Laufen, Schwimmen und sogar Fliegen vorher proben. Diese Trockenübungen erfordern einen immer höheren Entwicklungsstand der Nervenpfade und bauen die neuralen Netzwerke auf, die für komplexe Fertigkeiten erforderlich sind.

Erwachsene verhalten sich genauso, wenn sie eine neue Technik lernen. Wenn Skianfänger anderen beim Skifahren zuschauen, machen sie kleine modellierende Bewegungen, um das Gefühl für das Skifahren auf ihre eigenen Muskeln zu übertragen. Forscher bestätigen die Theorie vieler Sporttrainer, daß Athleten, die sich Bewegungen mental vorstellen und diese „proben", nachfolgend bei der Ausführung der Bewegungen besser sind.

Das Erlernen einer motorischen Fähigkeit durch Beobachtung und mentales Üben über Visualisierung macht es dem Gehirn möglich, die neuralen Pfade zu erproben, durch die die beteiligten Muskeln kontrolliert werden. Bei diesen Übungen entstehen minimale Muskelreize, die eine Welle sensorischer Informationen vom Muskel zum Gehirn schicken und die Netzwerke verstärken. (31)

Zum Sehen braucht es mehr als nur die Augen

Berührung und Propriozeption sind als Voraussetzung für die visuellen Aspekte des Lernens sehr wichtig. Sehen ist ein sehr komplexer Vorgang, bei dem nur ein geringer Anteil (weniger als 10 Prozent) über die Augen stattfindet. Die restlichen mehr als 90 Prozent des Sehens finden im Gehirn statt – in der Assoziation mit Berührung und Propriozeption. Wenn Säuglinge alles in ihrer Umgebung berühren, lernen sie Dimensionen, Strukturen, Umrisse und sogar Farben kennen. Ein vollständiges visuelles Bild entsteht etwa im Alter von acht Monaten. Berührung ist für das Sehen sehr wichtig. Hören Sie einem Kind genau zu, das etwas Neues sieht. Es streckt sofort die Hand aus, um den Gegenstand zu berühren, und sagt dabei: „Ich will das sehen!" Berührung trägt entscheidend zum visuellen Verständnis bei.

Mit den Augen aufgenommene Bilder werden auf den Kopf gestellt und von vorne nach hinten gedreht, wenn sie in den optischen Nerv gelangen und das *Chiasma opticum* (Sehnervenkreuzung) queren. Sie werden durch den Thalamus zum Hinterhauptlappen geschleust, wo das primäre Sehen verarbeitet wird. Damit der Sehvorgang vollständig ist, müssen Informationen aus allen Hirnlappen zusammenkommen. Die Informationen aus den sensorischen und motorischen Bereichen der Hirnrinde (Kortices) verbinden das Bild mit gelernten sensorischen und motorischen Funktionen. Informationen über Schwerkraft und Schwingungen aus den Schläfenlappen stellen eine Verbindung zwischen dem Bild und unserer Position im Raum her. Wie schon früher erwähnt, gehen außerdem schätzungsweise 20 Prozent der Botschaften von Auge, Netzhaut (*Retina*) und äußeren Augenmuskeln in Bereiche des Gehirns, die für die Balance zuständig sind. Alle Informationen zusammen erlauben uns, das Bild zu vervollständigen und es in den Bereichen für visuelle Assoziation im Gesamtkontext zu sehen. (32)

In einem Experiment zeigten Wissenschaftler, wie wir lernen, die Welt über unser Sehvermögen zu verstehen. Sie setzten spezielle Brillen auf, deren Spiegelgläser die Welt auf den Kopf stellten sowie vorne und hinten vertauschten. Zunächst waren die Experimentatoren so desorientiert, daß sie sich kaum fortbewegen konnten, ohne gegen etwas zu stoßen. Nach einigen Tagen jedoch hatten sie sich angepaßt, und die verdrehte Welt sah für sie „richtig herum" aus. Berührung und Propriozeption als Wegbereiter des Sehens hatten den neuen visuellen Input auf die neue körperliche Orientierung abgestimmt. Das nach wie vor intakte vestibulare System „wußte", daß die Welt nicht kopfstand. Diese Erkenntnis ergab zusammen mit Berührung und Propriozeption genügend Feedback, so daß die Augen der Wissenschaftler sich anpassen konnten. Sie konnten problemlos umhergehen und sahen die Welt richtig – bis sie nach dem Experiment die Brillen abnahmen. Sie mußten jetzt wieder komplett umlernen und stießen mehrere Tage überall an oder stolperten. (33, 34) Dieses Experiment demonstriert anschaulich, daß das Gehirn unsere visuelle Welt aus erlernten Einzelteilen mit Hilfe anderer Sinne, besonders Berührung und Propriozeption, zusammensetzen muß. (35)

Es wird leicht vergessen oder ignoriert, wieviel von unserem Sehen erlernt ist. Wir müssen mit Hilfe von Büchern, Filmen und Kunst trainieren, damit wir in einer zweidimensionalen Fläche drei Dimensionen erkennen. Wir könnten dabei von visueller Lesefertigkeit sprechen. Eingeborene in Afrika und Australien, mit denen ich sprach, die keine Bücher kennen, sind nicht in der Lage, in einem Bild auf einer zweidimensionalen Seite eine Berglandschaft zu erkennen. Sie erleben Farbe und Linien, aber keine Struktur oder Perspektive, da in Wirklichkeit auch keine vorhanden ist.

Diese lineare Perspektive, die so überzeugend wirkt, daß sie natürlich zu sein scheint, ist auch tatsächlich erst eine künstlerische Erfindung aus dem 15. Jahrhundert. Sie wurde entwickelt, um die dreidimensionale

Wirklichkeit in der Kunst besser darzustellen. Der Künstler M. C. Escher nutzte bei seinen meisterlichen Illusionsbildern die Ungenauigkeit des Auges und die Abhängigkeit von den Vorstellungen im Gehirn. (36) In den Jahren um 1960 befaßte sich auch Bella Julesz mit der Mehrdeutigkeit der visuellen Wahrnehmung. Sie studierte mit Hilfe der ersten computergeschaffenen 3-D-Bilder von zufällig verteilten Klecksen die Tiefenschärfe der menschlichen Wahrnehmung. Ausgehend von dieser Arbeit, gingen Dan Dyckman und Mike Bielinski noch einige Schritte weiter: Mit Hilfe fortschrittlicher Computertechnologie schufen sie 3-D-Kunst, die mit den Büchern der Reihe *Magisches Auge* sehr bekannt geworden ist. (37)

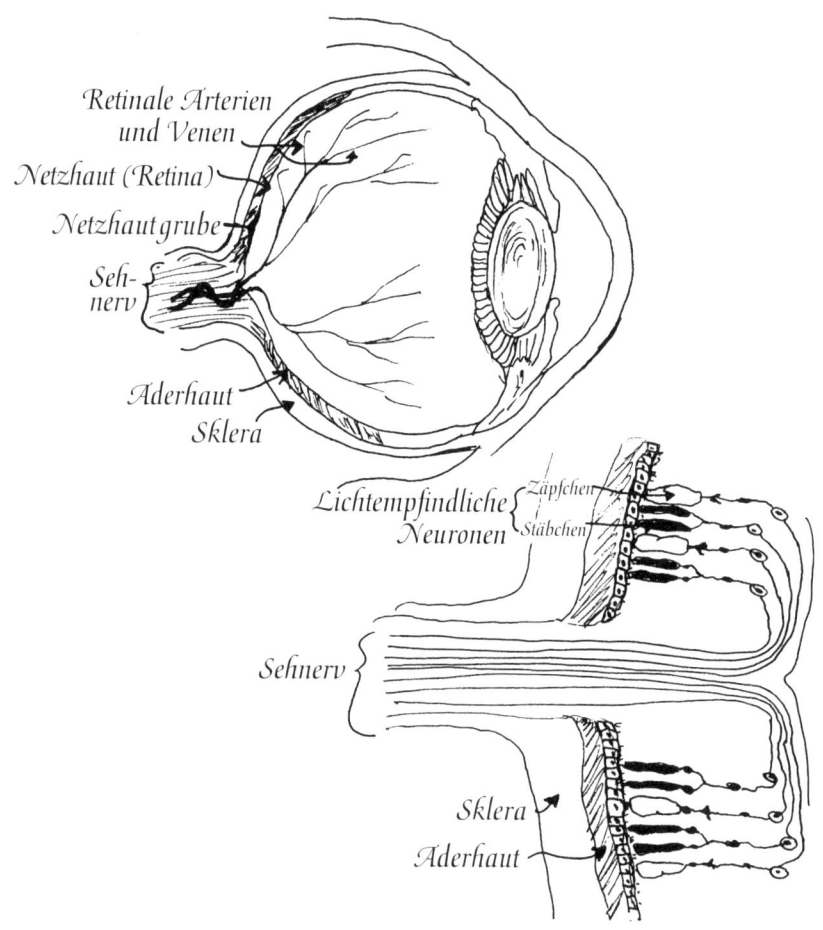

Abbildung 3.6: Das Auge und die Lichtrezeptorzellen

Die Bewegung der Augen

Unsere Augen sind so gebaut, daß sie sich bewegen und den Lichtverhältnissen anpassen, damit wir möglichst viele sensorische Einzelheiten aus unserer Umgebung erfassen. Die Augen müssen sich aktiv bewegen, damit Lernen stattfinden kann. Viele der kranialen Nerven (die vom verlängerten Mark, der *Medulla oblongata*, kommen) führen zum Auge; dazu gehören der Trigeminusnerv, der Gesichtsnerv (*Facialis*), der seitliche Augenabzieher (*Nervus abducens*), der Augenbewegungsnerv (*Nervus oculomotorius*) und der Augenrollnerv (*Nervus trochlearis*). Diese aktivieren die Bewegung des Augapfels in alle Richtungen, kontrahieren oder entspannen die Pupillenmuskeln, um das auf die Netzhaut einfallende Licht zu regeln, und sie verändern die Form der Linse als Anpassung auf Nah- oder Fernsicht. Sie überwachen außerdem propriozeptive Empfindungen von Streckung und Berührung im Auge und um das Auge.

In einer dreidimensionalen Umgebung, wie zum Beispiel im Freien, bewegt sich das Auge ständig und sammelt sensorische Informationen, um für das Lernen erforderliche Bündel von Bildern zusammenzustellen. Das Gehirn integriert diese Bildersammlungen mit anderen sensorischen Informationen wie Berührung und Propriozeption und baut damit ein visuelles Wahrnehmungssystem auf. Die Augen können visuell unterschiedlich fokussieren, wobei der dreidimensionale Fokus für das Lernen grundlegend wichtig ist, während wir in Lernsituationen den zweidimensionalen Fokus immer noch sehr betonen.

Die Netzhaut (*Retina*), die sensorische Nervenschicht des Auges, enthält Lichtrezeptorzellen; ungefähr 95 Prozent sind Stäbchen (wegen ihrer Form so genannt), 5 Prozent sind Zäpfchen. Die Stäbchen verteilen sich am Rand der Netzhaut entlang und werden bei schwachem Licht stimuliert. Die Zäpfchen befinden sich in einem kleinen Bereich der Netzhaut, der Netzhautgrube (*Fovea centralis*) und brauchen zur Stimulierug helles Licht. Die überwiegende Konzentration auf die Fovea zum Lesen auf einer zweidimensionalen Fläche wird fovealer Fokus genannt. Die Kombination von Stäbchen und Zäpfchen ermöglicht sowohl drei- als auch zweidimensionalen Fokus, außerdem peripheren und fovealen Fokus. (38)

Angesichts des zahlenmäßigen Anteils von Zäpfchen und Stäbchen fällt mir auf, daß es nicht vorgesehen war, daß wir viele Stunden nur mit fovealen Aktivitäten wie Lesen, Fernsehen oder Computerspiele verbringen. Die Augen müssen die Welt aktiv als Ganzes erfahren, damit das Sehen sich vollständig entwickeln kann. Das aktive sensorische und motorische Funktionieren der Augen hilft dem Körper, sich auf Formen und die Bewegung natürlicher Formen einzustimmen und das räumliche Vorstellungsvermögen zu entwickeln, das für scharfe Wahrnehmungen und Denken Voraussetzung ist.

Die Bedeutung sensorischen Lernens

Erfahrungen und Empfindungen sind Lernen. Empfindungen bilden das Grundverständnis heraus, auf dem Vorstellungen und Denken aufbauen. Eine sensorisch anregende Umgebung ist für das Lernen unbedingt erforderlich, wie Marian Diamond, Wissenschaftlerin für Neuroanatomie, bei ihrer Arbeit mit Ratten bewies. In einer reich ausgestatteten Umgebung waren Spielgruppen von zehn bis zwölf Ratten in mehrstöckigen Käfigen, die mit verschiedenen Brücken, Leitern, Schaukeln und Rutschen ausgestattet waren; außerdem gab es passendes Spielzeug und immer wieder wechselnde Reize. Diamond entdeckte, daß sich bei diesen Ratten im Vergleich mit anderen, deren Mobilität und Reize begrenzt waren, das Gehirn in dieser Umgebung strukturell veränderte und daß diese Tiere ein Verhalten zeigten, das als verbesserte Intelligenz interpretiert werden könnte. (39)

In einer Langzeitstudie wurden in New York 133 Personen von der Kindheit bis ins Erwachsenenalter begleitet. Es stellte sich heraus, daß sich Kompetenz im Erwachsenenalter von drei wichtigen Faktoren in der kindlichen Lernumgebung ableiten ließ: 1. ein sensorisch anregendes Umfeld, sowohl im Freien als auch innen, 2. die Freiheit, die Umgebung mit wenigen Einschränkungen zu erkunden, und 3. die Anwesenheit von Eltern, die Fragen der Kinder beantworteten. (40, 41)

Die Wichtigkeit von anregendem sensorischem und praktischem Lernen und das Bedürfnis danach hält unser ganzes Leben lang an. Unsere Unterrichtspraxis geht jedoch häufig von der ungeprüften Behauptung aus, daß Menschen am besten lernen, wenn man ihnen eine Fülle an Informationen entweder im Vortrag oder in schriftlicher, zweidimensionaler Form gibt. Und um zu lernen, müssen sie stillsitzen, die Augen nach vorne gerichtet, und sich Notizen machen. Wir müssen uns nur die glasigen Augen und den leeren Blick der Studenten in einer Vorlesung oder der Schüler im Klassenzimmer ansehen, um zu wissen, daß diese Überzeugung überholt ist.

Ganz allgemein stützt sich unser Bildungssystem zu sehr auf die Sprache als Unterrichtsmedium. Was aber ist daran falsch? Um diese Frage zu beantworten, möchte ich auf Einsteins Ausspruch hinweisen: „Lernen ist Erfahrung. Alles andere ist einfach nur Information." Worte, obwohl wichtig, sind Information häppchenweise. Es fehlt der Bezug zur Erfahrung; und Worte sind nur armseliger Ersatz für das unmittelbare Erleben beim praktischen Lernen.

Worte können nur verstanden werden, wenn sie im Geist des Lernenden irgendein Bild hervorrufen. Sagt der Lehrer ein bestimmtes Wort und die Schüler verfügen nicht über die zugehörigen Bilder, bleibt ihnen das Wort unverständlich; und sie werden verwirrt. Erfahrungen dagegen sind direkt und real. Sie beteiligen die Sinne, die Emotionen und Bewegungen und beschäftigen den Lernenden umfassend. Es geschieht wirklich etwas, wenn wir mit unseren Sinnen erfahren, und bei diesem Erfahren beobachten wir, stellen wir Verbindungen zu vergangenen Erlebnissen her und erkennen Muster. Worte sind in diesem Prozeß nützlich, sie helfen uns, unsere Gedanken angesichts unserer Empfindungen zu ordnen. Aber sie sind kein Ersatz für die Kraft und Lebendigkeit wirklicher Erfahrung.

Meine Biologiestudenten am College lernten dann am leichtesten, wenn wir Exkursionen in die Natur machten und die wissenschaftlichen Theorien anhand der Erfahrung besprachen. Die nächstbeste Sache waren die Stunden im Labor, die mit sensorischen Erfahrungen angefüllt waren, wobei mein Vortrag nur wenig Zeit in Anspruch nahm und schnell zum Gespräch wurde, bei dem sensorische Erfahrungen und praktische Tätigkeiten im Vordergrund standen.

Lernen kommt zunächst durch unsere Sinne herein. Wenn wir unsere materielle Welt erforschen und erfahren, entstehen ursprüngliche sensorische Muster in komplizierten neuralen Netzwerken. Diese anfänglichen sensorischen Muster werden zum Kern unseres Informationssystems, das mit jeder zusätzlichen, neuen Erfahrung auf den neuesten Stand gebracht und weiter ausgefeilt wird. Diese anfänglichen sensorischen Muster werden unsere Bezugspunkte und stellen für uns den Kontext für alles weitere Lernen, Denken und für Kreativität dar. Aufbauend auf dieser sensorischen Basis, lernen wir unser Leben lang, indem wir Emotionen und Bewegung hinzufügen.

Kapitel 4

Die Rolle der Emotionen

„Meine Forschungsergebnisse haben mich überzeugt, daß die Emotion ein integraler Bestandteil des Denkprozesses ist. Ich vermute sogar, daß die Menschheit nicht an einem Defekt ihrer logischen Kompetenz leidet, sondern vielmehr an einem Defekt ihrer Emotionen, die wichtige Informationen für den logischen Prozeß bereitstellen."
Antonio R. Damasio (1)

Es ist keineswegs überraschend, daß viele Menschen glauben, daß Emotionen der Feind des Denkens seien: Denken vollzieht sich am besten im kühlen, klaren Licht des Verstandes, hoch über dem verwirrenden Durcheinander von Emotionen. Diese Vorstellung hat eine lange Geschichte, die bis zu Plato, Descartes und Kant zurückreicht. Unsere Kultur, besonders der Bildungsbereich, wurde grundlegend dadurch beeinflußt.

Die Menschen unterscheiden zwischen Denken und Gefühlen genau so, wie sie zwischen Geist und Körper unterscheiden. Und wenn diese Annahmen auch tief verwurzelt sein mögen – in Wirklichkeit existieren diese Unterscheidungen nicht. Körper, Denken und Emotion sind durch komplizierte neurale Netzwerke eng miteinander verflochten und funktionieren als Einheit, um unser Wissen zu bereichern. Und die neurowissenschaftliche Forschung trägt zur Klärung der Frage bei, wie und warum eine umfassende emotionale Entwicklung Voraussetzung für das Verständnis von Beziehungen, für rationales Denken, Phantasie, Kreativität und sogar für die Gesundheit ist.

Auch Computerfachleute, die versuchen, das menschliche Denken zu simulieren, müssen erkennen, daß die künstliche Intelligenz begrenzt und unvollständig ist, da die Emotionen fehlen. Der Computerwissenschaftler David Gelernter betont diesen Punkt besonders: „Emotionen sind nicht eine besondere Form von Gedanken, kein zusätzlicher Weg des Denkens, kein spezieller kognitiver Prozeß, Emotionen sind vielmehr grundlegend mit dem Denken verwoben."

Wenn wir die Emotionen vom Denken subtrahieren, bleibt nur noch *ein* Ende eines kontinuierlichen Spektrums übrig – linear-logisches Denken –, und wollte man diesen eng begrenzten, konzentrierten Bereich mit dem Denken allgemein gleichsetzen, wäre das völlig unzutreffend. (2)

Gelernter bestätigt weiterhin, daß die Emotionen, die vom Denken nicht zu trennen sind, auch „untrennbar mit körperlichen Zuständen verknüpft sind. Der körperliche Zustand ist Teil der Emotion, er gibt den Emotionen Nahrung und hilft sie zu definieren. Das bedeutet letztendlich, daß Sie nicht einfach mit Ihrem Gehirn denken; Sie denken mit beidem, mit Ihrem Gehirn und Ihrem Körper." (3)

Beweise für die Verbindungen zwischen Vernunft, Emotion und dem Körper

Gelernter gewann seine Einsichten aus der immer umfangreicher werdenden Gehirnforschung zur Frage der Verbindung von Emotionen und Denken. In einer Serie genialer Experimente demonstrierten Antonio Damasio und seine Kollegen, daß für den Fall der Dissoziation der Emotionen und des Körpers von den Denkprozessen kein rationales Verhalten und kein Lernen möglich sind. (4) Die Bedeutung dieser Erkenntnis für unser Verständnis von Lernen und für die pädagogische Theorie und Praxis kann gar nicht genug betont werden.

Damasios Experimente wurden mit Patienten durchgeführt, die Schäden am Stirnlappen des Gehirns aufwiesen, besonders in dem Bereich, der die Verbindung zur schwarzen Substanz (*Substantia nigra*) des limbischen Systems herstellt, in dem Emotionen verarbeitet werden. Obwohl die Schädigung sich nicht erkennbar auf den Intellekt oder das Gedächtnis des Patienten auswirkte, hatten sie sich dennoch in zweierlei Hinsicht grundlegend verändert. Erstens waren sie nicht mehr in der Lage, in persönlichen und sozialen Angelegenheiten vernünftige Entscheidungen zu treffen – Entscheidungen, die sie *vor* der Schädigung ihrer Stirnlappen ganz selbstverständlich getroffen hatten. Statt dessen waren ihre Entscheidungen jetzt dumm, unklug und irrational. Zweitens war ihr emotionales Reaktionsvermögen drastisch reduziert. Den Patienten war diese plötzliche und spontane Veränderung selbst aufgefallen, als sie merkten, daß sie nicht mehr emotional auf Dinge reagierten, von denen sie „wußten", daß sie vor ihrer Gehirnverletzung sehr wohl darauf reagiert hätten.

Damasio und seine Kollegen machten sich an die Erforschung der ursächlichen Verbindung zwischen diesen beiden Symptomen – Irrationalität und Mangel an Emotionen – die durch die Schädigung der Stirnlappen verursacht wurden. In einer Reihe von Experimenten, bekannt als „Glücksspielexperimente", spielten die Versuchsteilnehmer mit Karten, die so zusammengestellt waren, daß ein normaler Mensch dabei lernen konnte, allmählich Gewinne anzuhäufen. Rationale Entscheidungen, die aus dem Verlauf des Spiels gelernt werden konnten, wurden belohnt; irrationale Entscheidungen, bei denen nicht berücksichtigt wurde, was im Spiel gelernt werden konnte, wurden mit Verlusten bestraft. Patienten mit Beeinträchtigungen am Stirnlappen gelang es nicht, auch wenn sie ausdrücklich vorsichtig vorgingen, aus ihren Verlusten zu lernen. Normale Spieler, auch solche, die sich selbst als Risikospieler einstuften, lernten die Erfolgsstrategie des geringen Risikos, um das Spiel zu gewinnen.

Beobachtung des Körpers beim Lernen

Die Forscher erweiterten ihr Experiment. Sie verbanden die Spieler mit einem Gerät zur Messung der Leitfähigkeit der Haut. So ließ sich beständig der Hautwiderstand im Augenblick der Entscheidung ablesen. Zunächst reagierten die normalen und die gehirnverletzten Spieler auf Gewinne und Verluste gleich; das Gerät registrierte ähnliche Reaktionen beim Umdrehen der Karten. Aber nach einigen Runden zeigten die normalen Spieler überraschend ein neues Muster. Bevor sie einen riskanten Zug machten, zeigte das Gerät eine Reaktion. Und im weiteren Verlauf des Spiels steigerte sich diese antizipatorische Reaktion jedes Mal, wenn eine riskante Entscheidung anstand. „Mit anderen Worten, das Gehirn der normalen Spieler lernte allmählich, ein schlechtes Ergebnis vorherzusagen, und signalisierte die relativ ungute Entscheidung im voraus." (5)

Diese Lernkurve, die Schritt für Schritt mit einer emotionalen Reaktion einhergeht, die im Körper und über diesen zum Ausdruck gebracht wird, zeigt die Beziehung von Wissen und Gefühlen und die Verbindung beider mit dem Körper. Das entscheidende Element für das Lernen – und genau dieses fehlt bei den Patienten, deren Emotionen sich nicht mit ihrem

Denken verbinden – ist dieser körperliche Alarm. Wenn die Emotionen und das Körpergefühl vom Denken abgespalten (dissoziiert) sind, kann wirkliches Lernen nicht stattfinden.

Emotionen und Überleben

Aufbauend auf diesen Experimenten entwickelte Damasio seine Theorie, nach der Emotionen die wesentlichen Kriterien bereitstellen, auf die wir lebenswichtige rationale Entscheidungen gründen. Er glaubt, daß Emotionen das Denken darüber informieren, welche Richtung es angesichts des Überlebens oder sozialer Risiken einzuschlagen hat. Emotionen werden als körperliche Zustände empfunden, und dadurch weiß der Geist, wie der Körper in seiner Eigenschaft als Prüfstein für das kognitive Überleben empfindet. (6)

Wenn wir planen, Strategien suchen und logisch denken, verlassen wir uns auf das gespeicherte Wissen, das wir in unserem Leben angehäuft haben. Sie müssen zum Beispiel entscheiden, ob Sie Ihre Arbeit kündigen oder nicht. Sofort werden eine Flut von Erfahrungen aus der Vergangenheit und Zukunftsprojektionen auftauchen. Diese Erfahrungen besitzen einen emotionalen Gehalt. Erinnerungen an Erfolg oder Frustration bei der Suche nach einer Arbeit beleben die damit assoziierten Gefühle im Bauch, die diese Erinnerungen produzieren. (7)

Nach Damasios Aussage stellt diese Markierung der Erfahrungen mit emotionalem Wert sicher, daß wir zu allererst für unser körperliches Überleben sorgen. Merkmale, die der Körper als gut oder schlecht für uns registriert hat, können wieder hervorgeholt werden und bilden die Basis für vorhergesagte Ergebnisse. Damit wird sichergestellt, daß unsere logischen Denkstrategien unserem Überleben dienen. (8)

Unsere Fähigkeit, Erfahrungen emotional zu markieren und uns daran zu erinnern, ist auch wichtig für das Überleben unserer Gesellschaft. Emotionen verstärken das Erlernen sozialen Verhaltens durch Vergnügen oder Schmerz. Damit ist sichergestellt, daß jedes Individuum Regeln und Werte lernt, die die Ziele der Gesellschaft fördern und deren Funktionieren ermöglichen. Ohne eine gesunde emotionale Entwicklung des Individuums können Menschen nicht angemessen sozialisiert werden, und die Werte und Regeln und die Weisheit der Gesellschaft gingen verloren.

Wie aber entwickeln sich die Emotionen, und welche Bedingungen fördern ein gesundes emotionales Wachstum?

Das limbische System

Emotionen treten am Schnittpunkt von Körper und Geist auf. Das stimmt fast wörtlich, da der Großteil der emotionalen Verarbeitung im limbischen System abläuft, in dem Bereich zwischen dem reptilienhaften Gehirn und der Großhirnrinde (*Cortex cerebri*). Das limbische System verfügt über Verbindungen zum Neokortex, wodurch die emotional-kognitiven Prozesse möglich werden. Gemeinsam mit dem Körper bringt das limbische System körperliche Anzeichen von Emotionen hervor, wie zum Beispiel verlegenes Erröten oder freudiges Lachen. Die Emotionen des limbischen Systems entscheiden auch über die Ausschüttung von Neurotransmittern, die unser Immunsystem entweder stärken oder schwächen.

Zum limbischen System gehören fünf wichtige Teile des Gehirns: Sehhügel (*Thalamus*), *Hypothalamus, Basalganglion,* Mandelkern (*Amygdala*) und *Hippokampus*. (9)

Der Thalamus ist die Relaisstation für alle ankommenden sinnlichen Wahrnehmungen, den Geruch ausgenommen. Er überträgt auch motorische Impulse von der Großhirnrinde durch den Hirnstamm hinaus an die Muskeln. Zusätzlich interpretiert der Thalamus die Empfindungen von Schmerz, Temperatur, leichter Berührung und Druck, und er spielt eine Rolle bei Emotionen und Gedächtnisleistungen.

Der Hypothalamus steuert die Hirnanhangdrüse und die normale Körpertemperatur, Nahrungsaufnahme, Durst, sowie Wach- und Schlafzustand. Er sorgt in Notfällen auch dafür, daß der Geist den Körper beherrscht und somit enorme Leistungen an Stärke und Ausdauer möglich werden. Außerdem ist der Hypothalamus bei Wut, Aggression, Schmerz und Vergnügen beteiligt.

Vom Mandelkern reichen Verbindungen zu den Hirnbereichen, die für kognitive und sensorische Prozesse und außerdem für körperliche Zustände verantwortlich sind, die in Verbindung mit verschiedenen Emotionen auftreten. Der Mandelkern trägt dazu bei, daß der Gesichtsausdruck und die Körpersprache wahrgenommen werden. Er läßt uns bestimmten Situationen gewachsen sein, indem er die körperlichen Reaktionen, die als interne Warnungen dienen, koordiniert, so daß wir angemessen mit Angst und Besorgnis reagieren. (10). Hier werden auch Erinnerungen gebildet, die mit Angst und Sorgen zu tun haben.

Der Hippokampus baut mit sensorischem Input, der über den Thalamus und die Emotionen im Hypothalamus ankommt, das Kurzzeitgedächtnis auf. Der Inhalt des Kurzzeitgedächtnisses kann über eine Aktivierung des neuralen Netzes im Hippokampus permanent in das Langzeitgedächtnis eingehen, das über das Gehirn verteilt ist.

Das Basalganglion verbindet und kombiniert die Impulse zwischen dem Kleinhirn und dem Stirnlappen und hilft auf diese Weise, die Körperbewegungen zu steuern. Es trägt zur Steuerung der Feinmotorik unserer Gesichts- und Augenmuskeln bei, mit deren Hilfe wir anderen Menschen unseren emotionalen Zustand mitteilen, und zur Steuerung des angelernten motorischen Gedächtnisses, wie zum Beispiel beim Klavierspielen. (11) Das Basalganglion ist einer der Bereiche, die durch die Substantia

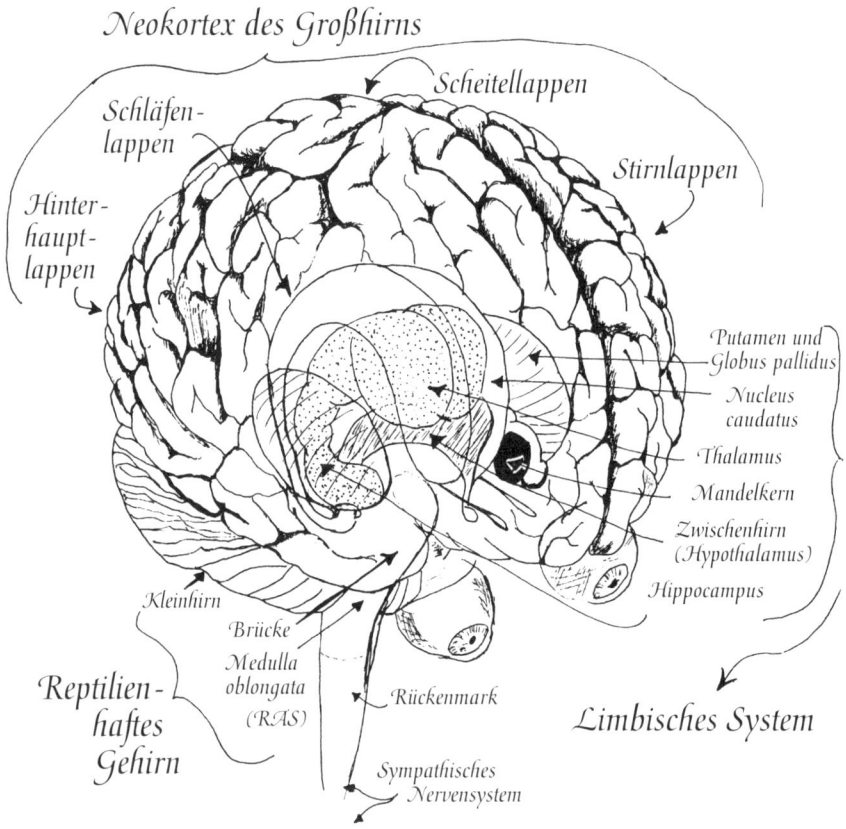

Abb. 4.1: Das limbische System

nigra mit dem Stirnlappen verbunden sind. Die Substantia nigra ist beteiligt, wenn zukünftiges Verhalten geplant wird, so daß es logisch sinnvoll und zum richtigen Zeitpunkt eingesetzt wird. (12) (Siehe Abb. 5.7, S. 105) Das paßt zu Damasios Erkenntnis, daß Emotion, Körper und Verstand physiologisch untrennbar verbunden sind.

Die komplizierte Verdrahtung des limbischen Systems zeigt, daß wir für Lernen und Erinnern sensorischen Input, eine persönliche emotionale Beziehung und Bewegung brauchen. Wenn wir die Welt erfahren, durchläuft unsere Sammlung von Bildern und den dazugehörigen Reaktionen einen emotionalen Filter im limbischen System, das über Wert, Bedeutung und Überlebenspotential der Erfahrung im Lichte vergangener Erfahrungen entscheidet. Unter sozialen Gesichtspunkten betrachtet, entspringt alles, was wir tun, dem Bedürfnis, in unserer Gruppe akzeptiert zu sein, damit wir überleben können. Emotionen interpretieren unsere Erfahrung und helfen uns, unsere Sicht der Welt und unseren Platz darin zu organisieren.

Alle unsere emotional-kognitiven Verarbeitungsmechanismen scheinen biochemisch zu sein. Unsere Gefühle zu einer bestimmten Situation regen spezielle Neurotransmitter an. Objektiv gesehen ist jede Erfahrung für das Geist-Körper-System einfach nur ein Ereignis. Die Art, wie wir dieses Ereignis wahrnehmen (= eine *Entscheidung*, gefärbt durch unsere Emotionen) bestimmt unsere Reaktion darauf und unser Potential, daran etwas zu lernen.

Betrachten wir das Ereignis als eine Katastrophe, wird der Neurotransmitter Adrenalin ausgeschüttet, und das Geist-Körper-System reagiert mit einer Reihe von Überlebensreaktionen. Bei erhöhtem Adrenalinausstoß produzieren wir auch den Neurotransmitter Kortisol, der unsere Fähigkeit zum Lernen und Erinnern einschränkt. (13) Entscheiden wir uns aber statt dessen, das Ereignis als eine Lernerfahrung, als Abenteuer wahrzunehmen, werden andere Neurotransmitter wie GABA (Gamma-Amino-Buttersäure), Acetylcholin, Interferon und Interleukine ausgeschüttet. (14) Diese stärken unsere Fähigkeit, neurale Netzwerke aufzubauen und zu reorganisieren, damit wir erfolgreich denken und uns erinnern. Zum Thema Neurotransmitter werden wir noch in einem späteren Kapitel kommen. Hier geht es darum, daß Emotionen und die durch sie ausgelöste Ausschüttung von Neurotransmittern eng mit kognitiven Funktionen verflochten sind.

Bedeutung für die Pädagogik

Die Tragweite dieser Einsichten ist enorm, besonders für die Pädagogik. Elizabeth deBeauport weist mit Nachdruck darauf hin: „Was fehlt bei allen unseren pädagogischen Bemühungen? Das fühlende Gehirn. Zuneigung war das erste Merkmal bei der Entwicklung der Säugetiere. Als wir anfingen, Zuneigung zu zeigen, machten wir damit deutlich, daß wir nicht wie Reptilien sein und uns einfach davonschleichen wollten." (15)

Unser Geist-Körper-System lernt, indem es das Leben in einem Kontext erfährt, in Beziehung zu allem anderen, und es sind unsere Emotionen, unsere Gefühle, die uns diesen Kontext vermitteln. Um zu lernen, zu denken oder kreativ zu sein, muß der Lernende emotionales Engagement verspüren. Sonst wird Unterricht einfach zu einer intellektuellen Übung. Aber Schulen vermitteln Wissen im großen und ganzen häppchenweise und in Fächer aufgeteilt, in einer gefühlsarmen, unsozialen Umgebung. Eine Beziehung zu den persönlichen Bedürfnissen oder den Zukunftsaussichten des einzelnen Schülers besteht gewöhnlich kaum. In den meisten Schulstunden wird vom Schüler erwartet, daß er sich auf ein ernsthaftes, intellektuelles Geschäft einläßt, ohne einen sozialen oder emotionalen Inhalt. Und die Lehrer beschweren sich, daß sie, anstatt pädagogisch tätig sein zu können, nur disziplinieren müssen, um die sozialen und emotionalen Interaktionen in der Klasse in den Griff zu bekommen.

Schüler mit einer starken Motivation für das Lernen sind bereits emotional engagiert, und sie werden lernen, weil sie gerne lernen. Andere kommen gut zurecht, weil sie verstanden haben, wie wichtig eine entsprechende Bildung für ihren gesellschaftlichen Erfolg und damit für ihr persönliches Überleben ist. Deshalb gehen sie das Lernen mit einigem emotionalen, überlebensorientierten Engagement an. Aber diejenigen, die kein emotionales Engagement für die gegenwärtigen Bildungsinhalte aufbringen wollen und die den Nutzen für ihr Leben nicht erkennen, können in der Schule elend versagen.

Die Schulbildung wäre viel wirkungsvoller, wenn das Zuhause und die Klasse zu Lerngemeinschaften würden, in denen emotionale und soziale Beziehungen für den Wissenserwerb eingesetzt würden. Das dänische Schulsystem kommt diesem Ideal in vieler Hinsicht nahe. (Einige Grundzüge des dänischen Systems werden in den Kapiteln 5 und 15 beschrieben.)

Emotionen entwickeln

Damit sich das limbische System mit seinen Verbindungen zu anderen Hirnrealen voll entwickeln kann, müssen Emotionen erforscht und zum Ausdruck gebracht werden. Diese Fähigkeit ist ähnlich wie die sensorische Entwicklung bei unserer Geburt noch nicht voll ausgebildet. Wir müssen die neuralen Netzwerke entwickeln, die auf dem Weg über soziale Erfahrungen die Verarbeitung von Emotionen ermöglichen.

Im Alter von etwa fünfzehn Monaten beginnt das limbische System, die Grundmuster für sensorischen Input und erlernte motorische Funktionen durch Emotionen zu erweitern. Aus dieser Verbindung entstehen die Beziehungen zwischen dem einzelnen und seiner Welt, und diese werden zunächst im Kurzzeit- und dann im Langzeitgedächtnis gespeichert.

Wenn zwei Einjährige gemeinsam in einem Zimmer sind, beachten sie einander kaum, während sie sensorisch und motorisch die materielle Welt erkunden. Aber mit etwa fünfzehn Monaten nehmen sie einander zum ersten Mal bewußt wahr, und es kommt zu ersten Interaktionen. Mit dieser Interaktion wird sich das Kind seines Platzes in der Welt als ein einzigartiges, getrenntes Individuum bewußt, das durch gemeinsame Abstammung, emotionale Bindung, Sprache und bestimmte kulturelle Paradigmen mit anderen verbunden ist. Zwischen zwei und drei Jahren erkennt das Kind sich als getrennt von der Mutter, und die Vorstellung des „Ich" entwickelt sich. Aus dieser neu gefundenen Trennung heraus erkennt ein Kind „meine Mami, meinen Papi, mein Spielzeug". Durch dieses Erkennen entsteht Bonding (Bindungsverhalten) zwischen dem Kind und seinen Eltern, seinen Geschwistern und Betreuern. Das soziale und familiäre Gefühl der Sorge und des Schutzes durch Bonding, das das Überleben der Gesellschaft sichert, ist in der emotionalen Entwicklung des limbischen Systems geankert.

Lernen durch Imitation

In diesen frühen Entwicklungsjahren nimmt das Erforschen eine ganz neue Dimension an. Kinder beginnen, die Menschen in ihrer Welt zu imitieren, und lernen dabei über den Körper und die Emotionen erkennen, welche Personen und welche sozialen Beziehungen für sie wichtig sind.

Was wir als das „schlimme Alter von zwei Jahren" bezeichnen, ist nur das Verhalten des Kindes, das unsere Bewegungen und Emotionen übertreibt, um sie sensorisch und motorisch vollständig zu verstehen. Kinder sind von den körperlichen Empfindungen, die diese neugefundenen Emotionen begleiten, beeindruckt, und sie werden oft recht theatralisch. Wir mögen diese Ausbrüche als Wutanfälle bezeichnen, auch wenn es sich einfach um emotionale, körperliche, multisensorische Lernaktivitäten handelt. Ausdruck durch Bewegung ist für das Erlernen der Emotionen sehr wichtig, denn Kinder können in diesem Alter ihre Emotionen noch nicht kognitiv über Gedanken steuern. Sie *werden* einfach zur Emotion! Wenn Eltern das verstehen, können sie sich von einer wilden, wunderbaren Vorstellung, einer Spiegelung ihrer selbst, unterhalten lassen, anstatt die Zweijährigen als schrecklich zu betrachten. Das „schreckliche" Verhalten tritt weniger häufig auf, wenn die Betreuer sich bewußt werden, wie wichtig sie als Modell für das Kind sind.

Diese körperlich-emotionale Verbindung bleibt unser ganzes Leben hindurch bestehen, da unser Körper weiterhin hauptsächliches Mittel zum Ausdruck von Gefühlen ist. Denken Sie an die „Gänsehaut", die Sie bei einer anrührenden Szene im Theater oder bei einer großartigen, zu Herzen gehenden Musik bekommen. Denken Sie an die Bewegung der Chormitglieder, wenn diese emotional in ihrem Gesang aufgehen. Achten Sie auf Ihre eigenen Bewegungen, wenn Sie tiefe Gefühle zum Ausdruck bringen. Es ist buchstäblich unmöglich, Emotionen ohne Bewegung zum Ausdruck zu bringen. Die wichtigen sensorischen Bereiche im Gesicht und an den Händen sind bei diesem Prozeß gewöhnlich sehr aktiv. Der Ausdruck von Emotionen über die Hände und das Gesicht stimuliert große Bereiche des Gehirns zu verfeinerten Verbindungen zwischen Emotionen und Denken.

Zwischen fünfzehn Monaten und vier Jahren erforscht das Kind die emotionale Reichhaltigkeit seiner Welt. Anfänglich werden Gefühle erforscht, die durch den Hypothalamus und den Mandelkern geschaffen werden, wozu Wut, Furcht und Aggression gehören. Diese können nur in direkter Verbindung mit dem reptilienhaften Gehirn zum Ausdruck kommen und bilden dann eine grobe Reaktion ohne jegliche kognitive Kontrolle oder Verständnis. Wenn sich die neuralen Netze entwickeln und sich mit den kortikalen Zentren für Denken und höhere kognitive Funktionen in den Schläfenlappen verbinden, entstehen Emotionen wie Ärger, Traurigkeit, Glück und Frustration. Diese neurale Verbindung mit den kognitiven Bereichen macht diese groben Emotionen der bewußten Wahrnehmung zugänglich und führt dazu, daß uns Geschichten, historische Ereignisse, Darstellungen in den Medien und Beobachtungen emotional berühren. (16)

Warum wir Emotionen ausdrücken müssen

Das Erforschen und Ausdrücken dieser groben Emotionen ist entscheidend für die spätere Entwicklung, in deren Verlauf neurale Netze sich mit den Stirnlappen verbinden und verfeinerte Gefühle wie Liebe, Altruismus, Mitgefühl und Freude entstehen. Unsere Emotionen sorgen dann für die nötige Leidenschaft und den Unternehmungsgeist, um ein erfülltes Leben zu führen.

Wenn Emotionen direkt an Überleben und Angst gebunden sind, kann ihr Ausdruck zu einer explosiven Reaktion werden, die aus dem sympathischen Nervensystem und dem Hirnstamm kommt. Diese Art reaktiver Emotionen, die bei Zweijährigen natürlich ist, wird bei Erwachsenen schon immer gefürchtet, da sie oft in Gewalt ausartet. Vor dem Hintergrund dieser Angst vor Gewalt werden Kinder oft von jeglichem Ausdrücken starker Gefühle zurückgehalten, auch wenn sie gerade erst dabei sind, diese zu entdecken.

Wenn wir Menschen ermutigen, Emotionen zum Ausdruck zu bringen, auch Wut und Trauer, so zeigen wir Respekt für ihre Gefühle. Da dieser Mensch sich so geschätzt fühlt, ist die emotionale Antwort gewöhnlich mit dem Verstand verbunden. Kinder, denen man erlaubt, ihre Gefühle natürlich und verantwortlich auszudrücken, sind eher in der Lage, diese in ihrem Leben konstruktiv und kreativ einzusetzen. Das Gespräch über Gefühle ist besonders nützlich, da wir denken und argumentieren, um eine emotionale Erfahrung zu verstehen und in Worte zu fassen. Das trägt dazu bei, daß die wichtige Verbindung zwischen Emotion und kognitivem Denken gestärkt wird.

Menschen dagegen, die keine Gelegenheit zum Ausdrücken ihrer Emotionen bekommen, beginnen vielleicht ihren persönlichen Wert anzuzweifeln. Die unterdrückten Emotionen sind nicht mehr mit der bewußten Wahrnehmung verbunden, und diese Verleugnung wird an die Überlebenszentren angebunden. Das führt dazu, daß die Emotionen dann mit Angst und Selbstzweifeln gekoppelt sind. Wenn Emotionen schließlich zum Ausdruck kommen, geschieht das oft heftig und explosiv. Bleiben sie unterdrückt und verleugnet, schlägt sich das in einer chronischen, permanenten Ausschüttung von Adrenalin nieder, wodurch das Lernen, das Gedächtnis und das Immunsystem gedämpft werden.

Während der letzten fünf Jahre hielt ich in verschiedenen anderen Kulturen Vorträge, Kurse oder Unterricht. Ich war dabei oft zutiefst beeindruckt, wie aufgeschlossen dort auf den Ausdruck von Emotionen reagiert wurde. Unter den Eingeborenen in Botswana und Lesotho zum Beispiel erlebte ich große Freude und Leidenschaft. Die Menschen in diesen Kulturen haben keine Angst, ihre Gefühle mit ihrer ganzen Person zum Ausdruck zu bringen, sei es gesunder Ärger über Ungerechtigkeit, Trauer oder Freude. Freude wurde am häufigsten zum Ausdruck gebracht, unter Beteiligung von Körper und Geist. Sie zeigte sich in Liedern, in einem strahlenden Lächeln, das nicht mehr aufhörte, oder in einer festen Umarmung. Sie freuten sich ganz einfach, wenn sie mich trafen, sie freuten sich über eine Ernte oder wenn sie ein Kind beobachteten oder einen neuen Tag begrüßten.

In unserer Kultur ist der Ausdruck von Ärger sehr viel üblicher als der Ausdruck von Freude, und oft erscheint uns das nicht einmal seltsam. Andererseits wird ein Mensch, der in der Öffentlichkeit seiner Freude Ausdruck gibt, möglicherweise als „verrückt" betrachtet. Wie kommt es, daß wir in unserer Kultur so viel mehr daran gewöhnt sind, Ärger auszudrücken, daß wir davor Respekt haben – und Ärger vielleicht auch besser ausdrücken können – und daß Freude so selten gezeigt wird? Könnte es sein, daß die Angst vor dem Ausdruck des einen Gefühls uns dem anderen gegenüber mißtrauisch machte und uns dazu verleitete, alles, was als „emotional" ausgelegt werden könnte, abzutun und zu rationalisieren? Wie uns jedoch die Wissenschaft jetzt bestätigt, sind unsere Emotionen, Motive und Gedanken untrennbar miteinander verbunden. (17) Emotionen sind Teil des Denkens. Einmal gefunden sind sie immer vorhanden. Wenn wir diese Untrennbarkeit achten und den Emotionen in allen Lernumfeldern einen produktiven Platz zugestehen, legen wir den Grundstein für lebenslanges Lernen, Denken und Kreativität.

Ich empfand die Kraft dieser alles einschließenden Beziehungen in den afrikanischen Gemeinschaften in Südafrika. Diese Aufenthalte der letzten Jahre haben meine Überzeugung bestärkt, wie wichtig die Emotionen für die Gesundheit und das Wohlergehen einer Gesellschaft sind. Leidenschaft und aufrichtige Beziehungen mit anderen sind etwas, was wir in unserer eigenen Gesellschaft vermissen und wonach wir uns deshalb sehnen. Ermutigung und Anerkennung für eine reiche emotionale Entwicklung sind für unser persönliches Leben und für unsere Gesellschaft von grundlegender Bedeutung.

Früher Altruismus

In frühen Jahren kann das Kind aufgrund der Entwicklung des limbischen Systems Beziehungen und soziale Bindungen aufbauen. Das ist die Gelegenheit, Kindern das Verhalten gegenüber anderen Menschen zu zeigen und sie zu lehren, sich um andere Kinder, Haustiere, um Gegenstände und die Umwelt zu kümmern. Anzeichen für die Entwicklung von Altruismus und Empathie werden im Alter von etwa drei Jahren sichtbar. Diese Eigenschaften sind letztlich wichtig für das Überleben der Spezies Mensch. (18)

Die Entwicklung altruistischen Verhaltens beginnt damit, daß Anteilnahme und Bewußtheit für die Bedürfnisse anderer Kinder oder Erwachsener deutlich wird. Das Kind vollzieht einen Wechsel von der *besitzergreifenden* Beziehung zu dem Gedanken der *Fürsorge* für den Besitz: „Das gehört mir und ich muß dafür sorgen." Wenn Sie sich dann beispielsweise noch zehn Minuten Zeit nehmen, obwohl Sie schon spät dran sind, weil Ihre Dreijährige entdeckt, daß ihr Haustier noch Futter braucht, so ist das eine Belohnung für altruistisches Lernen, und die Wirkung wird ein Leben lang anhalten.

Ist Ihr Kind bereit, sich um ein verlorenes Spielzeug zu kümmern und danach zu suchen, anstatt vorzuschlagen, ein neues zu kaufen, entwickelt es einen Sinn für Werte. Altruistisches Lernen ist äußerst wichtig für unsere Gesellschaft, in der Ideen wie Reparatur, Wiederverwendung und Recycling sich nur mühsam durchsetzen können. Es könnte sein, daß unsere Mülldeponien, unsere Krankenhäuser und psychiatrischen Institutionen deshalb überquellen, weil der frühe Same des Altruismus während der limbischen Entwicklung nicht gelegt wurde. (19)

Die Kontrolle der Emotionen ist auch eine passende Lernaufgabe für dieses Beziehungsgehirn. Um Konflikte zu vermeiden, geben wir Kindern oft, was sie wollen, und zwar dann, wenn sie es wollen. Damit nehmen wir ihnen die Möglichkeit zu lernen, eine Befriedigung hinauszuschieben. Relativ schmerzlos läßt sich dieser Lernprozeß mit einem Zeitspiel fördern. Wenn ein Kind etwas zu essen möchte, sagen Sie: „Ja, du bekommst es in drei Minuten." Sie stellen die Uhr ein und bitten das Kind, Ihnen Bescheid zu sagen. Dann bekommt es etwas zu essen. Mit der Zeit kann die Wartezeit verlängert werden. Wenn Kinder wissen, daß ihre Bedürfnisse erfüllt werden, entwickeln sie leicht ein Gefühl für die Zeit, und sie lernen, einen Aufschub ihrer Befriedigung zu akzeptieren. Das wird ihnen ihr ganzes Leben lang eine große Hilfe sein. (20)

Emotion und Gedächtnis

Wie sind die sensorische Körperwahrnehmung und die Emotionen, denen wir unsere Erinnerungen verdanken, miteinander verknüpft? Wenn Sie andere Menschen nach ihren frühesten Erinnerungen fragen, gehen sie gewöhnlich zu einer Zeit zurück, als das limbische System bereits mit der Reifung begonnen hatte. Während dieser Aufbauphase verbinden neurale Netze die sensorischen und motorischen Grundmuster mit den Emotionen, und damit ist das Gedächtnis etabliert.

Halten Sie einen Moment inne und denken Sie an eine frühe Erinnerung. Welche Farben, Klänge, Gerüche, welcher Geschmack und welche Emotionen sind damit verbunden? Welche Bewegungen haben Sie dabei gemacht, wer war noch dabei, und welche Gefühle empfanden Sie diesen Menschen gegenüber? Die Erinnerungen sind normalerweise reich an körperlichen Empfindungen wie Bilder, Klänge, Geruch, Geschmack, Emotionen und Bewegungen. Deren neurale Verknüpfung ermöglicht uns, die Bilder zu erinnern.

Meine erste Erinnerung an meine Mutter ist, wie sie mich in einem kleinen Hof auf einer Schaukel anstieß, die zwischen dem Haus und einem Baum aufgehängt war. Ich erinnere mich genau, daß es kühl war, wahrscheinlich Herbst, die Atmosphäre und die Bäume voller klarer, leuchtender Farben, um mich herum die frischen, scharfen Gerüche des Herbstes. Ich erinnere mich, daß ich mich sicher fühlte, während ich das Gesicht meiner Mutter mit ihrem blauen Halstuch betrachtete, als sie mit mir sprach und über mein Jauchzen lachte. Da ist das Gefühl, wie mein Körper vor und zurückschwingt, sehr sanft zunächst, dann das Gefühl in meinem Magen, wenn der Schwung stärker wird. Es ist eine stark körperliche, sinnliche Erinnerung, und ich sehe sie jetzt als einen Filmclip. Die Phantasie, Träume und Denkprozesse entstehen aus diesem komplizierten Zusammenspiel im limbischen System.

Das limbische System macht es möglich, daß wir zum ersten Mal Dinge in einem Kontext sehen. Mit dieser neugefundenen Bewußtheit verstehen wir, was Besitz bedeutet, wir erfassen unsere Beziehung zu allem anderen und unseren Platz in der Gesellschaft. Während wir zunächst nur „etwas" essen, um zu überleben, erkennen wir jetzt, daß es schlangenförmige „Spaghetti" sind. Wir lernen die Farbe „meines" Hemdes kennen: Das ist meines und nicht das meiner Schwester, und daraus kann ich eine Geschichte machen.

Dies ist auch eine wichtige Zeit für körperliches *Imprinting*, die Entwicklung des Körpergedächtnisses. Wenn Kinder auf neue Informationen stoßen, bewegen sie sich, um dies alles ihren Muskeln und Sinnen einzuprägen. Lassen Sie sich auf einem Spaziergang von einem Dreijährigen leiten. Wenn Kinder etwas Neues entdecken, bewegen sie ihren Körper in einer Art von Übereinstimmung mit der tatsächlichen Form des neugefundenen Objekts, um dieses besser zu verstehen. Bewegung ist der Einstieg zum Verständnis von Beziehungen auf körperlicher Basis. (21)

Grundmuster und Gedächtnis

Die Natur des Gedächtnisses ist schon lange Gegenstand von Vermutungen und Diskussionen. Wissenschaftler sind sich weitgehend einig, daß Erinnerungen im Gehirn nicht nur an einer Stelle gespeichert werden. Erinnerungen werden vielmehr von neuralen Pfaden geschaffen, die als Muster zusammenwirken. Diese Netzwerke unterliegen beständiger Veränderung und Ausarbeitung, so daß wir Gedanken und Erinnerungen in unendlichen Kombinationen verbinden können.

Diese Grundmuster der Erinnerung bilden sich, während wir unsere sensorische Umgebung immer detaillierter erfahren. Die unterschiedlichen sensorischen Bereiche im Gehirn erfassen jeweils bestimmte Empfindungen. Die Entwicklung von Mustern macht es möglich, daß wir diese verschiedenen Empfindungen als eine Erinnerung behalten. Diese Muster sind mit den speziellen Gehirnbereichen verbunden, in denen diese besonderen sensorischen Informationen verarbeitet werden, zum Beispiel der Hinterhauptlappen mit visuellen Wahrnehmungen, der Schläfenlappen mit Klängen. Wenn Sie sich also an Ihre Mutter erinnern, wie sie an einem bestimmten Tag war, entstehen die Bilder, Klänge, Worte, Gerüche, Bewegungen und Emotionen an unterschiedlichen Stellen im Gehirn, aber sie werden neural zu einer einzigen Erinnerung verflochten – durch die Sie vielleicht direkt zu einer anderen Erinnerung geführt werden, da die neuralen Netze so komplex miteinander verwoben sind.

Nach diesem Modell wird neu Gelerntes ebenfalls auf diesem Weg integriert. Sich entwickelnde Muster werden zu grundlegenden Bezugspunkten für das Verständnis neuer Informationen. Wenn uns neuer Lernstoff geboten wird, erinnert sich das Gehirn an vergangene Erfahrungen und bietet gleichzeitig Bilder von Grundmustern aus jedem Gehirnbereich an. Neue Informationen können in vorhandene Grundmuster integriert werden, sie verändern und bereichern so die neuralen Netze und machen unsere Sicht der Welt komplexer.

Informationen gelangen zunächst in das Kurzzeitgedächtnis im limbischen System, wo die sensorischen Eindrücke mit emotionalen Komponenten verbunden werden, die wichtige Informationen zum Überleben hinzufügen. Wird die Information als wichtig erachtet und angewendet, so wird sie zur Schablone für die Reorganisation des bisherigen Musters. Durch diese Reorganisation von Grundmustern entsteht das Langzeitgedächtnis in jenem Informationssystem ohne vorgegebene Form, das sich über unser ganzes Gehirn erstreckt. Wir arbeiten unser ganzes Leben lang an der Ausformung und Veränderung dieser Muster. Die Grundmuster, von denen 90 Prozent in den ersten fünf Lebensjahren erworben werden, versorgen uns mit den Schablonen, an die alles zukünftig zu Lernende angehängt wird. (22)

PET-Aufnahmen zeigen, daß sich eine zelluläre Schnellstraße für Informationen durch alle Teile des Gehirns erstreckt, um die Erinnerungen an persönliche Erfahrungen, sogenannte episodische Erinnerungen zu koordinieren. In einer Studie an der Universität von Toronto zeigte sich, daß Teilnehmer sich leichter an Worte erinnerten, wenn diese nach ihrer Bedeutung analysiert wurden, verglichen mit Wörtern, die nur Buchstabe für Buchstabe abgelesen worden waren. Episodische Erinnerungen (oder die Bedeutung von Wörtern, wie diese Studie aus Toronto zeigt) besitzen eine zusätzliche emotionale Komponente, die für eine komplexe Entwicklung des Gedächtnisses notwendig zu sein scheint. (23) Bildansammlungen und Erinnerungen sind überall im Gehirn verteilt und scheinen eher durch episodische Erfahrung als durch einen gradlinigen mechanischen Vorgang zustandezukommen. Die Gedächtnisfunktion ist mehr als ein lineares Bibliothekssystem. Das Gedächtnis scheint ein Informationssystem ohne festgelegte Form zu sein, bei dem Informationen aus allen

Gehirnbereichen sofort und gleichzeitig abgerufen werden können. Deshalb bindet man etwas, an das man sich wirklich erinnern möchte, am besten an eine sensorische, emotionale oder physische Episode.

Die Muster jedes Menschen sind spezifisch und einzigartig. Die Anzahl der möglichen Grundmuster ist unendlich. Diese Grundmuster bestimmen, wie wir Dinge verarbeiten, und beeinflussen dadurch unser Lernen. Als Schablonen können diese Grundmuster modifiziert, reorganisiert und gekürzt werden, damit sie bei Zuwachs an Wissen effizienter werden. Sie bilden die Grundlage für unsere Glaubenssätze, die ihrerseits durch neue Informationen und eine größere Einsicht geändert werden können. „Die Karte des Gehirns wird durch die Erfahrung verändert", stellt Eric Kandel fest, und weiter: „Lernen kann zu strukturellen Veränderungen im Gehirn führen." (24) Die im Verlauf der Entwicklung des limbischen Gehirns entstehende große Anzahl von emotionalen Verbindungen in alle Gehirnbereiche macht es uns möglich, unsere Datenbank ständig zu erweitern. Die sensorischen, motorischen und emotionalen Grundmuster werden zu Schablonen für neues Lernen. Mit jedem Schritt lernt, verarbeitet und reorganisiert das System Informationen leichter, und es gewinnt umfassenderes Verständnis und größere Komplexität.

Das limbische Juwel: Die Phantasie

„Phantasie ist wichtiger als Wissen, denn Wissen zeigt all das auf, was schon ist, während die Phantasie auf das ausgerichtet ist, was sein wird."
Albert Einstein

Während die limbischen Verbindungen ausgebaut werden, entstehen auch die für die Entwicklung der Phantasie notwendigen Elemente. Phantasie oder Vorstellungsvermögen entsteht ganz natürlich aus den sensomotorischen Mustern in Verbindung mit Emotionen und Gedächtnis. Die Entwicklung dieses Prozesses läßt sich gut an Kindern beobachten, wenn diese etwas vorgelesen bekommen. Während sie konzentriert zuhören, sind sie absolut ruhig. In ihren Gehirnen erarbeiten sie innere Bilder und Gefühle, die mit bereits vorhandenem Wissen verbunden werden. Sie bilden aktiv neue neurale Netze.

Ist die Geschichte beendet, bitten die Kinder sofort: „Noch mal lesen!", und sie wollen sie „noch einmal" und „noch einmal" hören. Die Wiederholung erlaubt ihnen, die neuen Nervenpfade zu vervollkommnen und die Myelinschicht zu verstärken. Wählen Sie beim Vorlesen aus Versehen andere Worte, machen die Kinder Sie sofort darauf aufmerksam. Diese Konsistenz (Beständigkeit) ist für die Vollständigkeit ihrer imaginativen Bilder wichtig. Später erzählen die Kinder Ihnen die Geschichte, um sie über Sprache in Bewegungen und Empfindungen umzusetzen. Und schließlich werden sie sie noch spielen. Die spielerische Darstellung über den Körper vermittelt ihnen das sensorische Verständnis der Begriffe und verankert alle Einzelteile zu einem Ganzen. (25)

Wenn die Kinder älter werden und Sie ihnen längere Geschichten vorlesen, sind Bücher ohne Bilder oder mit nur wenigen Bildern vorzuziehen, da sie die Phantasie anregen. Außerdem ist es immer gut, wenn Sie die Kinder auffordern, Ihnen eigene Geschichten zu erzählen.

Spiel

„In den frühen Entwicklungsjahren ist das Spielen beinahe ein Synonym für das Leben. Es ist das Nächstwichtige nach Ernährung, Sicherheit und Liebe. Spiel ist ein wesentlicher Bestandteil des körperlichen, intellektuellen, sozialen und emotionalen Wachstums."
Ashley Montague

Der Wert der Phantasiewelt kann nicht genug betont werden. Das Kind kann seine Welt durch das Spiel und mit Hilfe von bereits Vertrautem in immer komplexeren geistigen und emotionalen Mustern organisieren. Die Altersstufe von zwei bis fünf ist für die kognitive Entwicklung der Kinder eine entscheidende Phase; sie lernen, Informationen zu verarbeiten und damit ihre Kreativität zu erweitern. Interaktive Kommunikation und Spiele, bei denen Kinder wechselseitig von der Phantasie der anderen lernen, beschleunigen den Prozeß.

Diese wunderbaren Veränderungen entstehen ganz natürlich, und glücklicherweise ist keine Aufsicht und Einmischung von Erwachsenen erforderlich. Leider scheinen die Kinder heute immer weniger Zeit und Gelegenheit zu haben, einfach nur zu spielen. Sogar Spielgruppen scheinen organisiert und strukturiert zu sein. Offensichtlich herrscht die Auffassung, daß Kinder unterhalten und beim Spiel unterstützt werden müssen. Ich beobachte das häufig bei organisierten Sportveranstaltungen für Kinder. Erwachsene geben den Ton an, und das Ziel ist der Wettbewerb. Nur selten ist zu beobachten, daß Kinder spontan miteinander spielen, wie es in meiner Kindheit üblich war.

Ich habe einige sehr wichtige Dinge gelernt, während ich mit den Nachbarskindern auf dem großen, leeren Feld hinter unserem Haus spielte. Ein zerklüfteter Baum stand genau in der Mitte, und es gab steinige und sandige Flächen mit Büschen, die man als Versteck nutzen konnte, oder um Pfeil und Bogen daraus zu machen. Es war genügend Platz, um weiße Traumhengste zu reiten und Cowboy und Indianer zu

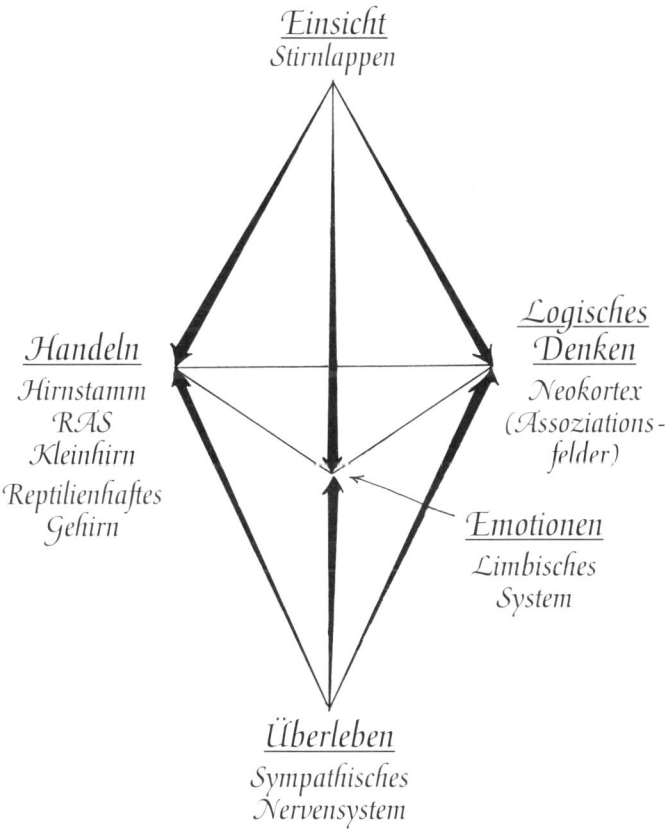

Abb. 4.2: Das Trowbridge-Modell für Gleichgewicht der Elemente der menschlichen Natur

spielen. Die Stunden und Tage vergingen wie im Flug, während wir einen Plan nach dem anderen ausheckten. Wir bastelten uns unser Spielzeug selbst, aus Stöcken, Federn, Steinen, Kreide, Faden, Klebstoff, großen Schachteln und alten Kleidungsstücken – praktisch aus allem. Gemeinsames Basteln von Spielzeug aus spontanen Phantasien heraus fördert die Gehirnentwicklung exponentiell. Im Spiel entstehen die Fähigkeiten, die für Kooperation, gemeinsame Kreativität, Altruismus und Verständnis notwendig sind.

Dr. Paul MacLean sieht die Entwicklung der Phantasie an die Entwicklung des Spiels gekoppelt, das die Grundlage für Kreativität und logisches Denken auf höchster Ebene bildet. Er meint, daß die Verbindung zwischen dem emotionalen limbischen Gehirn und dem Stirnlappen des Neokortex zur höchsten Ausprägung menschlicher Kreativität und Entwicklung führt. (26)

Das Spiel repräsentiert die volle Integration des Geist-Körper-Systems auf dem Weg über spezielle Pfade zwischen dem limbischen System und den Stirnlappen des Neokortex. Wenn wir reichlich sensorische Reize aufnehmen, diese verarbeiten und in gut entwickelte Grundmuster integrieren, wenn wir neue Einsichten kreativ umsetzen, dann gehen wir wirklich im Spiel auf. Der menschliche Drang, etwas zu schaffen, kommt aus dem Spielimpuls. Zu allen Zeiten haben Wortspiele, Spiegelfechtereien und Witz zur Kreativität in der Literatur und im Drama beigetragen. Komponisten, Choreographen und sonstige Künstler bringen ihre Integration über das Spiel zum Ausdruck. Das aufregende Spiel der modernen Wissenschaft springt auch auf die Mathematik, paradoxe Puzzles und die Sprache über. (27)

Vom einfachen körperlichen bis zum anspruchsvollen intellektuellen Spiel sind alle Spiele von einem Gleichgewicht aller Elemente unseres menschlichen Wesens abhängig. Wie Anthony Trowbridge in seiner Weiterentwicklung der Theorie des dreigliedrigen Gehirns von Paul MacLean nachgewiesen hat, ist die Emotion ein Schlüsselelement für dieses Gleichgewicht. (28) Wenn die Emotionen in ein dynamisches Gleichgewicht mit Vernunft, Einsicht, Aktion und auch Überleben gebracht werden, wird Lernen zu einem rationalen, kreativen Prozeß. Wird irgendein Teil des Verarbeitungsprozesses im Gehirn beim Lernprozeß ausgelassen, ist die Integration von Mustern und angemessenem Handeln oft nur eingeschränkt möglich. Geht das dynamische Gleichgewicht verloren, leiden das Lernen und die Kreativität.

Fernsehen und Phantasie

Die Kinder würden ihre Freizeit sicher weniger passiv verbringen, wenn sie nicht auf Krücken wie Fernsehen, Computerspiele oder mechanisches Spielzeug zurückgreifen könnten, die einen Großteil ihrer Zeit in Anspruch nehmen. Läßt man Kindern genügend Raum und ermutigt sie zu eigenständigem Tun, unterhalten sie sich ganz von selbst, ohne komplizierte Ausrüstung oder Einmischung von Erwachsenen. Sehr häufig entsteht Kreativität einfach dadurch, daß man sich irgendwo aufhält, wo Kreativität ganz spontan entstehen kann. Ich bin der gleichen Meinung wie Joseph Chilton Pearce und Jane Healy, die vorschlagen, daß Fernsehen erst ab acht Jahren erlaubt sein sollte, damit Phantasie und sprachliche Fähigkeiten die Chance zur Entwicklung bekommen. (29, 30) Das „Warnschild" der American Heart Association bringt es auf den Punkt. (Vgl. Abbildung 4.3) Fernsehen rangiert heute vor körperlicher Bewegung, interaktiver Kommunikation und Spielen. Und wir könnten noch die fehlende Entwicklung der Phantasie hinzufügen, die ausgiebiges sensorisches, motorisches und emotionales Training verlangt.

ACHTUNG:
KEINE ZEIT ZUM SPIELEN.

Abb. 4.3: „Warnschild" der American Heart Association

Tagträume und phantasievolle Spiele fördern umfassende Wahrnehmung, emotionales Wachstum und die Entwicklung von Kreativität. Fernsehen behindert diesen Prozeß und verhindert, daß die Kinder lernen, wie man spielt. Kinder lernen von Natur aus durch aktives Tun und durch Interaktionen mit anderen Menschen. Aus dieser Sicht ist Lernen via Fernsehen unnatürlich. Lernen erfordert außerdem Zeit zum Nachdenken, zum Aufnehmen und Verarbeiten der Erfahrung. Eine Studie hat gezeigt, daß Schüler, die einen hohen Fernsehkonsum hatten (täglich mehr als sechs Stunden), häufiger einen niedrigen IQ aufwiesen als Schüler mit geringem Fernsehkonsum (täglich zwei Stunden und weniger). „Das Fernsehen bietet den Kindern erstaunlich komplexe Informationen", schreibt Kate Moody, „aber bei diesem Wissen fehlt weitgehend die Integration, ein ausreichender Kontext und Bedeutung." (31)

Das Fernsehen bombardiert die Zuschauer mit einem beständig wechselnden Strom von Bildern, Worten und Bewegung, alles zu schnell, als daß das junge Gehirn es assimilieren könnte. Kinder sind vielleicht in der Lage zu wiederholen, was sie gehört haben, das tiefere Verständnis fehlt jedoch. Und gerade dieses tiefere Verständnis – das durch die Integration neuer Erfahrungen in die sich entwickelnden Geist-Körper-Muster des Kindes entsteht – führt zu Phantasie und kreativem logischen Denken. Das Kind bleibt passiv, ohne die innere mentale, emotionale und körperliche Beteiligung, die für die kognitive Entwicklung notwendig ist.

Die Verarbeitungskapazität der Kinder wird durch Überstimulation erschöpft, wenn sie versuchen, dem Geschehen auf dem Bildschirm zu folgen. Fernsehen verursacht bei den Kindern einen okularen Blick (Starren) und dissoziatives Hören (keine Verbindung zwischen Worten und Bildern). Als Schutzmaßnahme geht das Gehirn in einen Zustand mit niedrigen Alphawellen über, in dem aktives Denken und logische Überlegungen keinen Platz haben. (32)

Es muß betont werden, daß Fernsehen an sich, unabhängig vom Inhalt, eine anhaltende Wirkung auf das Lernen der Kinder zur Folge hat. Das Alter von zwei bis fünf ist entscheidend für die Gehirnentwicklung. Das Gehirn entwickelt sich, um zu lernen, wie Informationen aufgenommen und wie aus diesen Informationen Beziehungen aufgebaut werden können. Wenn Kinder vor dem Fernsehgerät sitzen, gewöhnen sie sich an einen Lernzustand, bei dem körperliche, emotionale und auch teilweise sensorische (Geruch, Geschmack, Propriozeption) Komponenten fehlen. Diese Gewohnheit prägt die Lernmuster für das ganze Leben. John Rosemond, der Direktor des Zentrums für *Affirmative Parenting* (Bewußte Elternschaft) in Gastonia, North Carolina, zitiert eine Studie, nach der Vorschüler, die häufig die *Sesamstraße* ansahen, häufig schlechter in der Schule waren als Kinder, die nicht fernsehen durften. (33)

Von Lehrern höre ich heute immer wieder, daß die Kinder keine Phantasie besäßen. Obwohl die Kinder die neuesten Werbespots hersagen können, sind sie hilflos, wenn sie selbst einen Werbespot für ein Produkt entwerfen sollen. Trotz Vorschlägen und Anleitungen können sie nicht mit Ideen spielen und kreativ sein, da ihnen die entsprechenden neuralen Netze fehlen.

Träume

In unseren Träumen haben wir die Chance, unsere reiche Phantasie zu erfahren. Das limbische System ist der Bereich für die Träume – für unseren inneren imaginativen Ausdruck. Das limbische System ist in seinem Ausdrücken von Phantasien im *Wachzustand* vom reptilienhaften Gehirn abhängig. Wenn aber im *Schlaf* das reptilienhafte Gehirn abgeschaltet ist, ermöglicht das limbische System den inneren Ausdruck in Träumen. Die meisten Träume sind voll von sensorischen Erfahrungen mit starkem emotionalem Gehalt.

Träumen ist für die Verarbeitung emotional berührender Ereignisse wichtig, und es scheint auch bei der Lösung emotional belastender Situationen hilfreich zu sein. In einer neueren Studie wurde nachgewiesen, daß der REM-Schlaf mit einem Anstieg des Adrenalinspiegels um mehr als das Doppelte gekoppelt ist. (34-35) Die ausgefeilten Verbindungen des limbischen Systems, das die Brücke zwischen dem Körper und dem Neokortex bildet, sorgen für die emotionale Grundlage, damit wir im Leben und in unseren Beziehungen aus dem Vollen schöpfen können.

Anregungen zur Förderung einer gesunden Entwicklung des limbischen Systems bei Kindern

• Ermuntern Sie die Kinder zu spontanen, phantasievollen Spielen, entweder alleine oder mit anderen. Lassen Sie sie ihr eigenes Spielzeug erfinden. Verzichten Sie auf nichtkreatives, fertig konstruiertes, käufliches Spielzeug.

- Lesen Sie Ihrem Kind vor und schenken Sie Ihrem Kind im Gespräch Ihre volle Aufmerksamkeit. Lassen Sie sich kreative, phantasievolle Geschichten erzählen.

- Lassen Sie den umfassenden Ausdruck von Emotionen zu und ermutigen Sie Ihr Kind dabei; etwa im Alter von vier Jahren können Sie zu einem rationalen Dialog überleiten.

- Fördern Sie viel Bewegung und Austausch mit anderen Kindern, damit Spielregeln entstehen können und die Kinder das Teilen und Anfänge altruistischen Verhaltens lernen können.

- Loben Sie die Fürsorge für andere Menschen und Tiere sowie den sorgfältigen Umgang mit Gegenständen.

- Trainieren Sie das Zeitgefühl und den Aufschub von Befriedigung.

- Halten Sie Ihr Kind vom Fernsehen und von Videospielen ab.

- Sorgen Sie für eine Umgebung mit wenig Streß, und geben Sie ein Vorbild ab, indem Sie Ihre Gefühle ehrlich zum Ausdruck bringen und Stabilität und Freude vorleben.

- Ermuntern Sie eventuelle Betreuer Ihrer Kinder, ihren eigenen Streß mit Brain-Gym®-Übungen (*Hook-ups*) und mit täglichem Training integrativer Bewegungen zu balancieren.

Kapitel 5

Verbindungen herstellen

„Wenn wir versuchen, etwas für sich genommen zu betrachten, stellen wir fest, daß es mit allem im Universum in Verbindung steht."
John Muir

Als ich vor vielen Jahren mit dem Unterricht an einem College in Colorado begann, besaß ich ein menschliches Gehirn im Glas. Ich hatte immer ein Gefühl von Respekt und Ehrfurcht, wenn ich es aus dem Glas nahm, um es mit den Studenten zu untersuchen. Hier lag das ganze Universum eines Menschen in meinen Händen – sein vollständiges genetisches und zelluläres Gedächtnis, die Geschichte seines Lebens, seine Bilder und seine Sichtweise der Welt, seine Gefühle von Liebe und Haß, die Art, wie er sich bewegte und mit der Welt Kontakt hatte, die Leidenschaften und heiligen Träume eines Menschen. In meinen Händen lag der körperliche „Nachweis", die „Aufzeichnungen", die neuralen Verbindungen eines Individuums, so einzigartig, daß es dieselbe Person niemals wieder gab noch geben wird. Nach wie vor verspüre ich diese Ehrfurcht und dieses Staunen, wenn ich mich wirklich auf einen anderen Menschen, egal welchen Alters, einlasse. Dieser einmalige Mensch mit seinen unbegrenzten Möglichkeiten kann mir das Tor zu Welten öffnen, die ich sonst nie sehen würde.

Während dieses Lehrauftrags arbeitete ich mit einem Geologen zusammen, um im Frühjahr Exkursionen in die Wüste durchzuführen. Die Wüste durch die Augen und den Geist von achtundzwanzig Schülerinnen und Schülern zu erleben, das bedeutete ein großes Lernabenteuer. Jeder konnte individuell für sich auf einen einmaligen Hintergrund der Entwicklung, des emotionalen Verständnisses und auf eine spezielle Art der Informationsverarbeitung zurückgreifen. Alle hatten mit ihrem Wissen Fähigkeiten und Denkmuster ausgebildet, die für jeden von ihnen einmalig waren. So wie sie die Wüste auf unterschiedliche Weise zum ersten Mal sahen und erlebten, ermöglichten sie mir neue und faszinierende Erfahrungen. Und jeder wurde für mich zur Quelle neuer Erkenntnisse.

Durch das einzigartige Netz von Verbindungen, das jeder Mensch vom ersten Augenblick an aufbaut, da er der Welt begegnet, wird unsere Kenntnis über die Welt und über uns selbst geformt. Tatsächlich sind diese Verbindungen unser Selbst, und sie sorgen für eine ständige Anpassung unserer Erfahrung der Welt: Diese Verbindungen verändern sich dauernd, während Erfahrungen in bereits geknüpfte Verbindungen integriert werden. Zum Ausdruck gebracht und verkörpert werden sie in dem Wissen, der Kompetenz und den Fähigkeiten, die jeden Menschen einzig und unersetzlich machen.

Diese entscheidenden Verbindungen sind das Spezialgebiet des Neokortex, der die Welt für uns assoziiert, indem er Bewegung, Sinne und Emotionen vereinigt. Der Neokortex ist der veränderlichste Teil des Gehirns, das Neuheitengehirn, das frischen Input und möglichst viel Abwechslung bevorzugt. Wie bei den anderen Teilen des Gehirns besteht zwischen dem Neokortex und dem Körper als Ganzes eine umfassende wechselseitige Abhängigkeit, aber gleichzeitig folgt die Entfaltung und Entwicklung des Neokortex einem eigenen Zeitplan. Wenn wir diesen Prozeß kennen, werden uns nicht nur unsere enormen Fähigkeiten, speziell im Bereich Lernen, bewußt. Wir erfahren damit auch, auf welche Weise diese Fähigkeiten behindert oder gefördert werden können.

Die Kommandozentrale

Den größten Teil des menschlichen Gehirns macht das Großhirn (*Cerebrum*) aus, wo die Kommandozentrale residiert. Um ein Gefühl für seine Größe zu bekommen, können Sie beide Hände locker als Fäuste zusammengeben, mit den Daumen nach oben. Die Hirnrinde (der *Kortex* oder *Neokortex*) bedeckt das Großhirn wie die dünne Schale einer Orange. Die Vorsilbe Neo- deutet auf die evolutionäre Weiterentwicklung gegenüber dem nichtmammalischen Teil des Gehirns hin. Der *Neokortex* bedeckt die Oberfläche aller Gehirnwindungen mit einer zwei bis fünf Millimeter dünnen Schicht, die hauptsächlich aus drei Arten von Neuronen besteht. Er enthält 10 bis 20 oder mehr Milliarden Nervenzellen, hauptsächlich das große intermediäre Netz der Assoziationsneuronen, das ich als die Kommandozentrale bezeichne.

Die Neuronen der Kommandozentrale werden durch 80 bis 100 Milliarden Neurogliazellen zusammengehalten. Gliazellen (Leimzellen) bilden das Stützgewebe, das die Nervenzellen im Gehirn und im Rückenmark umgibt. Einige verbinden das Nervengewebe mit Stützstrukturen und machen die Neuronen an Blutgefäßen fest.

Ausgebreitet würde der Neokortex eine Fläche von mehr als 0,3 m² bedecken. In 60 Sekunden fließen etwa 3/4 Liter Blut durch den Neokortex, und er verbrennt täglich 400 Kalorien. Er macht nur etwa ein Viertel des Gehirnvolumens aus, aber er verfügt über 85 Prozent der gesamten Neuronen des Gehirns. (1)

Der Neokortex besteht aus grauer Substanz, den Zellkörpern der Neuronen ohne Myelinschicht, die das ganze Leben hindurch unbegrenzt neue Dendriten bilden und Dendritenmuster aufgrund neuer Erfahrungen umorganisieren können. In Schätzungen wird von über einer Trillion (10^{18}) Verbindungen gesprochen, die durch die neuralen Netze im Neokortex eines Erwachsenen gebildet werden. Das normale Gehirn soll schätzungsweise tausend neue Informationsbits pro Sekunde verarbeiten können. Das bedeutet, daß die Zahl der zwischen den Synapsen überspringenden Signalkombinationen zu einem beliebigen Zeitpunkt größer ist als die Zahl der Atome im bekannten Universum. (2)

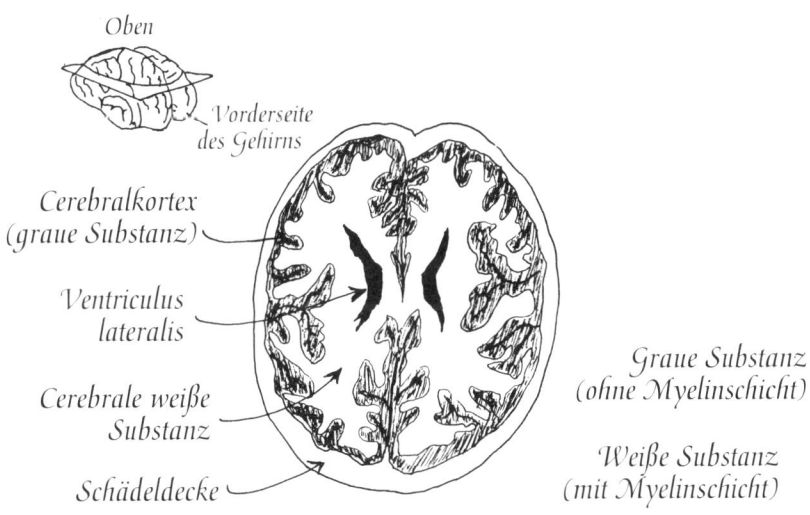

Abbildung 5.1: Die weiße und graue Substanz des Großhirns

Die weiße Substanz besteht aus Axonen, die mit Myelin umhüllt sind. Die Axonen verbinden den Neokortex mit den Nervenzellkörpern und umgekehrt. Sie bringen sensorische Informationen schnell zum Neokortex und übermitteln die motorischen Befehle von dort zum Körper weiter.

In der Sekunde, da Sie diese Wörter lesen, registriert Ihr Gehirn das Licht, die Hitze, die Kälte, Klänge und Gerüche um Sie herum. Es überwacht die Funktionen Ihrer Organe und registriert jede Berührung und jeden Druck auf Ihren Körper. Es weiß, wer und was mit Ihnen im Raum ist. Es weiß, wo sich jeder Muskel in Ihrem Körper befindet und welche davon gestreckt, entspannt oder kontrahiert sind. Es paßt die Muskeln beständig an, um Ihren Körper und speziell Ihre Augen auf das Buch ausgerichtet zu halten. Es bewegt die Augenmuskeln für die Augenfolgebewegungen über die Seiten und um die Augen an die Entfernung und die Lichtverhältnisse anzupassen. Und es nimmt die Wörter auf der Seite visuell auf, verbindet sie mit bestimmten erinnerten Bildern, Klängen und Bewegungen, damit Sie jedes Wort und die Bedeutung für Ihren speziellen Kontext verstehen. Erst dann können Sie die Bedeutung des Textes einschätzen, die Richtigkeit beurteilen und überlegen, wie Sie den Inhalt umsetzen können – wirklich erstaunlich.

Bei der Geburt wiegt der Neokortex 350 Gramm, etwa ein Viertel des endgültigen Gewichts beim Erwachsenen. Er nimmt durch die Vermehrung der Dendriten und Gliazellen pro Minute 1 Milligramm zu und hat im Alter von sechs Monaten 50 Prozent des Endgewichts, mit zweieinhalb Jahren 75 Prozent und mit fünf Jahren 90 Prozent erreicht. Aus diesen Zahlen ließe sich schließen, daß sich 90 Prozent der Grundmuster bilden, bevor ein Kind zur Schule geht. Mit fünf Jahren haben Kinder die grobmotorische Kontrolle über die Schwerkraft, sie haben über ihre Sinne eine Welt von Informationen erlernt und diese zu Sprache, Musik und Kunst verbunden. Sie sind so weit sozialisiert, daß sie mit der Familie und mit Fremden auf kulturell akzeptierte Weise umgehen können. Diese erstaunliche neurale Entwicklung – sensorische Erfahrungen dienen zur Schaffung geistiger Modelle – wird das ganze Leben hindurch verfeinert.

Von der sensorischen Erfahrung zum Verständnis

Wenn eine sensorische Erfahrung in unser System gelangt, durchläuft sie den Hirnstamm und das RAS und geht weiter zum Thalamus des limbischen Systems. Alle Pfade von den sensorischen Nervenenden zum Neokortex passieren den Thalamus, ausgenommen der Geruch. Der Thalamus überwacht nicht nur den sensorischen Input und versieht die Informationen mit emotionalem Kontext, er hat auch direkte Verbindung zu allen Bereichen des Neokortex. Dieser enge Verbund – vom Thalamus weg zum Neokortex und vom Neokortex wieder zurück zum Thalamus – wird das thalamo-kortikale System genannt.

Diese feinen, unsichtbaren Transaktionen zwischen den sensorischen, emotionalen und motorischen Bereichen des Gehirns läßt uns eine Bedeutung mit unserer Erfahrung verbinden. Bei der Entwicklung der Grundmuster, mit deren Hilfe wir unsere Erfahrung einordnen, sind verschiedene Bereiche des Großhirns beteiligt: der Hinterhauptlappen für visuelles Verständnis, der Schläfenlappen für Hören und Schwerkraft und der Scheitellappen für Berührung, Druck, Schmerz, Hitze- und Kälteempfinden und Propriozeption im ganzen Körper.

Die Verbindungen zwischen diesen Bereichen ermöglichen uns die Bilder, aus denen unsere Erinnerung besteht. Sie könnten sich zum Beispiel daran erinnern, wie Sie einmal einen Ball aufprallen ließen und wie dadurch ein dumpfes Geräusch entstand. Oder Sie könnten sich erinnern, daß Sie ein Glas fallenließen und ein Klirren zu hören war. Aus erinnerten Erfahrungen wie diesen bauen wir Vorstellungen auf wie: Alle Dinge fallen hinunter, Glas zerbricht, Gegenstände aus Gummi prallen ab. Durch unsere Grundmuster konstruieren wir Modelle dafür, wie Dinge funktionieren, wir treffen Vorhersagen, bereiten körperliche Reaktionen vor, und unser Verständnis wird immer komplexer, je mehr Neues wir lernen und assimilieren.

Eine Karte des Großhirns

Schon seit den Zeiten des Aristoteles wollen die Menschen wissen, wie jeder Bereich des Gehirns arbeitet. Aber besonders seit Wilder Penfield die ersten Gehirnoperationen durchführte, wollen wir alle Bereiche und Funktionen des Gehirns näher bestimmen. In den Jahren um 1930 entdeckte Dr. Penfield, daß das Gehirn selbst keine Schmerzrezeptoren hat. Deshalb war es ihm möglich, Operationen am Gehirn mit nur lokaler Betäubung durchzuführen, so daß der Patient voll bei Bewußtsein war. Während der Operation benutzte Penfield eine elektrische Sonde mit geringer Spannung, um damit die Neuronen in dem lebenden, voll bewußten Gehirn zu stimulieren und seinen Besitzer zu fragen, was dabei geschah. Auf jeden Reiz kam vom Patienten eine körperliche oder verbale Antwort, oder er erinnerte sich plötzlich genau an eine frühere Erfahrung. (3)

Auf diese Weise konnte Penfield die Funktionen der verschiedenen Hirnbereiche identifizieren. Heute haben wir dafür PET (Positronenemissionstomographie), MRI (*Magnetic Resonance Imaging*; früher NMR = *Nuclear Magnetic Resonance* oder Kernspinresonanz-Tomographie) und MEG (Magnetenzephalographie), mit deren Hilfe unser Verständnis der Gehirnfunktionen erweitert wird. (4)

Mit PET wird gemessen, wie schnell das Gehirn Glukose, seinen wichtigsten Brennstoff, verbrennt. Freiwillige bekommen Injektionen mit winzigen Mengen einer radioaktiv gekennzeichneten Glukoseverbindung, die von ihren Gehirnzellen absorbiert wird. Mit PET wird dann aufgezeichnet, in welchen Bereichen bei bestimmten Aktivitäten mehr Glukose verbraucht wird. (5)

Jede Hemisphäre des Großhirns umfaßt vier Hirnlappen, wie in Abb. 5.2 (6) zu sehen. Hier ein knapper Überblick über die Funktionen dieser vier Hirnbereiche:

Hinterhauptlappen: Primärer visueller Bereich (sensorische Reize von den Augen; interpretiert Form, Farbe und Bewegung) und Bereich für visuelle Assoziation (verbindet vergangene mit gegenwärtigen visuellen Erfahrungen, erkennt und beurteilt Gesehenes).

Schläfenlappen: Primärer auditiver Bereich (interpretiert Grundmerkmale von Klang, Tonhöhe und Rhythmus); auditive Assoziation (Wernicke-Zentrum), interpretiert Sprache; vestibularer Bereich (Wahrnehmungen von den Bogengängen – Schwerkraft, Gleichgewicht und Schwingungen); primärer olfaktorischer Bereich (Wahrnehmungen in bezug auf Geruch). Diese haben direkte Verbindung zu den Gedächtniszentren im limbischen System.

Scheitellappen: Allgemeiner sensorischer Bereich (Berührung, Druck, Schmerz, Kälte, Hitze und Propriozeption) (7); Bereich für somatosensible Assoziation (integriert und interpretiert Empfindungen – Form und Beschaffenheit ohne visuellen Eindruck, Ausrichtung von Gegenständen, Verbindung zu Körperteilen und vergangene sensorische Erfahrungen); gustatorischer Bereich (Geschmack: süß, salzig, sauer und bitter).

Stirnlappen: Primärer motorischer Bereich (kontrolliert bestimmte Muskeln überall am Körper) (8); prämotorischer Bereich (zuständig für gelernte motorische, aufeinanderfolgende Bewegungen komplexer Natur

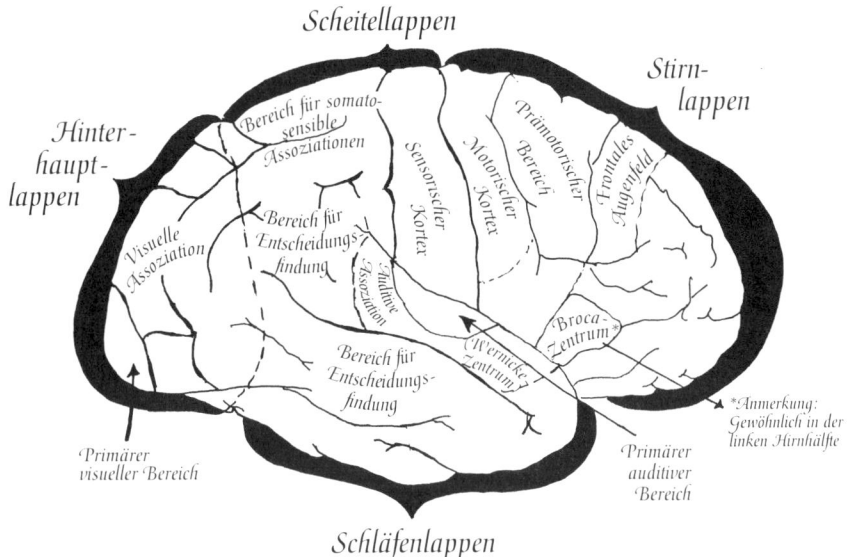

Abbildung 5.2: Die vier Bereiche des Neokortex

– anspruchsvolle Bewegungsabläufe); der Bereich des frontalen Augenfeldes (willkürliche schweifende Bewegungen der Augen – *scanning*); das Broca-Zentrum (übersetzt Gedanken in Sprache und entwickelt die innere Sprache, wie von Luria beschrieben). (9)

Alle diese Hirnlappen nehmen externe Reize und Informationen von der gegenüberliegenden Körperhälfte auf, über den Hirnstamm und das limbische System. Diese Informationen werden dann mit dem sensomotorischen Gedächtnis in den Bereichen für Assoziation und Entscheidungsfindung des Neokortex (dem großen intermediären Netz) integriert, geordnet und reorganisiert, damit die neuen Erfahrungen im Lichte vergangener Erfahrungen verstanden werden können.

Die Bereiche für Assoziation nehmen jeweils den größten Teil der Hirnlappen ein und sind für Gedächtnis, Emotionen, logisches Denken, den Willen, für Urteilen, persönliche Charakterzüge und Intelligenz zuständig. Der Bereich für Entscheidungsfindung ist der allgemeine Bereich der Integration, in dem Informationen aus allen vier Hirnlappen gesammelt werden. Er befindet sich zwischen den Bereichen für somatosensible,

89

visuelle und auditive Assoziation. Dieser Bereich erhält auch Impulse von Geschmack und Geruch, sensorische Informationen aus dem Thalamus und Impulse aus der unteren Region des Hirnstamms. Hier werden sensorische Interpretationen aus den Assoziationsbereichen und Impulse aus anderen Bereichen integriert, so daß aus den verschiedenen sensorischen Eindrücken ein gemeinsamer Gedanke entstehen kann. Ein Beispiel für ein derartiges integratives Bild könnte vielleicht lauten: „Dieser kalte, rote Apfel ist weich, aber er riecht frisch und schmeckt sicher gut." Dann werden aus diesem Bereich Signale an die anderen Teile des Gehirns weitergegeben, damit die entsprechende körperliche Reaktion eingeleitet werden kann, wieder über das limbische System und den Hirnstamm. (10) Diese Reaktion könnte sein, daß der Apfel zum Mund geführt wird, der Mund sich öffnet und man in den Apfel beißt.

Die Hinterhaupt-, Schläfen- und Scheitelhirnareale entwickeln sich teilweise mit dem Hirnstamm und dem limbischen System, aber etwa im Alter von vier Jahren durchlaufen sie einen stärkeren Wachstumsschub. Erst mit etwa acht Jahren sind die Stirnlappen davon betroffen.

Alles zusammengenommen

Um einen Eindruck zu bekommen, wie komplex alle diese Bausteine zusammen funktionieren, müssen wir uns nur anschauen, was geschieht, wenn im Frühjahr die ersten Veilchen blühen. Um die Veilchen zu sehen, müssen der Körper und die Augen in die richtige Stellung gebracht werden und fokussieren. Dazu ist die grobmotorische Integration im Hirnstamm notwendig, eine Beteiligung des Basalganglions im limbischen System und der feinmotorischen Koordination im Stirnlappen des Neokortex. Weitere Bewegung findet statt, wenn sich die Muskeln der Iris zusammenziehen, um sich an das Licht anzupassen, und wenn die Ziliarmuskeln an der Linse tätig werden, um sich auf die Entfernung einzustellen.

Das von den Veilchen ausgehende Licht wird von den lichtempfindlichen Stäbchen und Zäpfchen der Netzhaut beider Augen registriert. Die Stäbchen und Zäpfchen senden bestimmte neurologische Botschaften über sensorische Neuronen an den primären visuellen Bereich im Hinterhauptlappen. So können wir die Veilchen „sehen".

Das frontale Augenfeld koordiniert die Zusammenarbeit der Augen, damit wir unsere Augen über die Veilchen bewegen können. Mit Hilfe der

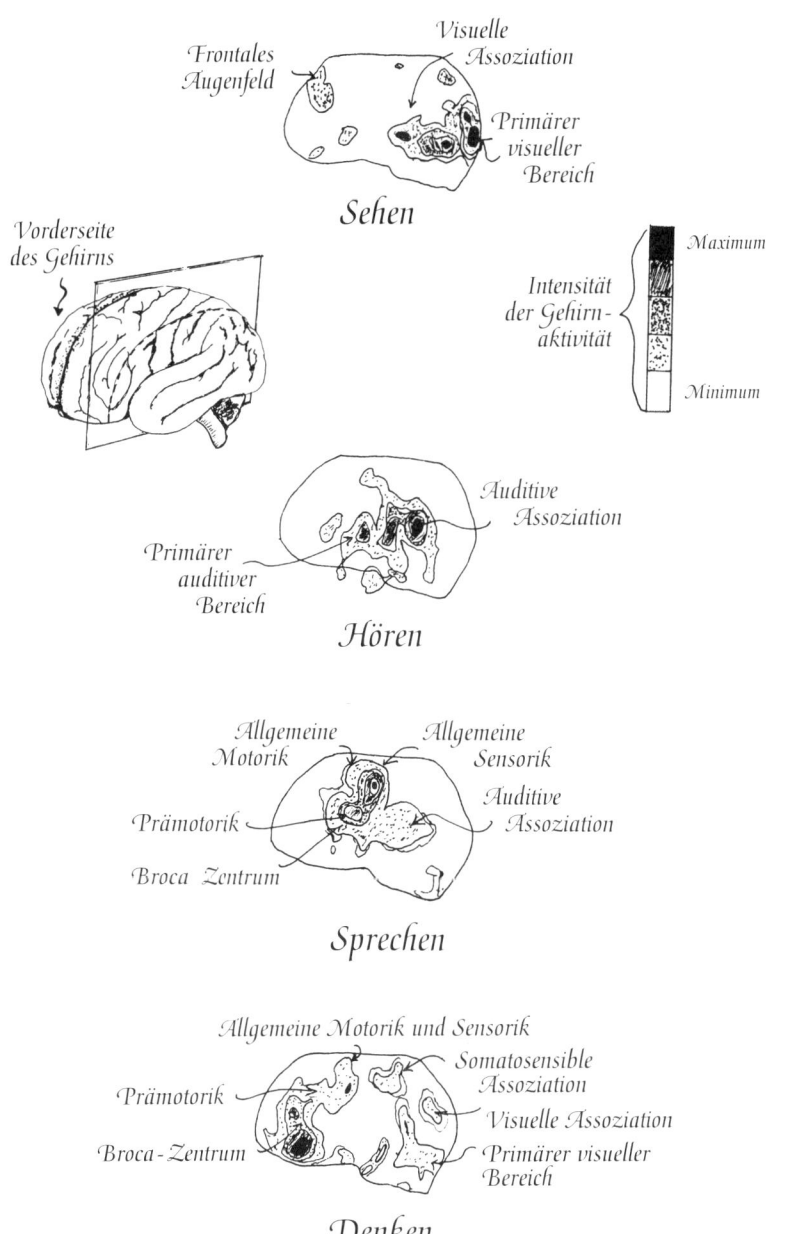

Sehen

Frontales Augenfeld

Visuelle Assoziation

Primärer visueller Bereich

Vorderseite des Gehirns

Intensität der Gehirnaktivität

Maximum

Minimum

Hören

Auditive Assoziation

Primärer auditiver Bereich

Sprechen

Allgemeine Motorik

Allgemeine Sensorik

Auditive Assoziation

Prämotorik

Broca Zentrum

Denken

Allgemeine Motorik und Sensorik

Somatosensible Assoziation

Prämotorik

Visuelle Assoziation

Broca-Zentrum

Primärer visueller Bereich

Abbildung 5.3: Vereinfachte PET-Aufnahmen von den Gehirnlappen und deren Funktionen (11)

Propriozeption im sensorischen Kortex des Scheitelhirns werden die Linien und die Form über assoziative Bilder in Struktur und Dreidimensionalität übersetzt. Von dort verbreiten sich die Impulse nach außen über die Nervenpfade und ziehen die Informationen aus den Assoziationsfeldern in Scheitel- und Schläfenlappen zusammen.

Die aus den verschiedenen Hirnbereichen heraus kombinierten Bilder ergeben die Vorstellung von Veilchen einschließlich des Namens. Außerdem wissen wir, warum sie jetzt gerade an dieser Stelle wachsen, wie sie riechen und schmecken. Und vielleicht taucht eine Erinnerung im Zusammenhang mit Veilchen auf. Aus dieser Erinnerung können neue Assoziationen entstehen: Wir sammeln Veilchen und kleben die gepreßten Blumen auf Karten, wir entziehen den Farbstoff, wir geben sie in einen Salat, wir malen sie oder schätzen, wieviele wohl auf einer Wiese stehen. Diese neuen Assoziationen können dazu verhelfen, daß wir ein Rätsel lösen, eine Entscheidung treffen, etwas Neues anfangen oder einen Verwendungszweck für dieses Objekt finden. Das Gehirn könnte dann verschiedene Muskelreaktionen einleiten, daß wir zum Beispiel die Veilchen pflücken, sie in einem Buch pressen, sie essen, über sie springen usw. (12)

So aktivieren wir alle Hirnareale, um zu assoziieren und zu integrieren, und können in unserem Geist mit den Veilchen (oder einem anderen Gegenstand) spielen. Das läßt uns kreativ werden und viele neue Ideen um diesen Gegenstand herum erfinden.

Die zwei Hälften des Gehirns

Das Großhirn hat zwei Hälften, jede ist mit den vier oben beschriebenen Gehirnlappen ausgestattet: Hinterhaupt-, Scheitel-, Schläfen- und Stirnlappen. Die beiden Hälften sind durch weiße Substanz – verbindende motorische und sensorische Axonen – im Balken (*Corpus callosum*) verbunden. Interessanterweise funktioniert das Großhirn nach einem Überkreuzmuster, so daß jede Seite des Körpers durch die gegenüberliegende Gehirnhälfte gesteuert wird. Informationen des linken Ohrs gehen zum rechten Stirnlappen, während die rechte Hand durch den linken motorischen Kortex gesteuert wird. Alle sensomotorischen Funktionen der rechten Körperhälfte werden von der linken Gehirnhälfte registriert und gesteuert, und alle Funktionen der linken Körperseite werden von der rechten Gehirnhälfte kontrolliert.

Jede Gehirnhälfte verarbeitet Informationen auf eine bestimmte Art. Um es einfach auszudrücken: Die „logische" Hemisphäre (gewöhnlich die linke) ist für Details, für die Analyse von Bestandteilen, die Verarbeitung von Sprache und für lineare Muster zuständig. Die „Gestalt"-Hälfte (gewöhnlich die rechte) – Gestalt bedeutet ganzheitliche oder globale Verarbeitung im Kontrast zu linear, analytisch – arbeitet mit Bildern, Rhythmus, Emotionen und Intuition. (13) Da bei einigen Menschen die Funktionen vertauscht sind – Logik in der rechten Hälfte und Gestalt in der linken – werde ich anstelle von links und rechts die Begriffe Logik und Gestalt verwenden. Der Balken dient als Superautobahn, die den schnellen Zugang sowohl zu den linearen Details in der „Logik"-Hälfte als auch zu den Gesamtbildern in der „Gestalt"-Hälfte eröffnet und damit integriertes Denken möglich macht.

Nachfolgend eine sehr vereinfachte Zusammenfassung der grundlegenden Unterschiede zwischen diesen zwei Hemisphären: (14, 15, 16)

Logik	Gestalt
Zuerst Wahrnehmung der Einzelheiten	Zuerst Wahrnehmung des Gesamtbildes
Bestandteile der Sprache	Sprachverständnis
Syntax, Semantik	Bild, Emotion, Bedeutung
Buchstaben, Sätze	Rhythmus, Redefluß, Dialekt
Zahlen	Bild, unmittelbare Anschauung
Analyse – linear	Intuition – Schätzung
Schaut auf Unterschiede	Schaut auf Ähnlichkeiten
Kontrolliert Gefühle	Läßt Gefühle zu
Planvoll – strukturiert	Spontan – fließend
Fortlaufendes, folgerichtiges Denken	Gleichzeitig mehrere Gedankenstränge
Sprachorientiert	Orientierung nach Gefühlen, Erfahrungen
Zukunftsorientiert	Orientierung am Jetzt
Technik	Flow und Bewegung
Sport (Einsatz von Hand, Auge, Fuß)	Sport (Fließen und Rhythmus)
Kunst (Medien, Werkzeuggebrauch, Arbeitsanleitung)	Kunst (Bild, Emotion, Flow)
	Musik (Leidenschaft, Rhythmus, Vorstellung)

Abbildung 5.4: Unterschiede zwischen den Gehirnhälften

Beide Hemisphären verfügen über alle Funktionen, bis die Spezialisierung einsetzt. Diese entwickelt sich bei jedem Menschen unterschiedlich schnell. Im Durchschnitt jedoch zeigt die Gestalt-Hälfte im Alter zwischen sieben und neun Jahren einen Wachstumsschub der Dendriten. Unter normalen Umständen ist die vollständige Spezialisierung der Hemisphären im Alter von neun bis zwölf Jahren abgeschlossen. Je stärker beide Hemisphären und alle Hirnrindenbezirke aktiviert werden, desto mehr dendritische Verbindungen werden gebildet, die den Balken verstärken und die Myelinschicht anwachsen lassen. Je stärker die Myelinschicht, desto schneller verläuft die Verarbeitung zwischen beiden Hemisphären und dem übrigen Gehirn.

Ist der Balken voll ausgebildet, laufen vier Milliarden Botschaften in der Sekunde über die etwa 200 Millionen Nervenfasern, die größtenteils mit einer Myelinschicht bedeckt sind, und verbinden so die beiden Hemisphären. Diese Integration und der schnelle Zugang führen zur vollen Verfügung über operationales (sich in Operationen, also zielgerichteten, kontrollierbaren Verfahrensschritten vollziehendes) Denken, so daß Gedanken und Vorstellungen frei gehandhabt werden können und formallogisches Denken möglich wird. (17, 18, 19)

Neuere Forschungen zeigen, daß die beiden vorderen Bereiche des Balkens bei Menschen mit ADS auffällig kleiner sind als normal. (20) Außerdem hat sich gezeigt, daß der Balken bei Frauen um zehn Prozent mehr Nervenfasern enthält als bei Männern. (21)

Diese Unterschiede müssen nicht genetisch bedingt sein. Ich glaube, daß sowohl Menschen mit „Lernstörungen" als auch allgemein Männer in unserer Gesellschaft nur teilweise die Erfahrungen machen können, die für die volle Entwicklung sensorisch-motorisch-emotionaler Muster notwendig sind. Sie hatten vielleicht zu wenig Gelegenheit für interaktive Beziehungen, in denen ausgiebige Dialoge und Gefühle wichtig sind. Ich vermute, daß diese Unterschiede in der Ausbildung des Balkens verschwinden würden, wenn beide Stirnlappen stärker aktiviert und emotionale Erfahrungen und deren Ausdruck akzeptiert wären.

Die Verbindung zwischen den Hemisphären

Die unterschiedlichen Funktionen der beiden Hirnhälften sind mittlerweile so bekannt, daß es nicht ungewöhnlich ist, wenn Menschen als „linkshirn-" oder „rechtshirnorientiert" bezeichnet werden. Tatsächlich findet sich bei allen Menschen eine mehr oder weniger ausgeprägte Dominanz. Besonders unter Streß zeigt sich bei allen Menschen eine Neigung zu entweder analytischem oder globalem Vorgehen.

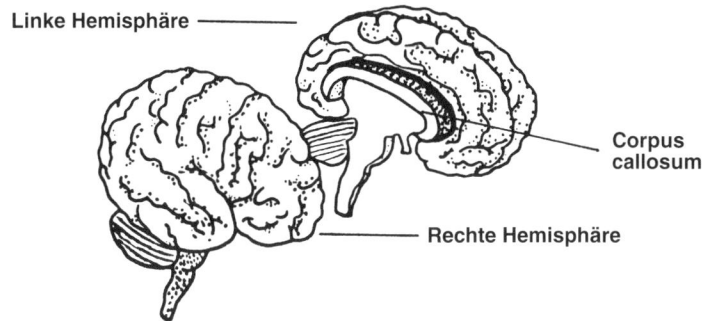

Abbildung 5.5: Die Hemisphären mit dem Balken

Je besser uns der Zugang zu beiden Hirnhälften gelingt, desto intelligenter können wir handeln. Wir müssen bei allem, was wir tun, beide Hirnhälften einsetzen, um wirklich gute Leistungen zu erbringen.

Kreativität beispielsweise ist nicht ausschließlich eine Funktion der Gestalt-Hälfte. Kreativität ist ein ganzheitlicher Prozeß, für den die Technik und die Details aus der logischen Hälfte und die Bilder, der Flow und die Emotionen aus der Gestalt-Hälfte nötig sind. Genauso brauchen wir für flüssiges Sprechen die Wörter und die richtigen Satzstrukturen der linken und die Bilder, Emotionen und die Dialektfärbung der rechten Hälfte. Durch diese Integration werden flüssiges Lesen und Schreiben und auch tieferes Verständnis und Kreativität möglich.

Überkreuzbewegungen wie das Krabbeln beim Kleinkind (und Brain-Gym®-Bewegungen wie in Kapitel 7 beschrieben) sorgen für die Balance bei der Aktivierung beider Hirnhälften. (22) Diese Übungen aktivieren beide Seiten des Körpers gleichmäßig, und sie schließen die koordinierte Bewegung beider Augen, Ohren, Hände und Füße sowie die Balance der Rumpfmuskeln ein. Wenn beide Augen, beide Ohren, beide Hände und Füße gleichermaßen eingesetzt werden, entwickelt sich der Balken, der diese Abläufe zwischen den beiden Hälften unterstützt, sehr viel vollständiger. Da die beiden Hirnhälften sowie alle vier Hirnlappen aktiviert werden, verbessern sich die kognitiven Funktionen, und das Lernen fällt leichter.

Wenn Lernende und Lehrer diese einfache Methode zur Verbesserung der Hirntätigkeit nützen, erscheint Lernen eher erstrebenswert und erfolgversprechend. Ich freue mich immer, wenn ich zum Beispiel sehe, wie Mathematik heute so unterrichtet wird, daß beide Hirnhälften gezielt eingesetzt werden. Ich fand das Einmaleins-Lernen tödlich langweilig – unendliches Auswendiglernen. Lehrer arbeiten jetzt mit kooperativen Lerngruppen, die gesungene Reime erfinden, mit denen die übrige Klasse lernt. Die Zahlen von der Logik-Seite und der Rhythmus und die Bilder von der Gestalt-Seite führen derart kombiniert zu einer Leichtigkeit des Lernens.

Was kann das Gehirn – und *wann* kann es das?

Im Zusammenhang mit den Funktionen und der Anatomie des Neokortex habe ich mehrere entscheidende Punkte in der Entwicklung hervorgehoben. Diese dienen als Anhaltspunkte, wenn wir erfahren möchten, zu welchen Leistungen wir in der Lage sind. Und außerdem ist es wichtig zu wissen, zu welchem Zeitpunkt wir was leisten können. Daß es heute so viele Schulprobleme gibt, liegt hauptsächlich daran, daß diese Entwicklungsstufen mißachtet werden und keine Berücksichtigung des individuellen Lernfortschritts stattfindet.

Die Entwicklung der Hirnrinde beginnt im Mutterleib und wird bis zu unserem Tod fortgesetzt. Nach und nach verbinden sich bestimmte Hirnbereiche im Laufe der natürlichen Entwicklung funktionell mit dem Großhirn. Dieser Prozeß läuft relativ kontinuierlich ab, aber es kristallisieren sich einige wichtige Stufen heraus. Die folgende Übersicht bietet nicht so sehr ein genaues Bild der Entwicklung, vielmehr einen allgemeinen Überblick. Unsere Entwicklung folgt zur richtigen Zeit unserem eigenen natürlichen Rhythmus.

ALTER (etwa)   **ENTWICKLUNG**

Konzeption bis 15 Monate   **Reptilienhaftes Gehirn**

Grundbedürfnisse zum Überleben – Nahrung, Schutz, Geborgenheit und Sicherheit
Sensorische Entwicklung beginnend mit dem Vestibularsystem, dann Hören, dann Tastsinn, Geruch, Geschmack und schließlich Sehen – umfassende sensorische Aktivierung
Motorische Entwicklung von den Reflexen zur Aktivierung der Rumpfmuskeln, dann der Nackenmuskeln, der Arme und Beine, die das Umdrehen ermöglichen, zum Sitzen, Krabbeln und Laufen – motorisches Erkundungsverhalten (Exploration)

15 Monate bis 4 1/2 Jahre   **Limbisches System, Beziehung**
Wahrnehmen der anderen in Bezug zum Selbst, der Emotionen in Bezug zum Selbst,
der Sprache in Bezug zum Selbst
emotionales Erkundungsverhalten; Ausprobieren von Sprache/Kommunikation;
Imagination; Grobmotorik; Entwicklung des Gedächtnisses; soziale Entwicklung

4 1/2 bis 7 Jahre   **Ausbildung der Gestalt-Hälfte**
Verarbeitung von Gesamteindrücken/Erkennen und kognitives Denken
Bild/Bewegung/Rhythmus/Emotion/Intuition
Äußere Sprache/integratives Denken

7 bis 9 Jahre   **Ausbildung der Logik-Hälfte**
Detail- und lineare Verarbeitung/kognitives Denken
Verfeinerung der Sprache
Entwicklung von Lesen und Schreiben
Entwicklung von Techniken – Musik, Kunst, Sport, Tanz, Training der Hände
Lineares mathematisches Arbeiten

8 Jahre   **Ausbildung der Stirnlappen**
Feinmotorische Entwicklung – verbesserte Geschicklichkeit
Innere Sprache – Kontrolle des Sozialverhaltens
Feinmotorische Augeneinstellung für Augenfolgebewegungen und für fovealen
Fokus (zweidimensionaler Fokus)

9 bis 12 Jahre   **Verstärkte Ausbildung und Myelinbildung**
     des Balkens
Verarbeitung mit dem ganzen Gehirn

12 bis 16 Jahre   **Hormonale Ausprägung**
Lernen über den Körper, das Selbst, andere, die Gemeinschaft; soziales Bewußtsein
für ein sinnerfülltes Leben

16 bis 21 Jahre   **Verbesserung der kognitiven Fähigkeiten**
Ganzhirn-/Ganzkörperverarbeitung, soziale Interaktionen, Zukunftsplanung und
Spiel mit neuen Ideen und Möglichkeiten

älter als 21   **Ausbildung und Verfeinerung der Stirnlappen**
Globales/systemisches Denken
Formales logisches Denken auf höchster Ebene
Verfeinerung der Emotionen – Altruismus, Liebe, Mitgefühl, Einsicht
Verbesserung der Feinmotorik

Abbildung 5.6: Meilensteine in der Entwicklung des Neokortex

Wir müssen uns von der Vorstellung verabschieden, daß wir die Welt einfach nur erfahren, bis wir mit fünf in die Schule kommen, und daß wir dann erst lernen. Wir lernen beständig, immer wieder auf andere Weise, und erweitern unser Wissen ein Leben lang. Im Neokortex wachsen jederzeit neurale Netzwerke, die mit dem Hirnstamm und dem limbischen System verbunden sind, und diese entwickeln neurale Verbindungen, die den Neokortex zu dem Ort werden lassen, an dem Wissen integriert wird.

Noch im Alter von 21 Jahren gibt es einen Wachstumsschub der neuralen Netze in den Stirnlappen. Das ist die Zeit, wenn die erwachsenen Kinder entdecken, daß ihre Eltern doch klüger sind, als sie dachten. Jetzt macht die emotionale Entwicklung Einsichten möglich, die zu Altruismus und Liebe führen.

Und noch einen weiteren Wachstumsschub gibt es mit etwa 30 Jahren, wenn die Bewegungen der Muskeln, besonders derjenigen von Händen und Gesicht, weiter verfeinert werden. Eine stärkere feinmotorische Koordination führt zu größeren Leistungen bei Musikern, wie zum Beispiel Pianisten und Geigern, deren Finger noch beweglicher werden. Das läßt sich auch bei Sängerinnen und Sänger beobachten, deren Stimmbereich sich erweitert (Muskeln). Und besonders „dramatisch" sehen wir das bei Charakterdarsteller, die jetzt ihre Gesichtsmuskeln derart subtil beherrschen, daß sie jedes Gefühl nur mit ihrem Gesicht zum Ausdruck bringen. (23)

Lesen und Schreiben – Was ist angemessen?

Verläuft die Entwicklung normal, verfügen Kinder mit etwa fünf Jahren über die Gestalt-Funktionen, also dann, wenn sie üblicherweise in die Schule kommen. Die Gestalt-Hälfte beginnt zwischen vier und sieben, sich zu entwickeln und zu vergrößern, während die Entwicklung der Logik-Hälfte erst zwischen sieben und neun Jahren beginnt. (24) So lernen Kinder, wenn sie mit fünf oder sechs Jahren in die Schule kommen, am besten über Bilder, Emotionen und spontane Bewegungen.

Unter normalen Umständen verfügen Kinder in dem Alter, in dem sie in den Kindergarten (hier: die amerikanische Vorschule) kommen, über eine reichhaltige Phantasie und einen sehr großen Wortschatz. Der britische Lehrplan, auf den sich der amerikanische stützt, beginnt jedoch sofort mit Zahlen und Buchstaben, und Lesen folgt sehr schnell hinterher. Das wäre kein Problem, wenn hier Bilder, Emotionen und Bewegung einbezogen würden und wenn der Bezug zu den Vorstellungen und zum Wortschatz der Schüler hergestellt werden würde. Seltsamerweise geschieht genau das Gegenteil. Die Kinder lernen „stillzusitzen", sie lernen Buchstaben und Zahlen auf lineare Art (dazu gehört Druckschrift, eine sehr linearer Prozeß der Logik-Hälfte), und sie lesen Bücher mit einfachem Wortschatz, nur wenigen Bildern, ohne Gefühlsgehalt.

Mit vier oder fünf Jahren „schreiben" Kinder meist gerne Geschichten, und zwar ausführliche Geschichten. Sie schreiben gewöhnlich in einer Art Schreibschrift, weil sie die Erwachsenen nachahmen und weil sie deren natürlichen Rhythmus und Fluß mögen. Auf diese Weise wird Lernen holistisch geankert, und dies könnte ein ausgezeichneter Ausgangspunkt für neues Lernen sein.

Wie die Dänen das Lesenlernen erleichtern

Das dänische Schulsystem nimmt Rücksicht auf die natürliche Entwicklung der Gehirnmuster, und so gehen die Kinder erst mit sechs oder sieben Jahren in die Schule. Der Unterricht in Schreiben und Lesen findet mit holistischen, mit Gestalt-Methoden statt, wobei die Details erst später wichtig werden, etwa mit acht, wenn die Logik-Hälfte entsprechend entwickelt ist. Lesen wird nicht vor acht Jahren gelehrt – und Dänemark kann sich rühmen, daß 100 Prozent der Bevölkerung lesen und schreiben können. (25, 26)

Die Kinder werden besonders ermutigt, Geschichten zu schreiben, auch wenn die Lehrer diese Geschichten nicht lesen können – die Kinder können es und lesen selbst vor. Der Wortschatz ist reichhaltig und bildhaft. Während die Kinder ihre Geschichten vorlesen, achten die Lehrer darauf, welche Bilder für die jeweiligen Verfasser emotional wichtig sind. Dann nutzen die Lehrer diese Informationen und fragen nach: „Es scheint, daß 'Dinosaurier' eines deiner Lieblingswörter ist. Würdest du gerne wissen, wie ich das schreibe?" Meist wollen die Kinder wissen, wie „man" die Wörter schreibt. So schreibt der Lehrer das Wort „Dinosaurier" in Schreibschrift, und wahrscheinlich enthält die nächste Geschichte des Kindes zwischen dem üblichen unleserlichen Gekritzel das Wort „Dinosaurier". Das Kind hat das ganze Wort ohne Anstrengung gelernt.

Beim Lesenlernen fragt die Lehrerin nach dem Lieblingslied, das sie in Schreibschrift aufschreibt, so daß die Kinder beim Singen die Worte verfolgen können. So entsteht eine emotionale Verbindung, die für den

Vorgang der Erinnerung sehr wichtig ist, da das Gedächtnis sehr eng mit den Emotionen im limbischen System verbunden ist. Jeder Lernprozeß umfaßt viel spielerische Bewegung und Rhythmus.

Ich kann die Wirksamkeit dieser Methode nur bestätigen, wenn ich an meine eigenen Erfahrungen beim Erlernen des Alphabets denke. Wir sangen das ABC-Lied und stellten die Buchstaben mit unserem Körper dar. Ich singe dieses Lied noch heute, wenn ich etwas nach dem Alphabet einordnen muß.

Ich erinnere mich, daß mein erstes Lesebuch, im Gegensatz zum dänischen System, viele kurze, einfache Wörter enthielt. Kürzlich brachte mir ein Mädchen ein Buch aus dem Kindergarten mit, es hieß: „Ich kann es". Welche Vorstellung wird dadurch geweckt? Um etwas Neues zu lernen, müssen wir die Verbindung zu bekannten Dinge herstellen und – in dieser frühen Stufe – zu einem konkreten Bild. Lehrer geben den Schülern Wörter mit drei Buchstaben vor [amerikanische *3-letter-words*, wie wir sie im Deutschen nicht kennen. Anm. d. Übers.], da sie ihnen einfach erscheinen, aber in Wirklichkeit sind diese viel schwerer als „Dinosaurier", da das innere Bild oder der emotionale Gehalt fehlt.

Blockschrift und Schreibblockaden

Eine weitere unnatürliche Anforderung ist das Schreibenlernen mit Druckschrift. Drucken ist ein hochgradig linearer Vorgang, der uns vom beständigen, rhythmischen Fluß der Sprache wegführt. Nur Schreibschrift spiegelt diesen Fluß, wie er im Geist erfahren und mit der Hand zum Ausdruck gebracht wird. In manchen europäischen Schulen wird nie Druckschrift gefordert, und es zeigt sich, daß die Kinder kaum Schwierigkeiten haben, wenn sie neben der Schreibschrift Texte in Druckschrift lesen, gewöhnlich mit acht Jahren. Es überrascht mich, daß es nicht mehr vergleichende Forschung über die unterschiedlichen Methoden gibt, mit denen weltweit das Schreiben in den Schulen gelehrt wird. Deutsche Lehrer teilten mir mit, daß ihre Schüler jetzt mehr Schwierigkeiten hätten, seit Druckschrift wieder als Einstiegsmethode eingeführt ist.

Das amerikanische Schulsystem folgt dem britischen Vorbild. Mit fünf Jahren lernen die Kinder Druckschrift, was nach meinen Erfahrungen aus der Arbeit mit Kindern Ursache für viele Schreibblockaden ist. In diesem frühen Alter bedeutet Druckschrift Schwerstarbeit für die Kinder, da es der natürlichen Entwicklung der Gehirnfunktionen widerspricht. Wenn sie sieben sind und das Gehirn so weit angepaßt ist, daß es die für das Drucken nötigen, voneinander unabhängigen, linearen Abläufe ausführen kann, dann wird Schreibschrift gelehrt. Dieses verrückte Spiel dient nur dazu, bei den Kindern starken Streß auszulösen, und es kann zu „gelernter Hilflosigkeit" führen. Gelernte Hilflosigkeit liegt dann vor, wenn die Betroffenen glauben, daß alles, was sie tun, falsch ist. So brechen sie ab, machen nur schwache Versuche oder geben einfach auf. (27)

Dies ist nicht das einzige Beispiel dafür, wie eine pädagogische Strategie, die langfristige Gewinne für kurzfristige, illusorische Resultate opfert, zu gelernter Hilflosigkeit führt. Der übertriebene Einsatz von einfachen Tests, häufig mechanisches Abfragen in einer vorgegebenen Zeit – zweimal bis dreimal die Woche, und das bis ins College, ist ein anschauliches Beispiel. Auswendiglernen ist ein geradliniger Vorgang und erfordert kein tieferes Verständnis, das erst durch die Aktivierung des ganzen Gehirns entstünde. Kurz gesagt, Auswendiglernen ist ohne Denken möglich. Diese Tests bewirken gelernte Hilflosigkeit, da sie dazu führen, daß die Schüler nur für die Tests lernen, und besonders Schüler mit Prüfungsangst leiden unter Dauerstreß.

Unter diesen Umständen ist weder Zeit noch Gelegenheit, um ein tieferes Verständnis für Themen zu entwickeln, neue Vorstellungen verbal oder schriftlich zu erarbeiten und durch Ableitungen selbständig Schlüsse ziehen zu lernen. Die Langzeiteffekte sind ebenso vorhersehbar wie bedauerlich. Die National Science Foundation hat sechs der am häufigsten genutzten Standardtests zu den vier geläufigsten Lehrbüchern für Naturwissenschaften und Mathematik für verschiedene Klassenstufen analysiert. Es stellte sich heraus, daß diese Test sich auf niederwertige Fähigkeiten (hauptsächlich Auswendiglernen und Anwendung von geläufigen Formeln) konzentrieren, anstatt auf Problemlösungen und Erörterungen, wie es von Lehrplanexperten gefordert wird. Außerdem besagt die Studie, daß die Tests für viele Lehrer das Programm bestimmen, da die Beurteilung der Schulen und die Auswahl der Lehrer durch die Bundesstaaten sich auf die Ergebnisse der Schülertests stützt. (28)

Herman Epstein hat darüber hinaus in seinen Studien gezeigt, daß die Befähigung zu formalen Schlußfolgerungen keineswegs das natürliche Ergebnis der gegenwärtigen Schulbildung ist. Er fand heraus, daß nur 5 Prozent der Elfjährigen formal schlußfolgern können. Nur ein Viertel erreicht diese Stufe mit vierzehn, und auch bei Erwachsenen stellt er fest, daß nur die Hälfte von ihnen formales Denken beherrschen. (29)

Vom Wissen zur Bedeutung

Das Endziel jeder Lernerfahrung sollte die Bedeutungsfindung sein. Wirkliches Wissen liegt dann vor, wenn wir unsere sensorisch reiche Umwelt aufnehmen und sie auf *unsere* Weise zusammensetzen, um uns ein Bild von unserer Welt zu machen. Das wird dann unsere Realität. Jede neue Erfahrung nimmt darauf Bezug, jede neue Erfahrung ergänzt und erweitert sie. Ausgehend von dieser Wirklichkeit können wir Entscheidungen treffen und handeln, um unsere Überzeugungen und unser Verständnis zu erforschen, zu testen und zu ankern. Der Prozeß, durch den wir unsere Erfahrung in ein wachsendes Verständnis der Welt integrieren, sollte das wichtigste Anliegen des Schulsystems sein. Dieses Verständnis durch Aufgaben zu demonstrieren, für die Denken erforderlich ist, sollte unverzichtbarer Bestandteil jeder Lernerfahrung sein.

Fähigkeiten manifestieren sich als körperliche Reaktionen, die den Erwerb von Kenntnissen beweisen. Denken ist in Wirklichkeit eine Fähigkeit, die von dem gesamten, integrierten Geist-Körper-System abhängt. Das gesamte System muß aktiv sein, damit Informationen aufgenommen werden können, damit die wichtigen Anteile der Information ausgewählt, in vorhandene Muster integriert und schließlich über Bewegungen geankert werden können. (30, 31) Kritzeln, Augenbewegungen, lautes Sprechen mit sich selbst oder mit anderen und Niederschreiben sind vertraute Bewegungen, die das Denken begleiten. Ohne irgendeine Bewegung ist kein bewußtes Denken möglich. Das Endergebnis in diesem Prozeß ist die Bedeutung.

Benutzen Sie Ihren Kopf – und Ihren Körper!

Wirkliches Lernen – die Art von Lernen, bei der bedeutsame Querverbindungen hergestellt werden – ist nicht vollständig ohne einen Output, irgendeinen physischen, persönlichen Ausdruck des Gedankens. Lernen besteht zu einem großen Teil darin, Fähigkeiten auszubilden, mit denen wir unser Wissen zum Ausdruck bringen. Sprechen, Schreiben, Computeranwendung, Zeichnen, künstlerisches Gestalten, Musizieren, Singen, anmutige Bewegungen bei Tanz und Sport: Der Erwerb von Wissen geschieht parallel zur Entwicklung der Fähigkeiten, die dieses Wissen zum Ausdruck bringen.

Bei der Ausbildung dieser Fähigkeiten nutzen wir die Muskeln unseres Körpers, und wir errichten neuromuskuläre Pfade sowie Verbindungen von diesen zu kognitiven Pfaden. Lernen geschieht nicht nur in Ihrem Kopf. Die aktive Umsetzung des Gelernten über die Muskeln ist ein wichtiger Bestandteil dieses Lernens. Wenn Sie darüber nachdenken, erscheint Ihnen das logisch, aber wir sind nicht daran gewöhnt, in diesem Zusammenhang an Muskeln zu denken. Meistens rechnen wir die Muskeln dem Körper zu, nicht dem Geist. Aber nur über den Ausdruck fördern und festigen wir unser Verständnis.

Gewöhnlich findet der Ausdruck in Form von Sprechen (oder Zeichensprache bei tauben Menschen) oder Schrift statt, wofür natürlich eine große Anzahl bestens koordinierter Muskelbewegungen notwendig ist. Sprechen ist eine unverzichtbare und entschieden menschliche Fähigkeit, die dazu verhilft, Wissen zu integrieren und das Denken zu fördern. Die Menschen besitzen noch andere Möglichkeiten des Ausdrucks und der Integration: bildlich, symbolisch, musikalisch, mit Gesten, um nur einige zu nennen. Und selbstverständlich gibt es Ausdrucksformen, die alle oder mehrere Fähigkeiten in einem Bedeutungszusammenhang vereinen. Das Drama zum Beispiel integriert Worte, visuelle Elemente, Körperdarstellung und oft auch Musik. Künstlerische Darstellung – im Drama, in der Musik, im Tanz, durch bildhafte Kunst, Literatur – ist Ausdruck für den vollendeten Einsatz und die Integration von Körper, Denken und Emotion. Künstlerischer Ausdruck ist für die Entwicklung der Gesamtpersönlichkeit und für kognitives Verständnis immens wertvoll.

Dasselbe läßt sich vom Sport sagen. Sportliche Aktivitäten vereinigen viele Arten von Wissen mit muskulärer Koordination – Wissen über Raum und Zeit, über menschliche Dynamik wie zum Beispiel Arbeit im Team, Motivation und Zielfindung. Kunst und Sport sind nicht nur Beiwerk, und Pädagogen sollten ihren Wert nicht aus den Augen verlieren. Dabei werden entscheidende Denkweisen geprägt und eine ausgefeilte Kommunikation mit der Welt gepflegt. Diese Fächer verdienen einen größeren, nicht einen kleineren Anteil an Schulzeit und Finanzmitteln.

Ich beobachte mit Freuden, wie die Schulen aufgrund des verbreiteten Interesses an Howard Gardners Theorie „Rahmentheorie der vielfachen Intelligenzen" dazu übergehen, viele verschiedene Fähigkeiten und Aktivitäten in die Schule zu bringen. Nach Gardners Theorie besitzen wir sieben Arten von Intelligenz: logisch-mathematisch, linguistisch, visuellräumlich, körperlich-kinästhetisch, musikalisch, interpersonal und intrapersonal. (32) Die Schulen betonen von jeher die linguistischen und die logisch-mathematischen Intelligenzen, aber sie vernachlässigten dabei andere wichtige Methoden des Wissens und Lernens. Die Einbeziehung der anderen Intelligenzen in den Lehrplan ist ein positiver Schritt zum Ausbau von Fähigkeiten höherer Ebenen und zu einer stärkeren Integration von Wissen.

Wie die Sprache Körper, Geist und Emotionen integriert

> „Sprache ... ist die Quelle des Denkens. Meistert ein Kind die Sprache, kann es seine Wahrnehmung und sein Gedächtnis neu ordnen; es kann in komplexer Weise über die Objekte der äußeren Welt nachdenken; es gewinnt die Fähigkeit, aus seinen Beobachtungen Schlüsse zu ziehen, kann vom Allgemeinen auf den Einzelfall schließen und besitzt damit die Kraft des Denkens." (33)
> Alexander Luria

Die Sprache ist vielleicht das augenfälligste Beispiel für einen integrativen Prozeß, an dem Körper, Geist und Emotion beteiligt sind. Durch die Sprache unterstützen und entwickeln wir unser Denkvermögen in entscheidender Weise. Wenn wir wissen, wie sich Sprache entwickelt, verstehen wir, genau wie bei anderen menschlichen Fähigkeiten, wie diese untergraben oder gefördert werden können.

Die sensorischen und motorischen Netzwerke für die Sprache bilden sich bereits sehr früh im Leben. Die natürliche Sprachentwicklung setzt ein, wenn sich das Kind, beginnend mit dem Sinn für Schwingungen und Rhythmus im Uterus, zum Kleinkind entwickelt, Töne von sich gibt und hören kann. Die komplizierte Kombination aller dieser Elemente führt zur Sprache. Das Kind übernimmt die Intonation und die Tonlage seiner Vorbilder und findet Vergnügen daran, erst zu intonieren und dann zu sprechen. Wenn die Kinder mit Tönen spielen, entwickeln sie neurale Netze und bauen eine Myelinschicht um die Nervenfasern auf, die zu den Muskeln der Kehle führen. Die Kinder können die tonalen Schwingungen, die sie hören, mit Tönen synchronisieren: Sie erzeugen diese, indem sie lernen, die Muskeln in der Kehle anzuspannen oder zu lockern. Höhere Töne werden durch die stärker kontrahierten Stimmbandmuskeln produziert, während die langwelligen, tieferen Töne von gestreckten oder entspannten Muskeln erzeugt werden. Das Spiel mit Tönen, auch Schreien, ist für diese motorische Entwicklung wichtig.

Bewegung über den motorischen Kortex macht einen Großteil des verbalen Ausdrucks aus. In Abb. 3.4 (S. 48) können Sie sehen, daß fast die Hälfte des motorischen Kortex für das Sprechen zuständig ist. Er stimuliert die Muskelbewegungen von Kehle, Zunge, Mund, Kiefer, Gesichtsmuskeln und Augen: Mit ihrer Hilfe werden die Worte gebildet und ausgedrückt. Das Muskelgedächtnis für das Ausformen von Worten scheint im Basalganglion des limbischen Systems zu liegen. Im Basalganglion befindet sich ein spezialisiertes Feld, die *Substantia nigra*, die das Basalganglion mit dem Stirnlappen verbindet – bezeichnenderweise mit den Bereichen, die das Sprechen und Denken steuern. Das Basalganglion, speziell die *Substantia nigra* (siehe Abb. 5.7) ist aktiv an Bewegung,

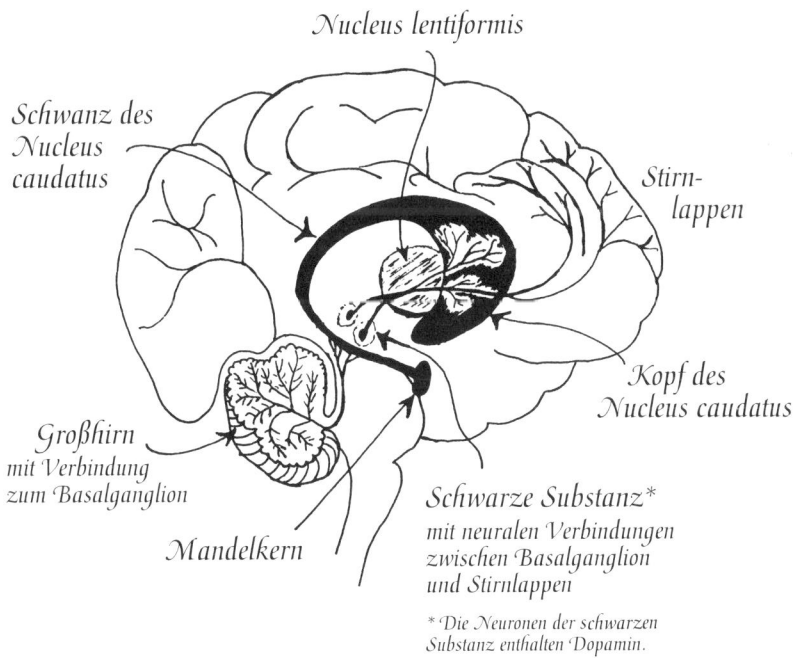

Abbildung 5.7: Basalganglion mit schwarzer Substanz – Verbindungen zum Stirnlappen

105

Denken und Sprechen beteiligt. Es „orchestriert" grobmotorische Bewegungen vom Kleinhirn aus und feinmotorische Bewegungen vom motorischen Kortex der Stirnlappen aus, um Bewegung mit Denken (einschließlich Sprache) in Übereinstimmung zu bringen.

Die neuralen Verbindungen zwischen dem motorischen Kortex und dem Bereich für formales Denken im Stirnlappen unterstreichen die Bedeutung von Bewegung für Denkprozesse. Die meisten Menschen müssen neue Gedanken erst diskutieren, aufschreiben oder als Bild malen. Diese Fähigkeiten stehen in direkter Verbindung mit den Denkfähigkeiten.

Der Erwerb von Sprache verläuft in mehreren wichtigen Schritten. Wenn die Kinder Rhythmus und Töne unterscheiden und dann auch selbst Worte formen, können sie verschiedene Dialekte oder Akzente besser unterscheiden. Damit können Kinder eine zweite Sprache leichter lernen als Erwachsene. Um perfekt sprechen zu lernen, müssen wir den vollen Ton hören, einschließlich der in der normalen Sprache vorhandenen höheren Tonlagen.

Ist die Hörfähigkeit beeinträchtigt, leidet der Spracherwerb. Einige Beobachter glauben, daß dieses Problem in unserer Gesellschaft weitverbreitet ist. So sagt Jane Healy: „Kinder sprechen nicht richtig, da sie die Wörter nicht langsam vorgesprochen bekommen. Das Fernsehen ist zu schnell." (34) Kinder, die in den ersten Lebensjahren wiederholt Ohrinfektionen hatten, hören die komplexen Töne nicht und laufen Gefahr, später Hör- und Sprachprobleme zu bekommen. (35)

Kinder entwickeln im Alter zwischen fünfzehn Monaten und vier Jahren einen Sinn für die Funktion von Gegenständen und Menschen, teilen sie dann in Kategorien ein und benennen sie. Die betreuenden Personen sind als Sprachmodell für die Kinder beim Lernen ein wichtiges Vorbild, und Bewegung fördert den Ausdruck des Gelernten. Worte werden spielerisch verwendet, um die Welt mit Etiketten zu versehen. Das Kind und wichtige Bezugspersonen beteiligen sich an einem Wortspiel, in dem jedes Objekt einen Namen bekommt. Wenn wir weitergehen und dem Objekt nicht nur einen Namen, sondern auch eine Funktion zuweisen, kann das Kind sein Wissen noch mehr erweitern. Zum Beispiel: „Ich ziehe das an, damit ich nicht friere." Dies ist besser als nur zu sagen: „Das ist ein Hemd." Ist die Funktion eines Gegenstands bekannt und nicht nur der Name, erhält die Beziehung des Kindes zu einem Objekt eine breitere Basis. Dieser Ansatz über die Beziehung fördert die optimale Entwicklung des limbischen Gehirns, das Beziehungen sucht. Da wir über das

Sprechen und die Sprache unsere Welt und unser Denken definieren, können Gespräche ohne definitive Ergebnisse kreative Denkprozesse sehr fördern. (36)

Eltern sollten sich bewußt sein, daß das Verhalten von Kindern unter vier Jahren stärker durch das beeinflußt wird, was sie sehen. Die Kinder achten nicht so sehr auf mündliche Anweisungen, obwohl die sprachliche Entwicklung schon fortgeschritten ist. Die Eltern haben vielleicht etwas verboten, aber die physische Stimulation ist so zwingend, daß die sensorische Faszination über den mündlichen Befehl hinweggehen läßt. Die Kinder können ihren Eltern sogar sagen, was sie nicht tun sollen, aber sie haben oft die volle Bedeutung nicht erfaßt. Meine Tochter war zum Beispiel so von der Katze begeistert, daß sie meine wiederholten Warnungen vor einem berechtigten Verteidigungsangriff der Katze überhörte. Nach vielen weiteren Warnungen und Kratzern verstand sie schließlich den Zusammenhang.

Das Broca-Zentrum im linken Neokortex vergrößert sich nach dem Alter von vier Jahren und festigt so die Grundlage für verständliches Sprechen. Auch das Wernicke-Zentrum im Neokortex erweitert sich und stützt das Sprachverständnis, das mit dem höherwertigen, schlußfolgernden Denken verknüpft ist. Diese Entwicklung hilft den Kindern, der motorischen Verlockung zu widerstehen, durch die sie sonst Dinge tun würden, die ihnen verboten sind. Wenn die Kinder etwa vier Jahre alt sind, werden die Gespräche zwischen Eltern und Kindern bedeutsamer und wirksamer.

Die äußere Sprache des Bewußtseins

Ist die Sprachentwicklung abgeschlossen, verarbeitet das Kind bis zum Alter von sieben Jahren seine Gedanken mit Hilfe der äußeren Sprache. Ich erinnere mich noch genau, wieviel meine Tochter zwischen vier und sechs geredet hat. Ich war so weit, daß ich jedes Mal zusammenzuckte, wenn ich hörte: „Mami, was ...?", „Mami, wie ...?" oder „Mami, warum ...?", und ich wünschte mir einen Moment Ruhe zum Nachdenken. Kinder können unaufhörlich reden, wenn sie über ihre Welt und über alle ihre neu gewonnenen Einsichten nachdenken.

Das Umsetzen des Bewußtseinsstroms in Sprache ist für die Vier- bis Sechsjährigen die Methode zur Lösung ihrer Probleme, und „warum" setzt diesen Prozeß in Gang. Diese Sprache des Bewußtseinsstroms ist mehr oder minder entscheidend für die Entwicklung von Denken und Sprache. Die Entwicklung der inneren Sprache findet normalerweise nicht vor sieben Jahren statt, deshalb denken Kinder laut – im wahrsten Sinne des Wortes. Ich bin überzeugt, daß sich Kinder in diesem Alter fragen, ob Erwachsene überhaupt denken, weil sie so still sind.

Das Bedürfnis danach, die eigene Stimme und die eigenen Gedanken zu hören, ist so dringend, daß Stillesen vor sieben Jahren keinen Sinn hat. Alle Schüler einer Klasse können sich konzentrieren, während sie jeder für sich laut lesen oder einem anderen eine Geschichte vorlesen, ohne daß sie sich gegenseitig stören. (37)

Warum Kinder sprechen müssen

Die Übersetzung von Gedanken in Sprache oder Schriftform ist eine sehr komplexe Aufgabe. Dabei beteiligt sind der sensorische Bereich, der primäre auditive und der Bereich für auditive Assoziation, der primäre visuelle und der Bereich für visuelle Assoziation, der motorische Sprachbereich und die Bereiche für Entscheidungsfindung im Neokortex. (38) Bewegung wird eine wichtige Voraussetzung für Sprache, wenn integrierte Denkmuster zu den Sprachbereichen im motorischen Kortex und im Basalganglion des limbischen Systems übermittelt werden, so daß mit Hilfe des Denkens Worte geformt werden können, zunächst mündlich und später schriftlich. (39) Der Neokortex ist das Neuheitenhirn, das Herausforderungen liebt, und die Sprache kann zu einem großen Abenteuer werden, wenn sie sich ab dem Alter von vier Jahren entwickelt.

In Abb. 3.4 (S. 48) sind die einzelnen Funktionen mit ihren Beziehungen zu den sensorischen und motorischen Kortices der Scheitel- und Stirnlappen dargestellt. Sie können dabei sehen, welch große Bereiche des Gehirns für Empfindungen und motorische Funktionen von Sprechen und Vokalisieren zuständig sind. Über den Bereich Schläfe/Unterkiefer (Temporalmandibulargelenk) erstrecken sich mehr Nervenenden als an jeder anderen Stelle des Körpers – von sensorischen Neuronen her oder hin zu motorischen Neuronen, die die Muskeln im Gesicht aktivieren. Diese Muskeln steuern unseren Gesichtsausdruck, mit dem wir unsere Worte und deren Bedeutung unterstreichen. Diese Muskeln bewirken den Ausdruck unserer Augen, und sie bewegen Zunge, Mund und Kiefer bei der Artikulation. (40) Die Konzentration von Muskeln und Nerven in diesem Bereich, die alle mit Verbalisieren und Ausdruck zu tun haben, legt den Gedanken nahe, daß hier eine Stelle ist, an der Übungen zur Verbesserung der Kommunikation ansetzen können. (41)

Sprechen (oder Zeichensprache bei tauben Kindern) ist Grundlage für die Sprachentwicklung und das Denken. In den meisten afrikanischen Kulturen werden die Kinder aufgefordert, Geschichten zu erzählen, die Mythen des Clans zu wiederholen und auch ihre Gedanken im Familienkreis mitzuteilen. In unserer Kultur haben Kinder, besonders seit es Fernsehen und Videospiele gibt, immer weniger Gelegenheit, in ernsthaften Gesprächen den verbalen Austausch zu pflegen.

Eine Studie von Paul Rankin aus dem Jahre 1928 teilte die tägliche Kommunikation auf: 45 Prozent Zuhören, 30 Prozent Sprechen, 16 Prozent Lesen und 9 Prozent Schreiben. (42) Eine ähnliche Untersuchung von Elyse K. Werner ergab 1975, daß der Anteil für Zuhören auf 54,93 Prozent angestiegen war, Sprechen war auf 23,93 Prozent zurückgegangen, Lesen auf 13,27 Prozent und Schreiben auf 8,61 Prozent. (43) 1993 entstand eine Studie, die nach der Zeiteinteilung der Amerikaner fragte. Sie ergab, daß Fernsehen 38 Prozent der Freizeit belegt, während weniger als 10 Prozent der Freizeit (weniger als drei Stunden wöchentlich) für das Lesen von Büchern, Zeitungen und Zeitschriften verwendet werden. (44) In dieser Studie wurde der Prozentsatz an Gesprächszeit nicht angesprochen, aber ich vermute, daß es nicht mehr als 10 Prozent wären.

Wir sind eine Gesellschaft von Zuhörern geworden, die Kunst der Unterhaltung ist verlorengegangen. Es ist ungeheuer wichtig, im Gespräch mit Kindern in vollständigen Sätzen zu reden. Dadurch kann das Kind zuhören und Gedanken vollständig nachvollziehen. Auch Bücher stellen Gedanken in ganzen Sätzen dar und unterstützen die Entwicklung umfassenden Denkens. Einsilbige, unvollständige Sprachmuster, wie sie in den Situationskomödien im Fernsehen üblich sind, dienen als Modell und fördern auch bei Erwachsenen unvollständige Sprachmuster. Wir fangen an, in halben Sätzen zu denken, und das führt dann zu unvollendeten Gedanken. Das läßt sich an der für Teenager typischen Sprechweise beobachten: „Weißt du?", „das ist wie ... du weißt schon." usw. Diese unvollständige Sprachentwicklung läßt sich deutlich an den Schwierigkeiten der Schüler beim Schreiben und Denken ablesen. „Schuld daran", schreibt Jane Healy, „ist die Tatsache, daß sie immer weniger mit guter, gehaltvoller Sprache in Berührung kommen, durch die wir in der Lage sind, uns mit anderen zu unterhalten und uns mit dem geschriebenen Wort und unserem eigenen Geist auseinanderzusetzen." (45)

Eltern, Lehrer und Betreuer, die Wert darauf legen, eine angemessene Entwicklung aller kommunikativen Fähigkeiten ihrer Kinder zu sichern, müssen mit ihnen ernsthafte Gespräche führen. Das trägt dazu bei, daß sie ihre Fähigkeit, wertvolle Informationen, kreative Gedanken und intime Gefühle mitzuteilen, entwickeln und Vertrauen in ihre Kommunikationsfähigkeit gewinnen können. Eines der schönsten Geschenke, das Menschen einander geben können, ist aufmerksames Zuhören und Kommunikation. Das Geschenk ist gegenseitig, da beide Parteien dabei lernen.

Werden neue Themen vorgestellt, werden diese im Verständnis und im Gedächtnis verankert, wenn die Schüler die Gedanken im Gespräch mit anderen ausgestalten oder in Gruppen gemeinsam daran arbeiten. Wie sieht es aber in der Schule damit aus, wieviel Gelegenheit haben Schüler, Gedanken zu entwickeln und auszudrücken?

Unglücklicherweise werden die Aktivitäten, bei denen die Kinder ihre Gedanken durchsprechen können, von Lehrern und Verwaltung einfach nur als Unordnung angesehen. Es ist jedoch so, daß pädagogische Übungen, die ein ruhiges, ordentliches Klassenzimmer voraussetzen, wahrscheinlich gänzlich ungeeignet sind, zum Denken und zu Verständnis hinzuführen. Manche typische Beschäftigung im Unterricht, die ruhiges Nachdenken fördern soll, wie zum Beispiel stilles Lesen, das Ausfüllen von Arbeitsblättern, Drillübungen für niederwertige Fertigkeiten und ähnliches, scheinen oft mehr der Disziplinierung zu dienen als der Bildung. Und das ist auch die Botschaft, die bei den Kindern ankommt. Erst kürzlich erzählte mir eine Schülerin, in ihrer Schule würden die Lehrer konzentriertes, stilles Lesen (*sustained, silent reading*) als „SSR" bezeichnen; von den Schülern werde die Abkürzung jedoch mit „hinsetzen, Mund halten und lesen" (*sit down, shut up and read*) übersetzt.

Innere Sprache

Zuletzt entwickelt sich im Alter von etwa acht Jahren der Stirnlappen. Das Broca-Zentrum im Stirnlappen ist zuständig für die Entwicklung der inneren Sprache. Die innere Sprache ist ganz natürlich und erlaubt den Menschen, Informationen intern sehr viel schneller zu verarbeiten, als dies mit gesprochenen Worten möglich ist.

110

Sagt ein kleines Kind ein Wort, wird die Bewegung dieses Wortes im Basalganglion zu Erinnerung, und damit ist ein Sprachmuster entstanden. Die Sprache entwickelt sich, wenn immer mehr solche Muster entstehen. Diese Muster korrespondieren mit inneren Bildern und Gesten, die mit bestimmten Lauten verbunden sind. Wenn Kinder also das Wort (den Klang) „nein" hören, bekommen sie ein inneres Bild, das ihnen erlaubt, mit einer bestimmten Sache aufzuhören. Die Kinder verwenden diese Laute auch in der äußeren Sprache, um ihre eigenen Bewegungen und ihr Verhalten zu steuern.

Sind diese Sprachmuster verankert, können die Kinder Bilder mit non-verbalen inneren Lauten verbinden und ihre Bewegungen und ihr Verhalten mit innerer Sprache kontrollieren. Zwischen diesen Tätigkeiten besteht eine enge instrumentelle Verbindung, und sie sind für die Entwicklung logischen Denkens notwendig. (46)

In den USA ist jeder dritte Junge in der dritten Klassenstufe (mit acht Jahren) in einem Leseförderkurs. Streß (ich werde diesen später noch ausführlich behandeln) kann einer der Faktoren sein, warum diese Kinder immer noch aus dem Hirnstamm heraus und über das sympathische Nervensystem funktionieren. Bewegungsmangel hat die Entwicklung der für innere Sprache und formales Denken nötigen Muster behindert. (47)

Innere Sprache entwickelte sich in dem Bereich des Gehirns, das die verfeinerten Bewegungen der Hand steuert. Als sich unsere Vorfahren zu problemlösenden Lebewesen weiterentwickelten, die Werkzeuge benutzten, wurde der Stirnlappen das Zentrum für feinmotorische Koordination, Mustererkennung, gleichzeitiges Verarbeiten von Informationen, hochentwickeltes Planen und globales Denken. (48)

Innere Sprache kontrolliert auch soziales Verhalten, da sie den Menschen in die Lage versetzt, die Konsequenzen seines Handelns im voraus zu bedenken. Geschichtlich verlief die Entwicklung so, daß beim Entstehen von größeren Gruppen eine zunehmend komplexe und spezialisierte Kultur entstand, die zu Selbstwahrnehmung und zur Überwachung des individuellen Verhaltens gemäß sozialen Normen führte. Mit den Selbstgesprächen unserer inneren Sprache kontrollieren wir unseren Geist auf antisoziale und zerstörerische Impulse. (49)

In Kapitel 4 sprachen wir über den wichtigen Beitrag, den Emotionen beim logischen Denken leisten. Der Stirnlappen bringt über das *Ganglion thalamocingulate* des limbischen Systems Gedanken mit Emotionen zusammen, so daß wir Mitgefühl, Achtung vor dem Leben, bedingungslose

Liebe und das überaus wichtige Spielen entwickeln können. Die Verbindung der Stirnlappen mit dem limbischen System, und dadurch mit sozialem Verhalten, beeinflussen die Entwicklung von Altruismus und Empathie. Wegen seiner Verbindungen mit dem medialen dorsalen Kern des limbischen Systems (das die Verbindung zum Magen herstellt), empfängt der präfrontale Kortex einen starken Impuls vom großen Eingeweidenerv (*Nervus visceralis*), der aus dem Magenbereich kommt. (50) Dieses Gefühl im Bauch ist vermutlich notwendig, damit der Mensch sich mit den Gefühlen anderer identifizieren kann. Und das ist vielleicht notwendig für die „Einsicht", damit ein Gefühl für die Bedürfnisse anderer und für die eigenen entstehen kann.

Die volle Aktivierung aller Teile unseres Geist-Körper-Systems macht erfolgreiches, produktives Denken möglich. Wenn der Neokortex voll entwickelt und in die anderen Hirnstrukturen integriert ist, können wir kreativ mit Ideen spielen, wir wenden unsere feinmotorischen Fertigkeiten an, um die Ideen anderer zu übermitteln, und wir können als Menschen in der Welt etwas bewirken.

Teil II

Bewegung macht klug

Kapitel 6

Bewegung

„Bewegung ist das Tor zum Lernen."
Paul E. Dennison

Je genauer wir das ausgefeilte Zusammenspiel von Gehirn und Körper betrachten, desto klarer und zwingender erscheint ein Gedanke: Bewegung ist für das Lernen absolut notwendig. Bewegung erweckt und aktiviert viele unserer geistigen Fähigkeiten. Bewegung integriert und verankert neue Informationen und Erfahrungen in unsere neuralen Netzwerke. Und Bewegung ist Voraussetzung dafür, daß wir das Gelernte, unser Verständnis und unser Selbst durch Handeln zum Ausdruck bringen. Deshalb werde ich mich in diesem Kapitel auf Bewegung konzentrieren, speziell auf deren Bedeutung beim Lernen. Werden die Erkenntnisse, die wir zu diesem Thema bereits haben, in unserer Erziehung und im Schulunterricht umgesetzt? Was geschieht, wenn das nicht der Fall ist?

Bewegung im Mutterleib vermittelt uns ein erstes Gefühl von der Welt und die ersten Kenntnisse und Erfahrungen über die Gesetze der Schwerkraft. Aufbauend auf dieser Erfahrung von Bewegung, bilden wir das Sehen aus, um die Umrisse und die Form unserer Umgebung zu erforschen und um mit den Menschen und Kräften um uns herum Kontakt aufzunehmen.

Jede Bewegung ist ein sensomotorischer Vorgang, der an die genaue Kenntnis unserer physikalischen Welt angebunden ist, von der sich wiederum alles neue Lernen ableitet. Bei der Bewegung unseres Kopfes werden unsere sensorischen Organe (Augen, Ohren, Nase und Zunge) entsprechend dem Input aus der Umgebung ausgerichtet. Kleine Bewegungen der Augen ermöglichen uns die Fernsicht, lassen uns dreidimensional sehen, unsere Peripherie wahrnehmen und auf kleingedruckte Buchstaben fokussieren. Mit sehr feinen Handbewegungen berühren und verändern wir die Welt in sehr komplexer Weise. Bewegung bereitet uns darauf vor, Gerüche aufzunehmen, die in der Erinnerung mit diesen Ereignissen verbunden bleiben. Über Bewegung nehmen wir Klänge auf, aus denen innere Bilder entstehen, die unserem Schutz und/oder unserem Verständnis dienen. Bewegung läßt uns den Wind auf unserem Gesicht spüren, damit wir auch diese Lernerfahrung machen.

Im Muskelgedächtnis unseres Körpers ist die Kenntnis von Bewegungsabläufen eingeprägt: Nicht nur wie man sitzt, steht, geht und läuft, sondern auch das Bewußtsein dafür, wo im Raum wir uns befinden und wie wir uns mit Grazie gezielt bewegen – und dabei noch schöpferisch tätig sein können. Durch Bewegung bringen wir auf unserem Gesicht Freude, Trauer, Zorn und Liebe zum Ausdruck und wollen damit von anderen verstanden werden.

Hinter jeder Zahl und jedem Buchstaben steht Bewegung. Sie haben eine Form, die über die Muskulatur erfühlt und in ihr verankert wurde, damit sie in der Schreibbewegung wiederholt werden kann. Nach vielen Jahren des Lernens (Bewegung in Verbindung mit sensorischen Eindrücken) können wir damit spielen, neue Bezüge herstellen und neue Erkenntnisse gewinnen. Durch Bewegung setzen wir Gedanken und Emotionen in Wort und Tat um und machen die Welt mit unseren kreativen Ideen reicher.

Immer wenn wir gezielte Bewegungen ausführen, kommt es zu einer Aktivierung des Gehirns und einer Integration, und damit öffnet sich der Weg zum Lernen von selbst. Howard Gardner, Jean Ayres, Rudolf Steiner, Maria Montessori, Moshe Feldenkrais, Glenn Doman, Neil Kephardt und viele bekannte, innovative Denker im Bereich der Lernforschung betonen die Bedeutung von Bewegung für den Lernprozeß.

Vorurteile bezüglich „geistig" und „körperlich"

In diesem Kapitel beabsichtige ich auch, ein weit verbreitetes Vorurteil in Frage zu stellen, wonach physische Aktivitäten abgewertet werden und ihre Bedeutung im Rahmen „ernsthafter" Tätigkeiten wie Arbeit und Schule heruntergespielt wird. Neben anderen bereits genannten Vorurteilen pflegten wir lange die Überzeugung von der Einzigartigkeit und Überlegenheit der menschlichen Vernunft. So wurde die Vorstellung, daß Denken eine körperliche Grundlage habe, zunächst sehr skeptisch betrachtet.

Schon der Gedanke, daß die Bereiche des Gehirns, die für Bewegung zuständig sind, in der Hirnrinde gelegen sein könnten, die doch als Domäne höherer Gedanken galt, bereitete den Wissenschaftlern von Anfang an Probleme. Die deutschen Ärzte Eduard Hitzig und Gustav Frisch machten diese Entdeckung 1864 als erste. Sie wurde durch ihre Versuche bestätigt, in denen sie die Oberfläche der Hirnrinde bei lebenden Hunden stimulierten und Muskelkontraktionen auf der gegenüberliegenden Seite des Körpers beobachteten. Als der englische Neurologe John Hughlings Jackson die Existenz eines motorischen Kortex innerhalb der Hirnhemisphären andeutete, traf er offensichtlich einen empfindlichen Nerv. „Anscheinend gibt es unüberwindliche Widerstände gegenüber der Vorstellung, daß die Hirnhälften für Bewegung zuständig sind", schrieb er 1870. „Der Grund dafür ist meiner Meinung nach, daß die Windungen des Kortex nicht als für Bewegung, sondern nur für Gedanken zuständig betrachtet werden." (1)

Noch heute gibt es Einwände, und diese werden von Howard Gardner in seiner Beschreibung der körperlich-kinästhetischen Intelligenz angesprochen:

„Eine Beschreibung des Körpereinsatzes als Intelligenzform könnte zunächst auf Widerspruch stoßen. In unserer jüngeren kulturellen Tradition ist eine radikale Unterscheidung zwischen den geistigen und physischen Aktivitäten unserer Natur üblich. Die Trennung zwischen ‚geistig' und ‚physisch' geht nicht selten Hand in Hand mit der Ansicht, die Aktivitäten unseres Körpers seien weniger wertvoll, weniger spezifisch als die Problemlösungsroutinen, die sich abstrakterer Systeme wie Sprache und Logik bedienen." (2)

Gardner zählt viele sachdienliche Beobachtungen auf und betont, wir sollten motorische Aktivitäten nicht länger als dem „reinen" Denken untergeordnet betrachten. Wir könnten uns statt dessen der Ansicht des Neurowissenschaftlers Roger Sperry anschließen, unseren Blickwinkel umkehren und Denken als ein Instrument ansehen, das die Ausführung von Handlungen zum Ziel hat. „Man sollte motorische Aktivität nicht als untergeordnete Instanz zur Ausführung der Bedürfnisse der höheren Zentren sehen, sondern umgekehrt die Gehirntätigkeit als Mittel, um das ‚motorische Verhalten zusätzlich zu verfeinern, ferne Ziele genauer auszurichten und generell anpassungsfähiger zu machen, mit dem Ziel einer erhöhten Überlebensfähigkeit.'" (3)

Lernen beinhaltet den Aufbau von Fertigkeiten, und Fertigkeiten jeder Art entstehen durch die Bewegung von Muskeln – nicht nur die Körperbeherrschung von Athleten, Tänzern und Artisten, sondern auch die intellektuellen Fähigkeiten, die in der Schule und am Arbeitsplatz zum Tragen kommen. Geschichtenerzähler unterhalten, Lehrer unterrichten, Politiker führen uns die komplexe Muskelbeherrschung in Sprache, Diktion und Gestik vor. Medizin, Kunst, Musik, Wissenschaft: Die Kompetenz in diesen und anderen Berufen entwickelt sich aus einer inneren Vernetzung von Gedanken, Muskeln und Emotionen. Fertigkeiten sind aus einem Guß, und Muskeln sind für ihre Entwicklung nicht weniger wichtig als alle anderen Komponenten.

Bewegung ankert Gedanken

Bewegung ist notwendig, um Gedanken „festzunageln". Der Mensch kann ruhig dasitzen und nachdenken, aber um einen Gedanken zu *behalten*, muß etwas getan werden, damit dieser Gedanke verankert wird. Wir müssen ihn durch Worte wirklich werden lassen. Wenn ich schreibe, stelle ich durch die Bewegungen meiner Hand die Verbindung zu dem Gedanken her. Vielleicht brauche ich nie mehr nachlesen, was ich geschrieben habe, aber die Bewegung ist notwendig, damit ich mir den Gedanken zu eigen mache – die neuralen Netzwerke aufbaue.

Die meisten Menschen sind der Meinung, daß *Sprechen* ihr Denken verankert. Das Sprechen ist in großem Maß eine sensomotorische Fertigkeit, die die feinmotorische Koordination zahlreicher Muskeln im Bereich des Gesichts, der Zunge, der Stimmbänder und der Augen voraussetzt, ebenso wie die Tätigkeit aller Propriozeptoren im Gesicht. Das Sprechen macht es uns möglich, unsere Gedanken zu ordnen und weiterzuentwickeln. Sprechen wir über Dinge, die wir gelernt haben, werden diese durch die körperlichen Bewegungen in den neuralen Netzwerken internalisiert und gefestigt. Wenn ich neuen Stoff erarbeitet habe, bitte ich deshalb die Schüler, mit einem anderen Schüler darüber zu sprechen, inwiefern sie einen persönlichen Bezug zu den Informationen erkennen. Der Neurotransmitter Acetylcholin wird über die Synapsen aktivierter Neuronen ausgeschüttet, um beim Sprechen die Muskelfunktionen zu stimulieren. Erhöhte und stetige Ausschüttung von Acetylcholin an diesen Nervenenden stimuliert das Wachstum von Dendriten in diesem Bereich und erweitert so die neuralen Netzwerke.

Viele von uns können entschieden besser und freier denken, während sie einer monotonen, körperlichen Beschäftigung nachgehen, die nur wenig Konzentration erfordert. Von anderen hörte ich, sie könnten am besten denken, wenn sie ihre Runden im Swimmingpool drehten, einen Spaziergang machten oder sich rasierten. Eine ältere Studentin saß ein ganzes Semester lang strickend in meinen Vorlesungen, sie nahm nie einen Stift in die Hand, um etwas aufzuschreiben, aber sie beendete den Kurs mit Auszeichnung und mit neun Pullovern. Ich selbst kaue gerne, wenn ich in Gedanken versunken bin, insbesondere knackige Sachen wie Karotten. Ich merke, daß Bewegung mir beim Denken hilft.

Neurowissenschaftler suchen schon seit einiger Zeit nach einer direkten neuralen Verbindung zwischen den Gehirnbereichen, die für Bewegung, und denen, die für kognitive Aktivitäten zuständig sind. Wenn eine solche gefunden würde, ließe sich erklären, warum beispielsweise Menschen mit der Parkinsonschen Krankheit neben körperlichen Degenerationserscheinungen auch Anzeichen für geistigen Abbau erkennen lassen. Erst seit kurzem ist bekannt, daß zwei Bereiche im Gehirn, das Basalganglion und das Kleinhirn, denen man bisher nur die Steuerung von Muskelbewegungen zuschrieb, auch für die Koordination von Denken wichtig sind. Diese Bereiche sind mit den Stirnlappen verbunden, wo zukünftiges Verhalten im logischen Ablauf und zeitlich passend geplant wird. (4)

Wie Bewegung zum Lernen führt

Damit wir die Grundlagen für die Verbindung zwischen Bewegung und Denken verstehen, müssen wir zu den ersten Phasen der Gehirnentwicklung zurückgehen. Der Säugling zeigt außerordentliche Kraft und Koordination, wenn er im ersten Jahr von untätigem Liegen zum Laufen übergeht. Diese Meisterleistung läßt sich nur erreichen durch den massiven Ausbau von neuralen Netzen, die durch das praktische Training jeder neuen Bewegung entstehen.

Während das Bewegungsrepertoire des Säuglings wächst, verbessert sich mit jedem Entwicklungsschritt die Position des sensorischen Apparats – der Ohren, des Mundes, der Hände, der Nase und der Augen –, so daß der Input aus der Umgebung noch direkter aufgenommen werden kann. Der Vestibularapparat ist mit den Hauptmuskeln von Bauch und Rücken verbunden, und deren erste Arbeit besteht darin, den Kopf anzuheben – ein erster Schritt zu mehr Freiheit. Wenn die Nackenmuskeln stärker werden, kann das Kind den Kopf heben, um die Welt mit beiden Ohren zu hören, und beginnen, mit beiden Augen zu sehen. In aufrechter Position, wenn das Kind von der Mutter vor der Brust oder am Rücken getragen wird, und auch am Boden liegend kann das Kind aktiv werden und seine Nackenmuskeln stärken.

In diesem Zusammenhang stellt sich mir die Frage, wie gesund es ist, wenn Säuglinge viel Zeit in den häufig benutzten Babyliegen verbringen, die auch als Autositze dienen. Diese haben meist einen Neigungswinkel von 45 Grad, bei dem das Kleinkind weder die Nacken- noch die Rumpfmuskeln aktiv bewegen kann. Da hier Bewegung verhindert wird, kann die Sehfähigkeit ebenfalls nicht aktiv weiterentwickelt werden, auch wenn die Augen des Kindes nach vorne schauen.

Der Säugling erforscht Füße und Hände mit seinem Mund und läßt dabei die Muskeln seiner Gliedmaßen spielen. Seine Augen sind beteiligt, wenn er zum ersten Mal versucht, sich umzudrehen: Seine Augen bleiben auf einen Gegenstand gerichtet, und er betätigt die Rumpfmuskeln, um den ganzen Körper zu bewegen. Die Rumpfmuskeln werden wieder eingesetzt, wenn der Säugling Schultern und Kopf als Reaktion auf sensorische Reize anhebt, was zur Stärkung des Schultergürtels beiträgt.

Wenn die neuralen Netze zu den Rumpfmuskeln gestärkt und durch den Gebrauch mit einer Myelinschicht überzogen werden, kann der Säugling sich aufrecht halten und (gegen die Schwerkraft) sitzen oder am Boden kriechen. Mit etwas Übung kann das Kind zuerst mit einem Körperende und dann auch mit dem anderen robben und schließlich krabbeln. Auch diese Bewegung hängt sehr stark von den Rumpfmuskeln ab, die die Zusammenarbeit von Schultern und Becken ermöglichen. (5)

Es ist schon seit Jahren bekannt, daß Kinder, die die lebenswichtige Krabbelphase auslassen, später Lernschwierigkeiten haben können. Das Krabbeln, eine Überkreuzbewegung, regt die Entwicklung des Balkens (der Nervenpfade zwischen den zwei Gehirnhälften) an. Dadurch arbeiten beide Seiten des Körpers zusammen, einschließlich der Arme, Beine, Augen (binokulares Sehen) und Ohren (binaurales Hören). Bei gleichmäßiger Stimulation erfassen die Sinne die Umgebung sehr viel umfassender, beide Seiten des Körpers werden in der Bewegung integriert und machen Handeln erfolgreicher.

Eine Lehrerin für Lernbehinderte teilte mir ihre Sorgen mit, als ihr Sohn vom Kriechen direkt zum Laufen überging. Sie hatte gelesen, wie wichtig

Krabbeln für das Zusammenspiel der Augen beim Lesen ist, und sie wollte auf keinen Fall, daß er diese Phase ausließ. So krabbelte sie über ihm und ließ ihn gute zwei Monate nicht aufstehen. Ich habe mich allerdings gefragt, ob sie damit nicht eine Klaustrophobie statt einer Dyslexie (Leseschwäche) hervorrief!

Als meine Tochter zur Welt kam, wußte ich noch nichts von der Bedeutung der Krabbelphase. Mit sieben Monaten bekam sie eine flotte, leuchtend grüne Gehhilfe mit einer Pufferstange rundherum, mit der sie im ganzen Haus umherrennen konnte und meinen Mann und mich gut unterhielt. Wir hatten zwar unseren Spaß, aber leider wurde dadurch ihre Krabbelphase auf wenige Wochen verkürzt. Als sie in der ersten Klasse Schwierigkeiten beim Lesenlernen bekam – zum Lesen ist die kontralaterale Koordination von Hand und Augen nötig –, hatten wir das Gefühl, dies könnte mit ihrem mangelnden Krabbeltraining zusammenhängen.

Zum Abschluß der motorischen Entwicklung können die Kinder gegen die Schwerkraft aufstehen, sie können so weit das Gleichgewicht halten, daß sie laufen und kurze Zeit später auch rennen. Es ist wahrhaft ein Mammutunternehmen. Die Kinder im ländlichen Afrika, die mit ihren ausgeglichenen und anmutigen Bewegungen über weite Strecken laufen oder gelenkig über Felskanten balancieren, zeigen uns sehr anschaulich, welche Intelligenz und Schönheit in der Bewegung zum Ausdruck kommt.

Mehr Bewegung – mehr Lernen

Für den Lernprozeß ist es grundsätzlich wichtig, daß Kinder Bewegung und Gleichgewicht in ihrer Umgebung in allen Einzelheiten erforschen können, sei es, daß sie an der Gehsteigkante entlanggehen, auf Bäume klettern oder auf den Möbeln herumspringen. Eine Navajo-Indianerin, zugleich Mutter und Lehrerin, erzählte mir, daß sie als Kind mit anderen Kindern den ganzen Tag in der freien Natur umherstreifte. Weder sie noch andere Kinder zogen sich bei diesem Abenteuer größere Verletzungen zu, und sie hatte das Gefühl, daß dies ein wesentlicher Teil ihres Lernprozesses war. Als Mutter hatte sie jedoch die landläufige Meinung übernommen, daß die Welt für Kinder ein gefährlicher Ort sei, und so hatte sie ihren Kindern nie erlaubt, in die freie Natur hinauszugehen. Ohne dieses Angebot war das Fernsehen zum Lieblingszeitvertreib der Kinder geworden. Sie gestand ein, daß ihre Kinder Schwierigkeiten mit der Bewegung und dem Gleichgewicht hatten. Und sie glaubte, daß auch die Probleme ihrer Kinder mit dem Lesen- und Schreibenlernen damit in Zusammenhang standen.

In einer Studie mit mehr als fünfhundert kanadischen Kindern schnitten die Schüler, die täglich eine zusätzliche Stunde Sport hatten, in Prüfungen deutlich besser ab als weniger aktive Kinder. Genauso schnitten fünfzig- bis sechzigjährige Männer und Frauen nach einem viermonatigen Aerobicprogramm mit einem regelmäßigen flotten Lauftraining beim Test ihrer geistigen Fähigkeiten um 10 Prozent besser ab. Dreizehn verschiedene Studien über die Beziehung zwischen körperlichem Training und geistigem Potential kamen zu dem Ergebnis, daß durch das Training das Wachstum des in der Entwicklung befindlichen Gehirns angeregt und der Abbau des älteren Gehirns verhindert wird. (6)

Neuere Forschungsarbeiten helfen zu verstehen, wie Bewegung direkt dem Nervensystem zugute kommt. Muskelaktivitäten, speziell koordinierte Bewegungen, scheinen die Produktion von Neurotrophinen zu stimulieren. Dies sind natürliche Stoffe, die das Wachstum der Nervenzellen anregen und die Anzahl der neuralen Verbindungen im Gehirn vermehren. Tierversuche bestätigen diesen Zusammenhang. An der University of California fand Carl Cotman anhand von Experimenten heraus, daß Ratten, die in ihren Trainingsrädern liefen, über mehr Neurotrophine verfügten als untrainierte Ratten.

In einem weiteren Experiment von William Greenough an der University of Illinois bekamen Ratten Gelegenheit, leichtfüßig über Seile und schmale Metallbrücken zu springen, so daß sie sehr exakte, koordinierte Bewegungen lernten. Sie wiesen eine größere Anzahl neuraler Verbindungen im Gehirn auf als Ratten, die meist herumsaßen oder nur in automatischen Rädern liefen. (7)

Bewegung und Sehen

Sehen ist überwiegend eine körperliche Funktion. Ist ein Kind im Freien und erforscht seine Umgebung, sind die Augen und Augenmuskeln ständig in Bewegung. Unser Sehen funktioniert dann am besten, wenn sich unsere Augen aktiv bewegen und sensorische Reize aus der Umgebung aufnehmen. Bleiben unsere Augen starr, nehmen sie keine sensorischen

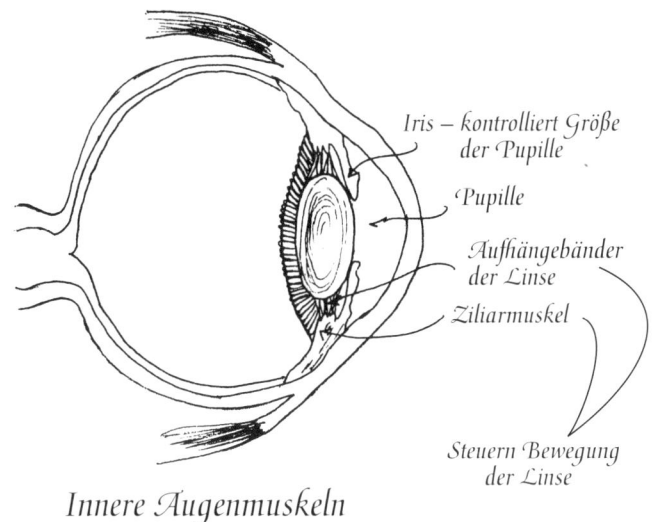

Iris – *kontrolliert Größe*
der Pupille

Pupille

Aufhängebänder
der Linse

Ziliarmuskel

Steuern Bewegung
der Linse

Innere Augenmuskeln

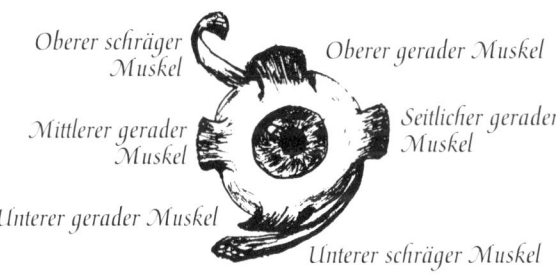

Oberer schräger
Muskel

Oberer gerader Muskel

Mittlerer gerader
Muskel

Seitlicher gerader
Muskel

Unterer gerader Muskel

Unterer schräger Muskel

Äußere Augenmuskeln

Abbildung 6.1: Die inneren und äußeren Augenmuskeln

Informationen mehr auf, und die Verarbeitung findet nur im Gehirn statt. Sie haben sicher bemerkt, daß Ihnen, wenn Sie vor sich hinstarren, völlig entgeht, was um Sie herum geschieht. In einer Situation aktiven Lernens bewegen die äußeren Augenmuskeln die Augen ständig auf und ab, von einer Seite zu anderen und in der Runde. Die inneren Augenmuskeln verengen oder weiten die Pupille in Anpassung an das Licht, und die Ziliarmuskeln lassen die Linse für Fern- oder Weitsicht dünner oder dicker werden.

Sind Körper und Kopf in Bewegung, wird das Vestibularsystem aktiviert, und als Reaktion darauf bewegen sich die Augenmuskeln, die dadurch gestärkt werden. Je mehr sich die Augen bewegen, desto besser wird die Zusammenarbeit der Muskeln beider Augen. Ein wirksames Zusammenspiel der Augen beim Lesen ist Voraussetzung für das Fokussieren, die Augenfolgebewegungen und die Konzentration. Wenn die Augenmuskeln stärker werden und die Bewegungen beider Augen weitgehend übereinstimmen, entstehen immer mehr Verbindungen zum Gehirn. (8) Dies ist deshalb der Fall, weil 80 Prozent der Nervenenden in den Muskeln über Propriozeption und das Vestibularsystem direkt mit motorischen Nerven verbunden sind, die zu den Augen hin und von ihnen weg führen. (9)

Ich stelle oft fest, daß Kinder mit Lernschwierigkeiten es als Streß empfinden, wenn ich sie bitte, meinen Daumen zu fokussieren, während ich ihn durch ihr gesamtes Blickfeld bewege. Ihre Augen bewegen sich ruckhaft, sie klagen, daß es weh tue, und sie können ihren Fokus kaum beibehalten. Dieser Streß, der entsteht, wenn die Augen nicht gut fokussieren oder sich nicht parallel bewegen, ist auf eine unzureichende Entwicklung der Augenmuskeln zurückzuführen, deren Ursache häufig Bewegungsmangel ist.

Säuglinge folgen zunächst der Bewegung ihrer Hände oder Füße mit den Augen. Mit der Zeit bilden sich bestimmte neurale Netzwerke aus, und die Hand-Augen-Koordination entwickelt sich. Der Säugling kann Gegenstände vor seine Augen bringen, um sie zu untersuchen und kennenzulernen. Die Koordination von Hand bzw. Fuß und Augen macht es dem Kleinkind möglich, sich so zu bewegen, wie es die Gegenstände in seiner Umgebung erfordern. Durch Training und die Ausbildung der Netzwerke kommt es zu einer Weiterentwicklung der Koordination von Auge und Hand. Jetzt steuert das Auge die Handbewegungen, so daß ein umfangreiches inneres Wissen zur Schablone für die Bewegung wird. Jetzt können wir lernen, Bewegung mit dem Sehen zu verbinden, wie es bei Amy in Kapitel 1 mit dem Fußball geschah. Diese Verbindung ist Voraussetzung für das Schreiben und Zeichnen, um ein Instrument zu spielen oder um eine sportliche Aktivität oder Tanzen zu lernen.

Auch beim Lernen in der Schule spielen die Augenmuskeln eine wichtige Rolle. Vor dem Eintritt in die Schule machen dreidimensionales und peripheres Sehen ausgiebiges Lernen aus der Umgebung möglich. Dabei werden visuelle mit kinästhetischen Eindrücken verbunden, damit

Formen, natürliche Bewegungen und Raumverhältnisse verstanden werden. Kommen Kinder in die Schule, wird oft von ihnen erwartet, daß sie in kurzer Zeit ihren fovealen Fokus entwickeln, um in nächster Nähe auf dem Papier zweidimensional zu sehen. Der foveale Fokus ist für die Schule wichtig, um die kleinen, statischen, zweidimensionalen Buchstaben auf einer Seite zu erkennen. Der Übergang von dreidimensionalem, peripherem Sehen zu fovealem Fokus ist sehr abrupt und in vielen Fällen unnatürlich.

Vor dem Alter von etwa sieben Jahren sind die Ziliarkörperchen (Muskeln, die die Linse formen) kurz, was dazu führt, daß die Linse dünn und gestreckt ist. Bei dieser Form der Linse wird das ankommende Bild über die Retina ausgebreitet, was eine maximale Stimulation von Stäbchen und Zäpfchen bewirkt. Die Linse paßt sich in dieser Form leicht an dreidimensionales, peripheres Sehen und Fernsicht an. Im Alter von etwa sieben Jahren werden diese Muskeln länger, so daß die Linse sich rundet und das Bild leichter nur auf die Netzhautgrube (*Fovea centralis*) auftrifft und fovealer Fokus möglich wird. (10) Kinder, die zu Hause bereits Bücher betrachtet haben, können vielleicht bereits bis zu einem gewissen Grad foveal fokussieren, besonders wenn es aus eigenem Antrieb und ohne Streß und Druck geschah.

Eine Geschichte von zwei Kulturen

Angesichts der vielen kulturellen Erwartungen bezüglich Lernen und kindlicher Entwicklung können die Normen anderer Völker die unseren entschieden in Frage stellen. Manches, was wir für selbstverständlich halten, muß dann hinterfragt werden. Vor einigen Jahren erlebte ich voller Interesse, welche tragischen Folgen eine Überschneidung zweier unterschiedlicher Kulturen auf diesem Gebiet haben kann.

In den ländlichen Gebieten Südafrikas lernen die Kinder, da es kaum Bücher gibt, aus einer reichen mündlichen Überlieferung, und sie können ausgezeichnet dreidimensional und peripher sehen. Traditionell sprechen sie drei Sprachen, wobei sie sich auf Englisch meist nicht unterhalten können. Die Beschäftigungstherapeuten in Kuazulu fanden heraus, daß die fünfjährigen afrikanischen Kinder bei Schuleintritt in fast allen Vorschultests „sehr viel besser" als die weißen Kinder waren. (11) Wenn sie nun die britischen Schulen besuchen, wird von ihnen erwartet, daß sie in den ersten zwei Wochen das Alphabet lesen lernen und nach einem Jahr englische Texte lesen können. Da ihre Augen aber noch nicht die nötige Flexibilität der Linsen für den fovealen Fokus entwickelt haben, sehen sie einen gedruckten Text nur verschwommen. Der Lehrplan läßt ihnen nicht die nötige Zeit, daß sie fovealen Fokus entwickeln könnten. Obwohl bei diesen Kindern eine starke Motivation zum Lernen vorhanden ist und sie umfassende Unterstützung durch ihre Familien erfahren, bedeutet das für sie Demütigungen und Versagen, und 25,4 Prozent verlassen die Schule im ersten Jahr wieder. (12) Aufgrund unnatürlicher Erwartungen, durch Streß und mangelnde Rücksicht haben sie nicht genügend Zeit, ihren fovealen Fokus zu entwickeln. So ging Südafrika an diesen Kindern eine wertvolle Ressource verloren, und dies wird auch weiterhin der Fall sein.

Was geschieht in unseren Schulen?

Aus dieser Darstellung ist leicht zu erkennen, wo die südafrikanischen Schulen Fehler machen. Aber wie gut passen sich *unsere* Schulen an die natürliche Entwicklung der kindlichen Bewegungsfähigkeit und ihr Bedürfnis nach Bewegung an? Und wie weit stimmen unsere Erwartungen und unsere Kenntnisse über ihre Entwicklung mit dem überein, was wir von ihnen erwarten und an Aufgaben von ihnen fordern?

Von Anfang an wird den Schulkindern beigebracht, sich im Unterricht nicht zu bewegen. Sie werden ermahnt, ihre Augen nicht über die Tafel oder ihr eigenes Pult hinaus wandern zu lassen. Aber diese Ermahnungen ignorieren die Tatsache, daß Sehen und „Linsenresilienz" (Resilienz = Fähigkeit eines gedehnten Gewebes, in die ursprüngliche Form zurückzukehren) eng mit Bewegung verknüpft sind. Der Augapfel ist erst mit etwa neun Jahren völlig mit Collagenfasern ausgeformt. (13) Deshalb kann eine längere Beschäftigung mit Lesen, ohne daß der Fokus zur Entspannung in die Ferne gerichtet wird, eventuell zu Entzündungen führen und zu einer Vergrößerung des Augapfels, was eine Myopie oder Kurzsichtigkeit zur Folge haben kann.

Viel Augenstreß ist auf eine Überbetonung des fovealen Fokus, auf Starren und zu seltenes Blinzeln zurückzuführen. Blinzeln hält das Auge feucht und gesund, und es entspannt den Fokus. Deshalb sollte immer wieder zum Blinzeln aufgefordert und alle sieben bis zehn Minuten eine Pause gemacht werden, in der sich die Augen wieder ganz natürlich und entspannt auf dreidimensionales und peripheres Sehen einstellen können. (14)

126

Was die Myopie betrifft, so sind sich die Forscher in drei Punkten einig:

1. Viele Fälle von Myopie treten heute in jüngerem Alter auf als in der Vergangenheit.

2. Die Fälle von Myopie häufen und verschlechtern sich in der Zeit zwischen der zweiten Klasse und der Mittelstufe.

3. Myopien treten heute viel häufiger auf als noch vor zwanzig Jahren. (15)

F. A. Young konnte nachweisen, daß sich bei Affen Kurzsichtigkeit entwickelte, wenn ihr visuelles Feld eingeschränkt wurde. (16) Auch läßt sich eine Beziehung zwischen Kurzsichtigkeit und einem hohen Angstpegel im Lernumfeld nachweisen. (17)

1974 wurde in Cheshire, Texas, an Grundschulen eine Doppelblindstudie mit 538 Schülern der sechsten Klassenstufe durchgeführt. Eine Gruppe von Schülern mußte jeden Tag eine halbe Stunde Aufgaben erledigen, deren Ziel motorisches Lernen und motorisch-sensorische Entwicklung war. Eine Kontrollgruppe mußte nichts tun. Die Schüler aus der Experimentiergruppe hatten die Freiheit, ihre Tätigkeit zu variieren, wobei sie nicht wie üblich den nahen Fokus beibehalten mußten. Für die Experimentiergruppe ergab sich ein deutlich geringeres Auftreten von Myopien, eine geringere Prüfungsangst und bessere schulische Erfolge. (18)

Der richtige Zeitpunkt zum Lesenlernen

Im Alter von sieben bis acht Jahren, wenn die Stirnlappen ausreifen, entwickelt sich von Natur aus die feinmotorische Koordination der Muskeln im ganzen Körper. Vor diesem Zeitpunkt sind unser peripheres Sehen und die Tiefenschärfe sehr gut, aber erst wenn das frontale Augenfeld der Stirnlappen ausreift, ist das Zusammenspiel der Augen so gut, daß zweidimensionaler Fokus möglich ist. Augenabstimmung liegt dann vor, wenn das dominante Auge beim Schreiben über die Seite wandert und das nichtdominante Auge diesen Bewegungen exakt folgt und seine Informationen einblendet, so daß binokulares Sehen entsteht. Da sich die Nase zwischen den beiden Augen befindet, können wir nie wirklich binokular sehen. Deshalb übernimmt ein Auge die Führung, es wird dominant und bestimmt die Bewegungen beider Augen.

Diese Lateralität läßt sich demonstrieren: Man fokussiert beide Augen auf einen senkrechten Stift, den man eine Armlänge entfernt hält und mit einer vertikalen Linie im Raum in Übereinstimmung bringt. Dann werden abwechselnd beide Augen geschlossen und man achtet darauf, in welchem Auge der Stift zu sehen ist. Dieses ist das dominante, führende Auge. Die feinmotorischen Bewegungen erleichtern das automatische Sammeln von Informationen. Damit ist ein weiterer physiologischer Grund gegeben, warum das Lesen nicht vor sieben oder besser: acht Jahren begonnen werden sollte.

Sehen und Streß

In emotional belastenden Situationen läßt sich ein interessantes Phänomen beobachten, das es praktisch unmöglich macht, das Auge über eine Seite mit Text zu führen. Als Reflex auf Gefahrensignale bewegen sich die Augen peripher, damit sie so viel wie möglich von der Umgebung aufnehmen können. Das macht es für die Augen extrem schwierig, sich aufeinander einzustellen und eine Textseite abzufahren. Versuchen Sie einmal zu lesen, gleich nachdem Sie einen beängstigenden Film gesehen oder eine traumatische Situation erlebt haben. Ich glaube, es wird Ihnen sehr schwerfallen.

Wenn Menschen beständig unter Streß leben, werden oft ihre äußeren Augenmuskeln stärker, was gleichzeitig zu einer Verlängerung der inneren Augenmuskeln führt, wodurch jedoch der foveale Fokus und Augenfolgebewegungen erschwert werden. Bei sexuell mißbrauchten oder traumatisierten Kindern sind oft die Augen ständig auf peripheres Sehen eingestellt. Bei der Arbeit mit lernbehinderten Schülern stelle ich fest, daß meist auch Probleme mit den Augen vorhanden sind. Wenn die Schüler nur der Bewegung meines Fingers nach hinten und vorne folgen müssen, verursacht das Augenschmerzen und nervöses Zucken der Augen. Kein Wunder, daß diese Kinder beim Lesen Probleme haben und nicht lesen wollen. Ihre Muskeln schmerzen und müssen neu trainiert werden, bevor sie ohne Anstrengung lesen können! Wie im nächsten Kapitel gezeigt wird, bietet Brain-Gym® einfache Übungen, mit denen alle Augenmuskeln leicht aktiviert werden. Die Übungen reduzieren Streßreaktionen und erleichtern das Lesen und das Verständnis.

Bewegung ist beim Lernen und Denken unverzichtbar. Aus jeder Bewegung entsteht eine Verbindung zum Lernen und zur Verarbeitung von

Gedanken. Genauso wie bei unseren sensorischen Systemen müssen wir alle unsere eigenen neuralen Netzwerke für Bewegungsmuster entwickeln und so eine Art „Enzyklopädie der Aktionen" schaffen. Denken ist eine Reaktion auf unsere physische Welt. Wenn wir das Gehirn erforschen, können wir dies nur im Kontext einer physischen Wirklichkeit, einer Wirklichkeit von Handlungen. Bewegung ist integraler Bestandteil aller mentalen Prozesse, von den Bewegungen der Atome, die molekulare Bewegungen auslösen, die wiederum die zelluläre (elektrische) Bewegung unterstützen, bis hin zu dem Gedanken, der sich in einer Handlung manifestiert.

Kapitel 7

Brain-Gym®

1986 wurde ich gefragt, ob ich Beraterin und Tutorin in einem Sonderprogramm für Schüler an einer Mittelschule in Hawaii werden wollte. Die Schüler, mit denen ich arbeiten würde, hatten Lernprobleme oder emotionale Schwierigkeiten. Deshalb bezeichnete man sie als dem Schulprogramm „entfremdet". Es war ein Experiment für mich. Da wurde ich, von Haus aus Neurobiologin und Professorin für Biologie an der University of Hawaii, nach mehr als zwanzig Jahren Unterrichtserfahrung am College, ohne pychologischen Hintergrund und ohne Erfahrung als Beraterin, gefragt, ob ich mit pubertären Mittelstufenschülern arbeiten wollte, die innerlich mit der Schule abgeschlossen hatten. All das wurde mir angetragen, weil ich in meinen Collegeklassen erfolgreich Schnellerntechniken angewendet hatte. Und mein Mut und meine Neugier waren groß genug, daß ich ja sagte.

Da ich nie vorher mit dieser Altersgruppe gearbeitet hatte, verbrachte ich im Sommer 1986 drei Wochen als Betreuerin von *Supercamp*, einem komprimierten Lernangebot für Schüler zwischen dreizehn und siebzehn, um mich mit Schülern derselben Altersstufe und mit dem gleichen Hintergrund vertraut zu machen. Einige der Jugendlichen waren von der Stadt New York mit Stipendien der Polizeibehörde in dieses Programm gekommen. Das war ein gutes Training, mich offen und akzeptierend zu verhalten, nicht vorschnell zu urteilen und das Potential der Schüler zu erkennen. Meine Tochter, damals gerade zwölf, versprach außerdem, mir Tips zu geben. Und so war ich zu Beginn des Schuljahrs bereit zu diesem einmaligen Experiment.

Meine Bekanntschaft mit Brain-Gym®

Eine offene und akzeptierende Haltung war jedoch noch kein Programm, um den problembeladenen Kindern in Hawaii zu helfen. Hier empfahl mir eine Freundin, eine Erzieherin, ich solle mit diesen Kindern Brain-Gym®-Übungen machen. Das Leben ihres Sohnes Todd hatte sich dadurch sehr verändert, und ich war offen für alles, was hilfreich zu sein versprach.

Obwohl Todd aufgeweckt und liebenswert war, galt er als lernbehindert. Im zweiten Jahr an der High-School konnte er immer noch nicht lesen, obwohl die Familie Tausende von Dollars für Lernprogramme ausgegeben hatte.

Mit sechzehn war Todd 1,88 Meter groß, und das Basketballteam hatte ihn wegen seiner Größe aufgenommen. Aber leider war er sehr ungeschickt und stolperte über den Ball, wenn er über das Spielfeld zu dribbeln versuchte.

Im selben Jahr nahm seine Mutter an einer „Touch for Health"-Konferenz in Kalifornien teil, auf der zunächst Paul Dennison über seine Arbeit mit Lernbehinderungen und über das Brain-Gym®-Programm sprach. Ganz aufgeregt kehrte sie nach Hause zurück und verkündete: „Todd, wir werden die Überkreuzbewegung machen." Um Todd zum Mitmachen zu bewegen, machte die ganze Familie morgens vor der Schule und am Abend vor dem Zubettgehen die Überkreuzübung. Innerhalb von sechs Wochen hatte Todd im Lesen das Niveau seiner Klasse erreicht. Und kurze Zeit später wurde er anerkanntes Mitglied im Basketballteam.

Alle Einzelelemente für das Lernen waren schon seit mehr als zehn Jahren vorhanden, aber Todd hatte sie nicht integrieren können. Die Brain-Gym®-Übungen waren nötig, um alle Stücke zusammenzufügen. Todd hat das College gerade sehr erfolgreich mit einem Abschluß in Biologie abgeschlossen.

Wenn etwas so Einfaches bei Todd funktioniert hatte, dachte ich, war es einen Versuch wert. Zunächst befolgte ich einfach Anweisungen für bestimmte Übungen zur vollständigen Aktivierung des Geist-Körper-Systems. Ich hatte vorher keine Vorstellungen, was dabei geschehen würde, aber die Jugendlichen machten die Brain-Gym®-Übungen gerne, und sie paßten in mein Experiment.

Unter Mißachtung der Vorschriften beschloß ich, mit diesen Schülern zu arbeiten, ohne mir ihre Vorgeschichte in den Akten anzusehen. Was dann geschah, überraschte sie und mich und ihre Lehrer. Sie hatten schließlich doch Erfolg und nahmen ihr eigenes Leben in die Hand, emotional, physisch und geistig.

Der Direktor war so beeindruckt, daß er mich um einen Vortrag vor den Lehrern bat, auch wenn ich mit dieser Arbeit noch wenig Erfahrung hatte. Außerdem verpflichtete er mich zu einem vierstündigen Vortrag vor allen Schuldirektoren der Insel. Um die Veränderungen, die ich bei den Schülern beobachtete, besser zu verstehen, nahm ich etwas später, im November 1986, an einem intensiven Brain-Gym®-Training teil. So begann meine bis dato achtjährige – und anhaltende – Suche nach den molekularen, zellulären, physischen und neurologischen Aspekten dieser wirkungsvollen Arbeit.

Minimale Interventionen – maximale Veränderungen

Wir alle lernen von Natur aus gut, wir werden mit einem bemerkenswerten Geist-Körper-System geboren, in dem alle für das Lernen notwendigen Bestandteile vorhanden sind. Verschiedene Stressoren können jedoch Blockaden herbeiführen, die den Lernprozeß behindern. (Streß und die Auswirkungen auf das Lernen werden im dritten Teil behandelt.) Häufige Ohrentzündungen beispielsweise sind ein Streßfaktor, der den Lernerfolg negativ beeinflußt. Das System ist durch die Infektionen nicht ernsthaft beeinträchtigt, und es nimmt theoretisch alle notwendigen Informationen auf, Lernen aber findet nicht statt. Der Lernende hat Schwierigkeiten, die neuen Informationen zu assimilieren und zu integrieren.

Brain-Gym® scheint das System mit minimalen Korrekturen in die Lage zu versetzen, mit dem Lernprozeß weiterzumachen. Dr. Dee Coulter, Spezialistin für Kognition und Neurowissenschaften, die sich ausführlich mit Lernproblemen befaßt hat, nennt diese geringfügigen Anpassungen Mikrointerventionen. Sie erklärt, daß diese zu größeren Veränderungen führen, da sie für die notwendige Integration sorgen und die negative Erwartungshaltung umkehren. (1)

Ich habe häufig beobachtet, wie nach Brain-Gym®-Übungen solche Mikrointerventionen stattfanden. Einmal arbeitete ich mit einem elfjährigen Jungen mit Down-Syndrom, dessen Lehrerin drei Monate täglich mit ihm gearbeitet hatte, um ihm die Zahlen von 1 bis 10 beizubringen. Er hatte eine Tafel vor sich, deren oberste Zeile die Ziffern in der richtigen

Reihenfolge enthielt. Auf einer Mittellinie waren die Zahlen ausgeschrieben, und die unterste Zeile zeigte jeweils eine Anzahl von Gegenständen (zum Beispiel einen Apfel, zwei Hemden, drei Bäume, usw.). Er sollte jeweils eine Karte nehmen und sie auf die Ziffer, die ausgeschriebene Zahl oder auf die Gegenstände legen.

Er bemühte sich sehr, aber er „kapierte" es nicht. Er nahm eine 3, sagte „sieben" und legte die Karte auf die 10.

Wenn man ihm sagte, daß es eine 3 sei, sagte er „drei", legte die Karte aber auf die 5. Nachdem die Lehrerin und ihr Schüler alles mögliche ausprobiert hatten, waren sie extrem frustriert.

Ich fragte ihn, ob er die Dennison-Lateralitätsbahnung (unten beschrieben) machen wolle, und er stimmte bereitwillig zu. Die Reihe dieser Übungen beanspruchte etwa eine Viertelstunde; danach meinte er, jetzt wolle er die Zahlen noch einmal üben. Er setzte sich vor seine Tafel, nahm eine 3, sagte „drei" und legte sie auf die 3 auf seiner Tafel. Dann nahm er sofort eine 7, sagte „sieben" und legte die Karte an die richtige Stelle, und er machte weiter, bis alle Karten an der richtigen Stelle lagen. Ich spürte eine Bewegung an meiner Stuhllehne, dreht mich um und sah, wie die Lehrerin weinte.

Am nächsten Tag trank er zuerst Wasser, machte zwei Minuten die *Überkreuzbewegung*, die *Gehirnknöpfe* und die *Hook-ups*, und dann setzte er sich hin und legte alle Karten wieder richtig hin. Dann bekam er eine andere Tafel, die er nicht kannte, auf der die Zahlen durcheinandergemischt waren. Auch hier legte er problemlos alle Karten richtig hin. Irgendwie hatte er die Informationen aufgenommen, aber erst durch eine Mikrointervention, die Dennison-Lateralitätsbahnung, wurden diese miteinander verbunden und konnten angewendet werden.

Diese Mikrointerventionen lassen sich auch bei Menschen beobachten, die diese Arbeit für sich selbst oder mit anderen machen. Einfache Bewegungen führen zu weitreichenden Veränderungen. Auf der nächsten Seite finden Sie eine Schriftprobe eines Erstkläßlers, die eine sofortige, offensichtliche Verbesserung beim Schreiben nach einigen Brain-Gym®-Übungen zeigt.

Vor Brain-Gym®

On Monday we are going
to have play. Day
I have to wear my
shorts a tee shirt and
my running shoes we are
going to have lots.of fun

Einige Minuten nach Brain-Gym®

Abbildung 7.1: Die Fortschritte eines Erstkläßlers beim Schreiben
nach Brain-Gym®-Übungen

Ganz einfach und leicht, aber es funktioniert

Unsere moderne Gesellschaft braucht eine einfache und elegante Methode,
um solche Mikrointerventionen in Angriff zu nehmen. Jede Lernsituation
besteht im Grunde aus den gleichen Schritten: sensorischer Input, Integration und Assimilation, und schließlich Handeln. Brain-Gym® fördert

135

jeden dieser Schritte, indem es unser Geist-Körper-System wachrüttelt und in Lernbereitschaft versetzt. Es aktiviert das umfassende Funktionieren von Geist und Körper über einfache integrative Bewegungen, die auf spezielle Aspekte der sensorischen Aktivierung ausgerichtet sind und die funktionale Integration über die Mittellinie des Körpers hinweg erleichtern.

In den vorangegangenen Kapiteln sollte die Bedeutung von Bewegung im Lernprozeß klargeworden sein. Wie Lehrer in vielen Kulturen intuitiv erkannt haben, können Zahlen, Buchstaben und Schreiben mit viel Bewegung sehr wirkungsvoll unterrichtet werden. Rudolf Steiner – um ein berühmtes Beispiel zu nennen – glaubte daran, daß man Kindern durch Eurythmie beim Lernen helfen könne, da das Lernen dabei durch Rhythmus und bestimmte koordinierte Bewegungen, ähnlich wie bei Brain-Gym®, geankert wird. (2)

Das größte Hindernis für die weitverbreitete Anwendung von Brain-Gym® ist das in unserer Gesellschaft tief verwurzelte Vorurteil, daß Geist und Körper getrennt seien – daß Bewegung nichts mit dem Intellekt zu tun habe. Genau wie die Atemluft wird diese Fehlinformation von fast allen Menschen als Bestandteil und Belastung unseres kulturellen Erbes eingesogen. Die Menschen können es einfach kaum glauben, daß körperliche Aktivität beim Denken helfen kann.

Und doch versammelten sich am 1. Mai 1995 in Chicago Amerikas berühmteste Gehirnforscher, um über die Verbindung zwischen Bewegung und Lernen zu sprechen. Sportliches Training trägt nicht nur dazu bei, daß sich Knochen, Muskeln, Herz und Lunge gut entwickeln, es stärkt auch das Basalganglion, das Kleinhirn und den Balken. Aerobic-übungen erhöhen die Blutmenge im Gehirn. Eine Serie koordinierter Bewegungen jedoch führt zu erhöhter Produktion von Neurotrophinen (natürliche neurale Wachstumsfaktoren) und zu mehr Verbindungen zwischen den Neuronen. (3)

Es spricht nicht gerade für Brain-Gym®, daß diese koordinierten Übungen so einfach sind. Die meisten Menschen glauben eher an komplizierte Lösungen für ihre Probleme. Ist ein Programm nicht schwierig, zeit-aufwendig und teuer, scheint es weniger wert zu sein. Wenn wir jedoch soweit sind, unser einschränkendes Denken hinter uns zu lassen, merken wir, daß die einfachen Lösungen des gesunden Menschenverstandes oft die dauerhaftesten Resultate erzielen.

Einiges an Hintergrund zu Brain-Gym®

Ich bin Dr. Paul Dennison zu großem Dank verpflichtet: Er hat im Verlaufe seines eigenen Kampfes zur Überwindung seiner Dyslexie und seiner Sehprobleme das Brain-Gym®-Programm zusammengestellt. Seine Integrität, sein tiefes Verständnis, seine Liebe zu Kindern und seine Begeisterung für das Lernen werden in seiner eleganten Arbeit deutlich. Paul Dennison entwickelte Brain-Gym® in den siebziger Jahren in Kalifornien, im Valley Remedial Group Learning Center, wo er neunzehn Jahre lang Kindern und Erwachsenen half. Seine Entdeckungen während seiner gesamten beruflichen Tätigkeit als Pädagoge entstanden aus der Erkenntnis der wechselseitigen Abhängigkeit von körperlicher Entwicklung, Sprechenlernen und schulischen Leistungen. So entstand Brain-Gym® im Zusammenhang mit seiner Tätigkeit an der University of Southern California, wo er sich mit der Entwicklung von Lehrplänen und experimenteller Psychologie befaßte. Seine eigene Forschung konzentrierte sich besonders auf die Anfänge des Lesens und den Zusammenhang mit subvokalem Sprechen.

Mehr als siebzig Jahre lang hatten Pioniere auf den Gebieten sensomotorisches Training, angewandte Kinesiologie und Entwicklungsoptometrie statistisches Material zusammengetragen, das die Wirkung von Bewegung beim Lernen belegte. Dennison begann 1969 mit der Synthese dieser Arbeiten. Im Laufe der Jahre integrierte er das Malabar Reading Project von Dr. Constance Amsden, die bahnbrechenden Erkenntnisse von Dr. Doman und Dr. Delacato (4), die Arbeit von Dr. Louis Jacque und Dr. Samuel Herr, O.D. (führende Experten für Sehtraining), die Arbeit des Optometristen Dr. G. N. Getman, des Chiropraktikers Richard Tyler und des Sportkinesiologen Bud Gibbs. Dennison verwendete deren Erkenntnisse, besonders im Hinblick auf Kinder mit bestimmten sprachlichen Problemen, und stellte schnelle, einfache, aufgabenspezifische Bewegungen zusammen, die für jeden Lernenden von Nutzen sind.

Seit der Gründung der Educational Kinesiology Foundation (1987) wurden weltweit Forschungsvorhaben über Brain-Gym® mit bemerkenswerten Resultaten durchgeführt. Mein erster Versuch, die Wirkungen von Brain-Gym® in Zahlen auszudrücken, fand 1989 mit neunzehn Schülern der fünften Klasse einer Sonderschuleinrichtung statt. Die Lehrer dort verwendeten den Brigance Inventory of Basic Skills Test, um die Schüler zu Beginn und am Ende eines Schuljahrs zu testen. Mit jedem Schüler wurde die Lateralitätsbahnung durchgeführt, und alle machten täglich etwa fünf bis zehn Minuten Brain-Gym®-Übungen. Die Schaubilder in Abb. 7.2 auf der nächsten Seite zeigen die Ergebnisse. Alle Schüler verbesserten sich im Lese- und Leseverständnistest um durchschnittlich ein bis zwei Klassenstufen, in Mathematik zeigte sich eine durchschnittliche Verbesserung um mindestens eine Klassenstufe bei mehr als 50 Prozent der Schüler. Diese Ergebnisse, besonders im Lesen, waren für eine ganze Sonderschulklasse höchst ungewöhnlich. Am meisten überraschten die erstaunlichen Verbesserungen in bezug auf Selbstachtung und Konzentrationsfähigkeit.

Brain-Gym® in der Sowjetunion

1988 war ich im Rahmen eines Projekts der Association of Humanistic Psychologists (AHP) als Mitglied einer Gastdelegation von zwölf Pädagogen in der Sowjetunion. Wir sollten mit sowjetischen Pädagogen zusammenarbeiten und wirksame Lernmethoden vorführen. Ich führte Brain-Gym® vor und ließ in den Pädagogischen Instituten von Moskau und St. Petersburg (damals Leningrad) fünfzig Handbücher zurück. Eines davon gelangte in die Hände von Svetlana Masgutova, Direktorin des Accent-Instituts für Psychologie in Orechovo-Zoueva (Rußland). 1991 bat sie mich, zu einem Treffen mit einigen Psychologen und Ärzten zu kommen, die sie in Brain-Gym® eingeführt hatte. Dabei erzählte sie mir dann von ihren außerordentlichen Erfahrungen auf diesem Arbeitsgebiet.

1989 hatte sich etwa eineinhalb Stunden von Moskau entfernt eine schwere Eisenbahnexplosion ereignet. Dr. Masgutova war beauftragt worden, mit den schwer traumatisierten überlebenden Kindern zu arbeiten. Sie wandte verschiedenen Methoden, einschließlich der Kunsttherapie, bei den Kindern an, die schwerste Verbrennungen erlitten hatten. Sie malten Bilder von verkohlten, einäugigen Monstern und brennenden Pferden, alles in dunklen Farbtönen. Nach drei Monaten waren über die Hälfte der Kinder gestorben. Die übrigen zeigten depressive Symptome und malten in ihren Kunsttherapiesitzungen weiterhin Horrorbilder.

Zu dieser Zeit entdeckte Dr. Masgutova bei einem Besuch im Pädagogischen Institut in Moskau das Brain-Gym®-Handbuch. Sie begann sofort die Übungen mit den Kindern durchzuführen, und innerhalb weniger Wochen veränderten sich die gemalten Bilder. Es tauchten wieder helle Farben auf, dazu Regenbogen, Schmetterlinge und Kinder, die durch die Wiesen liefen. Alle Kinder zeigten eine zunehmend positive Haltung, und

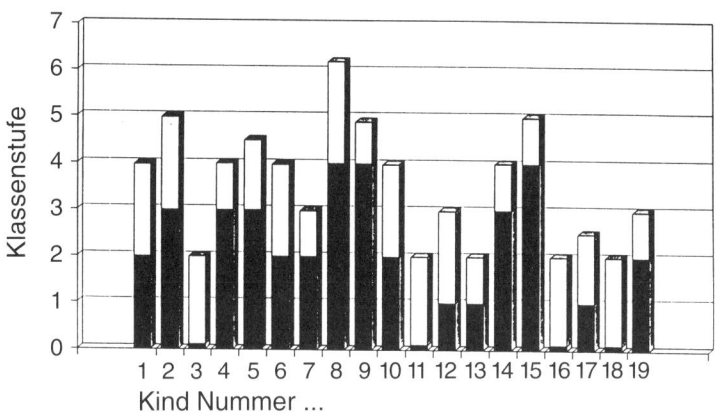

Brigance-Test von Grundkenntnissen
Lesen und Leseverständnis

Mathe-Ergebnisse

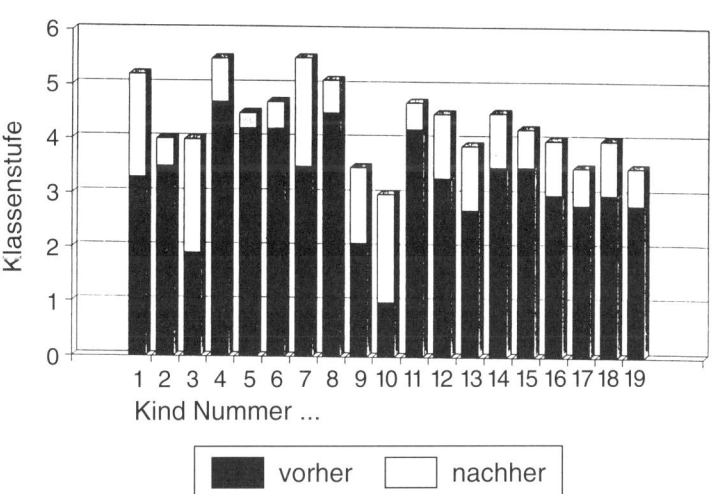

Abbildung 7.2: Veränderung der Ergebnisse beim *Brigance Inventory of Basic Skills Test* in einer 5. Sonderschulklasse nach einem Jahr Brain-Gym®

139

ihre Heilung schritt voran. Sie war von dem Ergebnis – genauso wie die Ärzte und die Eltern der Kinder – so überrascht, daß sie nach sechs Monaten ihre sorgfältigen Berichte zusammenfaßte und eine Veröffentlichung schrieb. (5) Experten in ganz Rußland zeigten Interesse und luden sie zu Gesprächen ein.

Als ich 1991 kam, hatte sie fünfzig Psychologen und Ärzte aus dem Gebiet um Moskau und St. Petersburg sowie von einem Institut aus Tomsk in Sibirien versammelt, die alle Brain-Gym® anwendeten. Sie berichteten von sehr bemerkenswerten Erfolgen mit Menschen unterschiedlicher Altersstufen und mit allen möglichen Problemen. Gegenwärtig wird Brain-Gym® in fünfzehn größeren Städten in Rußland mit großem Erfolg angewandt.

Brain-Gym® in Südafrika

1991 wurde ich gebeten, mit Auszubildenden der Versicherungsgesellschaft von Botswana zu arbeiten, die sich auf ihr Abschlußexamen vorbereiteten. Obwohl manche sich dieser Prüfung Jahr für Jahr aufs neue unterzogen, bestanden weniger als 30 Prozent der Teilnehmer. Nachdem ich im Februar sechs Stunden mit diesen Leuten gearbeitet hatte, verpflichteten sie sich, weiterhin Brain-Gym® anzuwenden, wenn sie für das Examen arbeiteten. Alle bestanden das Examen im Mai. Einer von ihnen, Walks Tall, hatten den Prüfer sehr in Sorge versetzt, da er die erste halbe Stunde der Prüfungszeit mit Brain-Gym®-Übungen verbrachte. Er war schließlich der erste in Südafrika, der im Versicherungsexamen 100 Prozent erreichte.

Brain-Gym® spielt auch eine Rolle in dem aufstrebenden neuen Südafrika. Ende 1993 erstellte der Stadtrat von Verwoerdburg, Pretoria, ein Ausbildungsprogramm für die Auszubildenden, die nicht oder nur wenig lesen und schreiben konnten. In einer Pilotstudie sollte Brain-Gym® ausprobiert werden. Der Stadtrat wählte eine Experimentier- und eine Kontrollgruppe von je acht Leuten aus, die entweder teilweise oder vollständig Analphabeten waren. Die Experimentiergruppe übte drei Tage lang Brain-Gym® mit Andre Vermeulen, einem Brain-Gym®-Instruktor von Destinatum Ltd. Zwei Wochen später führten die Trainer der Organisation Affirmative Vision mit beiden Gruppen den gleichen Kurs „Life Skills" (Grundlagen für die moderne Gesellschaft) durch. Der Kurs wurde mit den gleichen Inhalten in derselben Sprache, in Nord-Sotho (der Muttersprache der Auszubildenden) abgehalten. Man achtete darauf, daß der Rahmen – Stundenplan, Pausen, Vortragende, Übersetzer, Inhalt, Tests und Arbeitsgruppen – der gleiche war.

Als die Ergebnisse des fünftägigen Kurses in einem Test abgefragt wurden, schnitt die Experimentiergruppe um 27,7 Prozent besser ab als die Kontrollgruppe. Es zeigte sich außerdem, daß die Experimentiergruppe während des Kurses viel zuversichtlicher, kreativer, aufmerksamer und entspannter war, daß sie bei den Tests ruhiger und in den Arbeitsgruppen eifriger war. Sie hatte einen besseren Überblick, eine positivere Einstellung und den Wunsch zu lernen. Aufgrund dieser Pilotstudie haben Banken und Bergbaugesellschaften Brain-Gym® in ihr Trainingsprogramm aufgenommen.

Brain-Gym® macht bessere Leistungen möglich

Brain-Gym® zeigt auch eine sehr gute Wirkung bei Sport, Musik, Kunst und Tanz in jeder Form. Um in diesen Bereichen gute Leistungen zu bieten, muß zunächst die Technik beherrscht und diese dann spontan mit Rhythmus, Flow, Emotion und bildlicher Vorstellung in Einklang gebracht werden. Ich habe Brain-Gym® für technisch gute Musiker unterrichtet, die danach erkannten, daß sie endlich die Leidenschaft in ihrer Musik fühlen und zum Ausdruck bringen konnten. Bildende Künstler, die ich unterrichtete, waren überrascht, welche Ausdruckskraft sie danach in ihrer Arbeit erreichten. Brain-Gym® wird auch in einem Kurs für Golfspieler angeboten, den manche jetzt als ihre „Geheimwaffe" betrachten.

In Hawaii wurde ich gebeten, mit einem Fußballteam von vierzehn- bis sechzehnjährigen Jungen zu arbeiten, die Meisterschaftssieger werden wollten. Alle waren gute Spieler, aber nur allzuoft drehten sie während des Spiels durch, bekamen Strafpunkte und verloren. Ich hatte eine Brain-Gym®-Sitzung mit diesen Jungen, in der sie sich auf dieses Ziel einstimmten: „Wir sind ruhig, besonnen und gelassen und gewinnen die Landesmeisterschaft." Während der Spiele schafften die Jungen freiwillig Wasser herbei und tranken sehr viel, außerdem machten sie *Überkreuzbewegungen*, *Gehirnknöpfe* und *Hook-ups* (das PACE-Programm, das unten vorgestellt wird) vor jedem Spiel oder Training und in den Pausen. Ihr Spiel wurde besser, und sie qualifizierten sich für das Endspiel um die Meisterschaft in Honolulu. Dort gewannen sie ohne Schwierigkeiten die ersten zwei Endrundenspiele und kamen ins Finale. Während dieses entscheidenden Spiels war die Spannung sehr hoch, und langsam verloren die Spieler ihre Ruhe. Während einer Auszeit legten sich die Jugendlichen spontan auf den Boden und machten *Hook-ups*, während der Trainer, die Eltern und die Zuschauer erstaunt zusahen. Dann standen sie auf und gewannen die Meisterschaft.

Der große Vorteil und der Reiz an Brain-Gym® ist seine Leichtigkeit und sein Nutzen. Die Menschen können die Übungen jederzeit durchführen, um alles, was sie gerade tun, besser zu machen. Es geht einfach um Bewegung, leicht und frei.

Eine Auswahl von Brain-Gym®

Ich werde in diesem Buch einige der Brain-Gym®-Bewegungen und ihre Funktion für die Gewährleistung balancierten geistig-körperlichen Lernens besprechen. (6) [Dieses Buch will kein Lehr- und Übungsbuch für Brain-Gym® sein. Ausführlichere Übungsanleitungen findet man in den Büchern von Paul und Gail Dennison. Anm. d. Verlags] Dabei beginne ich mit einer Vorbereitungstechnik, die wir PACE nennen, wobei PACE ausdrücken soll, daß wir *positiv*, *aktiv*, *klar* [engl. *clear*] und voller *Energie* lernen. Es ist eine Übungsfolge zur Förderung der Lernbereitschaft, die gewöhnlich morgens, nach der Pause oder nach dem Essen durchgeführt wird, um die Schüler wirkungsvoll auf das Lernen vorzubereiten. Ich mache sie vor jeder Tätigkeit, für die ich vollständig integriert sein will. Dazu gehört, daß ich *Wasser* trinke, um für das Lernen genügend Energie zur Verfügung zu haben; dazu gehören ferner die *Gehirnknöpfe*, *Überkreuzbewegungen* und *Hook-ups*.

Gehirnknöpfe

Bei den Gehirnknöpfen wird eine Hand über den Nabel gelegt, während die andere zwei Punkte zwischen den Rippen stimuliert. Die Hand über dem Nabel bringt die Aufmerksamkeit zum Zentrum der Schwerkraft des Körpers. Hier befinden sich die Rumpfmuskeln, die einen wichtigen Beitrag zum Gleichgewicht des Körpers leisten. So wird das Vestibularsystem angeregt, das seinerseits zur Aktivität des RAS führt, das das Gehirn für den ankommenden sensorischen Input wach macht. Starrt jemand vor sich hin (in okularer Blockierung), bringt die vestibulare Aktivierung die

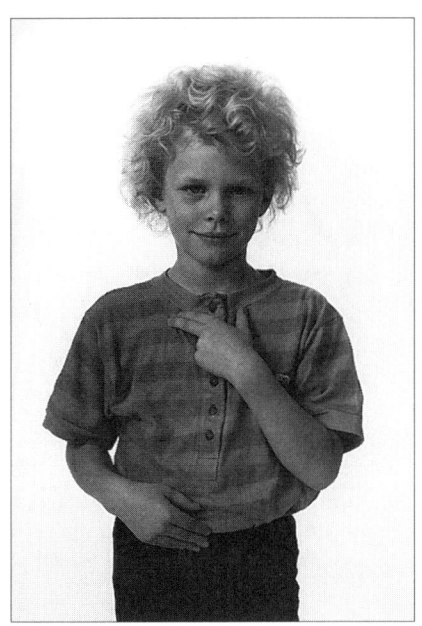

Abbildung 7.3: Gehirnknöpfe

Augen wieder in Bewegung, so daß das Gehirn externe visuelle Informationen aufnehmen kann. (7)

Die andere Hand reibt sanft die Einbuchtungen zwischen der ersten und zweiten Rippe, direkt unter dem Schlüsselbein (*Clavicula*), rechts und links vom Brustbein (*Sternum*). Man nimmt an, daß damit die Blutzufuhr durch die Hauptschlagader (*Arteria carotis*) zum Gehirn verstärkt wird. Die Hauptschlagadern gehen vom Herzen weg und bringen frisch mit Sauerstoff angereichertes Blut zum Gehirn. Die Gehirnknöpfe liegen knapp über der Stelle, an der sich die Hauptschlagadern verzweigen. Barorezeptoren (Druckrezeptoren) in den Wänden der Hauptschlagadern sind wahrscheinlich für die Wirkung verantwortlich, die beim Reiben dieser Punkte zu beobachten ist. Barorezeptorzellen reagieren auf veränderten Blutdruck und halten (über den Sinus-caroticus-Reflex) den normalen Blutdruck zum Gehirn stabil. (8)

Zum ersten Mal erkannte ich den Wert der Gehirnknöpfe, als ich zusätzlich zu meiner Arbeit an der Grundschule einen Abendkurs an der Universität von Hawaii gab. Die fünfundzwanzigminütige Heimfahrt war

„tödlich", und ich schlief fast am Steuer ein. Meine Studenten hatten die Gehirnknöpfe (als Teil von PACE) zu Beginn des Abendkurses gemacht, und ich erinnerte mich an ihre Kommentare, daß sie damit wirklich aufwachten und wieder lernbereit seien, auch nach einem langen Arbeitstag. So fuhr ich mit meinem Auto an den Straßenrand und machte die Gehirnknöpfe. Es war, als lichte sich der Nebel, und ich blieb für den Rest der Fahrt wach. Viele meiner Studenten erklärten auch, daß sie sich während eines Tests wieder besser konzentrieren könnten, nachdem sie die Gehirnknöpfe massiert hätten.

Überkreuzbewegung

Die Überkreuzbewegung ist einfach ein Überkreuzgehen auf der Stelle. Wenn der rechte Ellbogen das linke Knie und dann der linke Ellbogen das rechte Knie berührt, werden große Bereiche in beiden Gehirnhälften gleichzeitig aktiviert. Die Überkreuzbewegung ist bewußtes Gehen, das die balancierte neurale Aktivierung über den Balken hinweg fördert. Geschieht das regelmäßig, bilden sich im Balken mehr neurale Netzwerke mit stärkerer Myelinschicht, so daß die Kommunikation zwischen den zwei Hemisphären schneller und stärker integriert und Denken auf einer höheren Ebene möglich wird.

Die Überkreuzbewegungen sollten sehr langsam ausgeführt werden. Bei der langsamen Durchführung werden die Feinmotorik und die Balance mehr beansprucht, und so werden das Vestibularsystem und die Stirnlappen bewußt aktiviert. Je mehr die Feinmotorik beteiligt ist, desto mehr werden die Stirnlappen in Verbindung mit dem Basalganglion des limbischen Gehirns und dem Kleinhirn aus dem Hirnstamm beteiligt.

Diese einfache Bewegung aktiviert sehr elegant die Funktionen des gesamten Gehirns und strahlt auch in die Stirnlappen aus. Immer wenn ich blockiert bin, mache ich die Überkreuzbewegung oder einen Spaziergang, und schon fließen die Gedanken wieder. Robert Dustman, der Leiter für neuropsychologische Forschung am Veterans Affairs Medical Center in Salt Lake City, Utah, stellte fest, daß Laufen die geistigen Leistungen bei Männern und Frauen zwischen fünfzig und sechzig Jahren verbesserte. Zunächst führte er mit relativ inaktiven Männern und Frauen zwischen fünfzig und sechzig eine Reihe mentaler und körperlicher Tests durch. Dann unterzogen sich die Teilnehmer einem viermonatigen Programm, bei dem sie regelmäßig flott laufen mußten. Nach den vier Monaten schnitten sie bei der gleichen Testserie um 10 Prozent besser ab. (9)

Abbildung 7.4: Überkreuzbewegung

Die Überkreuzbewegung ist hervorragend geeignet für die Aktivierung des Geist-Körper-Systems vor körperlichen Tätigkeiten wie Sport oder Tanzen. Zu der Überkreuzbewegung gibt es in den Brain-Gym®-Handbüchern viele Variationen. (10)

Hook-ups

Ein Fußknöchel wird über den anderen gelegt (links über rechts). Dann werden die Hände überkreuzt, verschränkt und umgedreht. Dazu streckt man die Arme nach vorne aus, Handrücken an Handrücken, die Daumen zeigen nach unten. Jetzt werden die Hände mit den Handflächen zusammengelegt und die Finger verschränkt. Dann werden die verschränkten Hände nach unten und zum Körper hin gedreht, so daß sie schließlich auf der Brust liegen, mit den Ellbogen nach unten. Diese komplexe Überkreuzhaltung erzielt im Gehirn eine ähnlich integrierende Wirkung wie die Überkreuzbewegung. Gleichmäßig werden die sensorischen und motorischen Hirnrindenfelder (Kortices) jeder Gehirnhälfte aktiviert.

Abbildung 7.5: Hook ups

Zusätzlich kann während der Übung die Zunge flach gegen den Gaumen gedrückt werden. Dadurch wird die Aufmerksamkeit auf das Mittelhirn gerichtet, das über dem harten Gaumen liegt: Das hilft, den Zungendruck zu vermindern, der durch ein Haltungsungleichgewicht entsteht. In dieser Stellung werden die Emotionen im limbischen System mit der Vernunft in den Stirnlappen verbunden, und so ergibt sich eine ausgeglichene Perspektive, aus der heraus besser gelernt und wirkungsvoller reagiert werden kann. (11)

Als Beraterin in der Schule hatte ich eine „Zweiminutenregel". Wenn Schüler (von fünf bis fünfzehn) wegen „störenden" Verhaltens in der Klasse oder nach einem Streit zu mir geschickt wurden, mußten sie erst zwei Minuten in der Hook-up-Stellung stehen, bevor wir miteinander sprachen. Dadurch wurde ihre bewußte Aufmerksamkeit in den motorischen Kortex der beiden frontalen Hemisphären gebracht, weg von den Überlebenszentren im reptilienhaften Gehirn, und auf diese Weise wurde die Adrenalinproduktion verringert. Nach diesen zwei Minuten konnten sie sowohl ihren eigenen Standpunkt als auch den der anderen deutlicher erkennen. Keiner dieser Schüler wollte Schwierigkeiten bekommen, und sie waren dankbar, daß sie etwas hatten, womit sie jederzeit ihr eigenes Verhalten kontrollieren und steuern konnten.

Dies ist die Brain-Gym®-Übung, die ich am häufigsten einsetze. Lehrer wenden sie auch oft für sich selbst an, wenn ihr Streßpegel steigt, oder um bei den Schülern nach der Pause wieder für Ruhe und Konzentration zu sorgen.

Ich möchte Sie zu einem kleinen Experiment einladen. Konzentrieren Sie sich auf eine stressige oder sehr anstrengende Situation in Ihrem Leben. Achten Sie darauf, wo Sie sich anspannen, wo sich Ihre Muskeln verspannen, wie Ihre Atmung ist ... – auf alle Ihre Reaktionen. Dann machen Sie Hook-ups im Sitzen, Stehen oder Liegen, etwa zwei bis fünf Minuten lang. Achten Sie danach auf die Unterschiede der Muskelanspannung, der Atmung und auf Ihre veränderte Einstellung. Die Situation ist die gleiche, aber das ganze Geist-Körper-System wird genutzt, um besser mit der Situation umzugehen.

Nachfolgend werden eine Reihe von Brain-Gym®-Übungen beschrieben, die zur Entwicklung bestimmter Fertigkeiten beitragen.

Liegende Acht für das Schreiben

Die Liegende Acht für das Schreiben wird mit Papier und Bleistift durchgeführt und soll speziell die schriftliche Kommunikation verbessern. Diese Übung ist hervorragend geeignet, den notwendigen Rhythmus und Fluß für eine gute Hand-Augen-Koordination einzuüben. Für die Liegende Acht malen Sie in einer fließenden, ununterbrochenen Bewegung ein Unendlichkeitssymbol (eine waagerecht liegende Acht) auf Papier oder auf eine Tafel. Beginnen Sie in der Mitte und zeichnen Sie zuerst gegen den Uhrzeigersinn: nach oben und rund herum wieder zur Mitte; dann im Uhrzeigersinn: nach (rechts) oben, rund herum und zurück zur Mitte. Die Figur wird fünfmal hintereinander oder öfter ohne Unterbrechungen gemalt, zunächst mit jeder Hand einzeln, dann mit beiden Händen gemeinsam. Am besten wird zuerst sehr groß gemalt (aber innerhalb des Sehfeldes) um große Muskeln zu stimulieren, und auf einer Fläche, durch die das taktile Empfinden geschult wird. (12) Diese Tätigkeit entspannt die Muskeln der Hände, Arme und Schultern, und sie fördert die Augenfolgebewegungen.

Abbildung 7.6: Liegende Acht für Schreiben

Sie können die Integration durch diese Übung spüren, wenn Sie an eine schriftliche Mitteilung denken, die Sie verfassen müssen. Achten Sie darauf, wie verkrampft Sie den Stift halten, wenn Sie mit dem Schreiben beginnen. Wie klar sind Ihre Gedanken? Schreiben Sie dann einige Sätze und achten Sie darauf, ob die Gedanken leicht fließen oder ob Sie große Mühe mit dem Entwurf haben. Machen Sie die Liegende Acht so groß wie eine DIN-A 4-Seite. Dann schreiben Sie wieder einige Sätze und achten darauf, wie verkrampft Sie den Stift halten, wie klar Ihre Gedanken sind und ob Sie jetzt flüssig schreiben können.

Ich finde die Liegende Acht sehr hilfreich, wenn ich beim Schreiben blockiert bin. Schüler und Studenten finden sie bei Tests sehr vorteilhaft. Wenn sich bei ihnen Streß aufbaut und sie merken, daß ihr Denken einseitig geworden ist, machen sie einfach mit den Fingern einige Liegende Achten auf ihr Pult und erfahren wieder die kontralaterale Integration. Dann finden sie die Antworten sehr viel leichter.

Liegende Acht für die Augen

Die Liegende Acht für die Augen ist ähnlich wie die Liegende Acht für das Schreiben, außer daß die Betonung hier auf den Augenbewegungen und der Verbesserung der Hand-Augen- und Augen-Hand-Koordination

Abbildung 7.7: Liegende Acht für die Augen

liegt. Diese Liegenden Achten werden so ausgeführt, daß die Augen von dem sich bewegenden Daumen geführt werden, der das Unendlichkeitssymbol im Sehfeld zeichnet. Dazu halten Sie jeweils einen Daumen in Augenhöhe im Mittelfeld des Körpers, etwa eine Ellbogenlänge von den Augen entfernt. Für eine maximale Aktivierung der Muskeln sollten die Bewegungen langsam und bewußt ausgeführt werden. Der Kopf ist entspannt und bewegt sich nicht, nur die Augen werden bewegt, um dem Daumen zu folgen. Sie bewegen den Daumen vom Zentrum des Mittelfeldes nach oben zum Rand des Sehfeldes und dann gegen den Uhrzeigersinn nach außen und links unten. Wenn der Daumen das untere Mittelfeld des Sehfeldes erreicht hat, bringen Sie ihn zurück zur Mitte und weiter im Uhrzeigersinn nach rechts unten. Dies sollte in einer gleichmäßig fließenden Bewegung mit jeder Hand mindestens dreimal wiederholt werden. Dann werden beide Hände gefaltet, und die Daumen bilden ein X. Sie konzentrieren sich jetzt auf die Mitte des X und folgen den verschränkten Daumen, die nochmals Liegende Achten in die Luft zeichnen.

Diese Übung stärkt wirkungsvoll die äußeren Augenmuskeln. Gleichzeitig wird die Entwicklung von Netzwerken und der Aufbau der Myelinschicht des frontalen Augenfelds für die Feinmotorik der Augenfolgebewegungen unterstützt. Es entstehen auch Lernmuster, die der Koordination der Hand-Augen- und Augen-Hand-Muskelabstimmung dienen.

Die Liegende Acht kann auch in einem dreidimensionalen Feld gezeichnet werden, das nahe vor den Augen beginnt und sich dann von den Augen weg ausbreitet. In dieser Version der Übung wird die Ebene für die Acht um 90 Grad gedreht, so daß die Acht jetzt auf einer zum Körper senkrecht stehenden Achse liegt. Bei dieser Übung werden die inneren Augenmuskeln beansprucht, durch die die Linse gehalten und die Pupillengröße bestimmt wird. Sie beginnen im Mittelpunkt, bewegen den Daumen nach oben vom Körper weg und zeichnen den nach außen gelegenen Kreis, dann bewegen Sie Ihren Daumen durch den Mittelpunkt und auf ihre Augen zu, während sie den näher gelegenen Kreis nachziehen. Auch diese Bewegung sollte wieder fließend gemacht werden; nur Augen und Hand bewegen sich dabei.

Brillenträger haben vielleicht den Wunsch, die Brille abzusetzen, damit das Sehfeld nicht durch die Brillenränder eingeschränkt ist. Wird die Übung richtig ausgeführt, sollten Sie maximale Muskelbewegungen spüren, und zwar in beiden Augen gleichmäßig. Wenn Ihre Augenmuskeln etwas schwach sind, haben Sie vielleicht das Gefühl, als machten Sie Liegestützübungen mit den Augen.

Für Menschen, die längere Zeit unter Streß standen, ist diese Übung oft schwierig. Eine meiner Schülerinnen, die jahrelang sexuell mißbraucht wurde, konnte nur wenige Achten hintereinander machen, ohne daß ihre Augenmuskeln schmerzten. Sie hatte nicht lesen können, weil sich ihre äußeren Augenmuskeln unter dem chronischen Streß auf peripheres Sehen eingestellt hatten und ihre inneren Augenmuskeln dadurch sehr schwach geworden waren. Unter diesen Umständen konnte sie ihre Augen nicht zweidimensional foveal fokussieren oder die Augen beim Lesen die Zeilen entlangführen. Nach über einem Monat ausdauernder Arbeit kräftigten sich ihre Augenmuskeln, und die Bewegungen wurden ausbalancierter. Damit konnte sie fovealen Fokus halten und somit auch lesen. Liegende Achten sind für mich eine wichtige Übung nach der Arbeit am Computer. Ich spüre, wie meine Augen ermüden, wie sich meine Nackenmuskeln verspannen und die Schultern weh tun. Wenn ich dann die Liegende Acht für die Augen mache, entspannen sich meine Augen und meine Schultern, und ich kann mit der Arbeit fortfahren.

Elefant

Dies ist eine der Brain-Gym®-Übungen, die am meisten zur Integration beitragen. Dabei wird das linke Ohr auf die linke Schulter gelegt, und zwar so weit, daß ein Stück Papier festgehalten werden könnte. Der linke Arm wird wie ein Rüssel ausgestreckt. Während Sie mit entspannten Knien stehen, zeichnen Sie mit dem Arm die Liegende Acht im Mittelfeld, wieder in der Mitte beginnend und dann nach außen, wobei die Augen der Bewegung der Fingerspitzen folgen. Der größeren Wirkung wegen sollte die Übung drei- bis fünfmal links und genausooft mit dem rechten Ohr auf der rechten Schulter gemacht werden.

Der Elefant aktiviert alle Bereiche des Geist-Körper-Systems gleichmäßig. Die Bewegung geht hauptsächlich von den Rumpfmuskeln aus, die das Vestibularsystem und dort besonders die Bogengänge aktivieren. Die Hand-Augen-Koordination ist auch betroffen, und all das wird „instrumentiert" (im Sinne von Dirigieren) vom Basalganglion des limbischen Systems in Verbindung mit dem Kleinhirn und den sensomotorischen Kortices des Großhirns, unter Betonung der Stirnlappen. Visueller Input aktiviert den Hinterhauptlappen, und außerdem, wenn zusätzlich Elefantenlaute nachgemacht werden, die Gehörmechanismen in den Schläfenlappen.

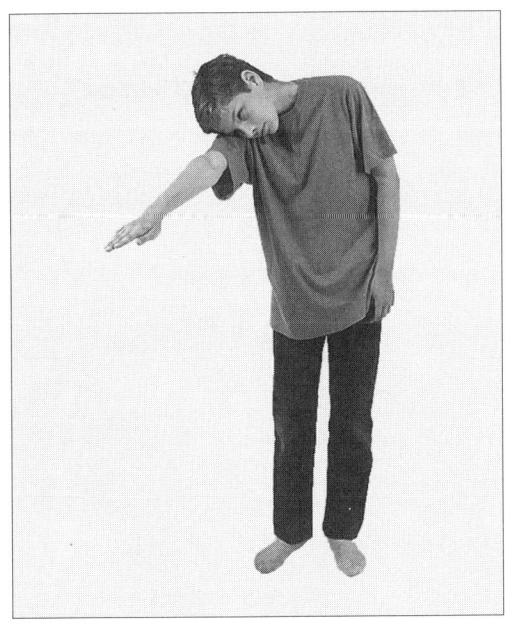

Abbildung 7.8: Elefant

Für Menschen mit chronischen Ohrinfekten ist der Elefant recht schwierig, aber innerhalb weniger Wochen zeigen sich deutliche Resultate in Form eines besseren Gleichgewichts. Regelmäßig geübt, stimuliert der Elefant das ganze vestibulare System und stellt neurale Verbindungen wieder her, die durch Ohrinfektionen geschädigt sein könnten. Für Menschen mit Konzentrationsstörungen ist diese Übung sehr empfehlenswert, da sie die volle Aktivierung des RAS unterstützt und dadurch die Aufmerksamkeit verbessert.

Denkmütze

Die Denkmütze aktiviert den gesamten Hörapparat und unterstützt das Gedächtnis. Sie wird durchgeführt, indem das äußere Ohr mehrere Male sanft nach hinten und außen gezogen und dabei von oben nach unten leicht massiert wird. Vielleicht wollen Sie ein kleines Experiment machen: Schließen Sie die Augen und lauschen Sie einige Minuten. Hören Sie mit beiden Ohren gleichmäßig? Scheint ein Ohr größer zu sein, oder hört es besser als das andere? Kommen manche Töne gedämpft an? Wenn Sie sich in einer lauten Umgebung befinden, können Sie einzelne Laute herauspicken? Machen Sie jetzt die Übung mit jedem Ohr etwa dreimal, und schließen Sie dann wieder die Augen. Achten Sie auf Unterschiede. (13)

Die Verbindung zwischen dem Hören im Schläfenlappen und dem Gedächtnis im limbischen System scheint sehr stark zu sein. Meine

Abbildung 7.9: Denkmütze

Studenten an der Universität von Hawaii fanden die Denkmütze sehr nützlich, wenn sie sich technische Informationen für eine Arbeit merken mußten. Sie machten diese Übung auch, wenn ich sagte: „Ich möchte, daß Sie sich folgendes merken ..." Oftmals, wenn ich mich nicht an einen Namen oder an die Fundstelle für einen Artikel erinnern kann, mache ich die Denkmütze, und plötzlich fällt mir die Antwort ein. Die einfache körperliche Stimulation der taktilen Rezeptoren des äußeren Ohrs aktiviert den gesamten Hörmechanismus. (Die Akupunktur kennt 148 Punkte am äußeren Ohr, die mit Körperzonen korrespondieren, von den Füßen – Punkte an der Oberkante des Ohrs – bis zum Kopf – Punkte an den Ohrläppchen.)

Energiegähnen

Das Energiegähnen wird durch eine Massage der Muskeln im Bereich des Temporalmandibulargelenks ausgelöst. Diese Stelle liegt vor der Ohröffnung, wo Unter- und Oberkiefer zusammenkommen. Über dieses Gelenk verlaufen die Stränge von fünf wichtigen kranialen Nerven, die

Abbildung 7.10: Energiegähnen

sensorische Informationen vom ganzen Gesicht, von den Augenmuskeln, der Zunge und vom Mund einsammeln und die auch alle Muskeln von Gesicht, Augen und Mund zu Kauen und Sprechen aktivieren. (14)

Abbildung 3.4 (S. 48) stellt den großen Bereich der sensorischen und motorischen Kortices dar, der durch diese Nerven versorgt wird. Wenn wir unter Streß stehen, verspannt sich oft der Kiefer, und die Nervenfunktionen in diesem Bereich sind eingeschränkt. Das Energiegähnen entspannt den gesamten Gesichtsbereich, so daß sensorische Empfindungen wieder besser wahrgenommen werden können. Außerdem werden das Sprechen und die Kommunikation gefördert.

Wenn Kinder mit dem Lesen Schwierigkeiten haben, kann die Ursache darin liegen, daß beide Augen nicht gut aufeinander abgestimmt sind. Es kann auch sein, daß sie wegen Streß nicht gut hören. Ein angespannter Kiefer kann Verbalisieren erschweren, da es an die gedankliche Verarbeitung gebunden ist. Das Energiegähnen zeigt bei diesen Kindern bemerkenswerte Ergebnisse. Wenn die Muskeln entspannt werden und damit die Nerven, die über dem Temporalmandibulargelenk verlaufen, wieder voll funktionieren, bessern sich die zu- und ableitenden Nervenverbindungen zu den Augen, den Gesichtsmuskeln und zum Mund.

Wadenpumpe

Streß kann einen Reflex, den sogenannten Sehnenkontrollreflex, auslösen, der die Gastrocnemius- und Soleusmuskeln in den Waden anspannt und verkürzt. Die Wadenpumpe ist eine Längungsübung, die diese Muskeln entspannt. Durch diesen Prozeß kann die Cerebrospinalflüssigkeit im Zentralnervensystem besser fließen, und die Kommunikation wird freier. Die Wadenpumpe wird so ausgeführt, daß die Wade an einem Bein gelängt wird, während das andere Knie gebeugt ist. Stützen Sie sich auf eine Stuhllehne, halten Sie den Oberkörper möglichst aufrecht und setzen Sie einen Fuß (mit der Ferse nach oben) etwa 30 Zentimeter hinter den anderen Fuß. Atmen Sie tief ein und senken Sie beim Ausatmen die hintere Ferse zum Boden, wobei Sie das vordere Knie nach vorne beugen. Der Oberkörper sollte aufrecht bleiben und nicht nach vorne gebeugt werden. Läufer machen oft ähnliche Dehnübungen. Mehrmaliges Wiederholen der Wadenpumpe entspannt die Gastrocnemius- und Soleusmuskeln und löst den Sehenschutzreflex. (Dieser wird in Kapitel 12 detailliert behandelt.)

Abbildung 7.11: Wadenpumpe

Eltern können ihren Kindern bei der Wadenpumpe helfen. Die Kinder liegen auf dem Rücken, die Eltern legen beide Hände auf die Fußsohle und drücken sanft gegen die Fußballen (der gerundete Bereich zwischen den Zehen und dem Fußgewölbe), damit die Wade verlängert wird. Manche Kinder üben auch gerne gleichzeitig mit ihren Füßen einen Gegendruck aus, sie können dazu aufgefordert werden durch: „Wegdrücken!" oder „Ganz fest drücken." Die Kontraktion während des Drückens führt zur Längung der Wade in der Entspannung. (15) Diese Entspannung steht in Verbindung mit verbalen Fertigkeiten, und sie erleichtert bei sprachbehinderten und autistischen Kindern die Kommunikation.

Energetisierer

Der Energetisierer ist eine Längungs- und Atemübung, die Sauerstoff zuführt, Nacken- und Schultermuskeln entspannt und den ungestörten Fluß der Cerebrospinalflüssigkeit im Zentralnervensystem erleichtert. Diese Übung macht das System munter, speziell nach zermürbenden Stunden am Computer oder nach langem Sitzen.

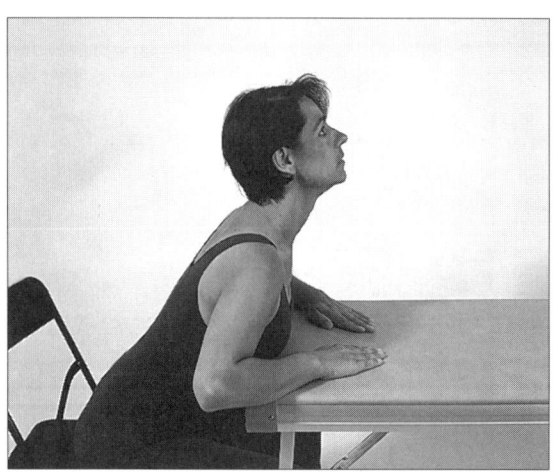

Abbildung 7.12: Energetisierer

Für diese Übung legen Sie die Hände vor sich auf den Tisch. Sie senken den Kopf zur Brust und spüren die Dehnung hinten im Nacken und die Entspannung in den Schultern. Atmen Sie tief ein, beugen Sie den Kopf nach vorne und bewegen Sie ihn dann nach oben und hinten, wobei der Rücken leicht nach hinten gebogen und der Rippenbereich geöffnet ist. Dann atmen Sie aus, beugen den Rücken und bringen das Kinn wieder zur Brust. (16)

Macht man beim Lernen alle zehn oder fünfzehn Minuten eine Pause, um den Energetisierer auszuführen, läßt sich die Konzentration wiederherstellen. Der Körper kann sich so bewegen, daß das vestibulare System aktiviert wird, das wiederum das Gehirn aufweckt; die Schultern werden entspannt und das Hören verbessert sich, und es wird mehr Sauerstoff für eine gute Funktion des Nervensystems geliefert. Auch diese Übung ist bei meiner Arbeit am Computer unverzichtbar. Wie der Name schon sagt, fühle ich mich aktiviert, voller Energie und bereit, meine Gedanken weiterzuspinnen.

Die Dennison-Lateralitätsbahnung

Es ist seit langem bekannt, daß das Krabbeln beim Säugling für die Aktivierung sensorischer Funktionen und sensorischen Lernens entscheidend ist. Krabbeln umfaßt Bewegungen, die die Mittellinie des Körpers kreuzen und beide Hirnhälften gemeinsam nutzen. Unsere kontralateralen Bewegungen versetzen uns in die Lage, daß wir von beiden Seiten des Körpers Zugang zu unseren Sinnen (auditiv, visuell, propriozeptiv) haben. (Beim Laufen werden später alle unsere frühen Entwicklungsstufen vom Säugling bis zum Kleinkind zusammengefaßt.)

Dr. Dennison entdeckte bei seiner Arbeit, daß einige Menschen die Überkreuzbewegung nicht machen konnten, homolaterale Bewegungen aber durchaus. (Arm und Bein auf *derselben* Körperseite bewegen sich zusammen.) Sie hatten allgemein nur einseitig Zugang zu den Hemisphären, litten aber unter Streß, da ihre Sensomotorik nicht ausreichend funktionierte. Dennison entdeckte auch eine hohe Korrelation zwischen dem Unvermögen zur Überkreuzbewegung und der Neigung zu Lernschwierigkeiten.

Der Begriff *patterning* stammt von den Autoren Doman und Delacato, die damit einen Prozeß beschreiben, in dem eine natürliche Bewegung mehrmals wiederholt wird, um sie in die Physiologie des Körpers einzuprägen, und zwar auch noch Jahre später, wenn die entsprechende Entwicklungsphase bereits vorüber ist. (17) 1981 prägte Dr. Dennison den Begriff *repatterning* und meinte damit die Rückkehr zu den natürlichen, integrierten Mustern, die im Nervensystem im Rahmen einer normalen Entwicklung geprägt werden. Bei vielen Leuten unterbricht Streß die kontralateralen Muster. Diese Störung müssen sie mit weniger effizienten Mustern von Bewegungen, Empfindungen und Lernen kompensieren. (18)

Die Dennison-Lateralitätsbahnung ist eine spezielle Serie von Aktivitäten, die effiziente, integrierte Muster in den Bereichen kontralaterale Bewegungen, Sehen und Hören wiederherstellen. Die Übungen zur Lateralitätsbahnung (einige von ihnen sind homolateral, nur auf einer Seite) werden von gründlich ausgebildeten Instruktorinnen und Instruktoren durchgeführt. Diese Erfahrung macht dem Lernenden klar, wie ungenügend homolaterale Bewegungen und homolaterale sensorische Verarbeitung sind; hier zeigt sich der starke Gegensatz zu dem integrierten Zustand, in dem wir voll funktionieren und Lernen leichter wird. Die bereits geschilderte Veränderung bei dem Jungen mit Down-Sydrom ist ein überzeugendes Beispiel für diese elegante Mikrointervention.

Obwohl die Dennison-Lateralitätsbahnung einfach ist, erfordert sie doch eine entsprechende Ausbildung, einige Übung und Verständnis, um erfolgreich ausgeführt zu werden. Deshalb gibt es in diesem Buch dazu keine Anweisungen.

Brain-Gym® aktiviert mit seinen kontralateralen, feinmotorischen Bewegungen die Muskeln auf beiden Seiten des Körpers gleich stark. Dabei besteht eine direkte Relation zu der integrierten und gleichmäßigen Aktivierung des motorischen Kortex der Stirnlappen sowie des Basalganglions und des Kleinhirns. Beständige, wiederholte Aktivierung des motorischen Kortex bildet neurale Netzwerke im restlichen Stirnlappen aus, einschließlich des prämotorischen und oberen präfrontalen Kortex.

Da diese speziellen Bewegungen neurale Netzwerke im Gehirn aktivieren, und zwar in beiden Hemisphären gleichzeitig, helfen sie die Hardware aufbauen, die ein Leben lang erfolgreiches Lernen sicherstellt.

Brain-Gym® ist bei jedermann wirksam, und es optimiert das Lernen und Leistungen auf jeder Stufe kognitiver Bemühungen – Kommunikation von Gedanken, Kreativität und Darstellung in der Kunst, in der Musik, im Sport und beim Tanz, erhöhte Produktivität am Arbeitsplatz. Da die Übungen Streß mindern und den Umgang damit erleichtern, trägt Brain-Gym® auch allgemein zur Gesundheit bei. Nach meiner Erfahrung ist offensichtlich: In Schulen und in allen anderen Lernsituationen, von der Vorschule bis zu Firmentrainings, sollte diese Lernförderung durch Brain-Gym® ihren Platz haben.

Ich habe tatsächlich noch nicht erlebt, daß ich mit einer Gruppe oder mit einem einzelnen gearbeitet habe, die nach diesen Übungen *nicht* besser gelernt hätten. Sie tragen dazu bei, daß die Jungen zum Lernen bereit sind und daß bei Älteren weiterhin das aktive Denken und ihr Gedächtnis erhalten bleiben. Aber die größten Fortschritte durch Brain-Gym® habe ich mit Erwachsenen und Kindern erlebt, die mit Etiketten wie „lernbehindert", „ADS mit oder ohne Hyperaktivität", „emotional gestört" oder „Down-Syndrom" bedacht wurden. Brain-Gym® kommt ohne Medikamente oder andere chemische Präparate aus, es ist einfach und höchst wirksam. Es sorgt für Ausgeglichenheit und Feinabstimmung des Geist-Körper-Systems und unterstützt globales Lernen und Verstehen bei allen Menschen.

Teil III

Unsere Lernsysteme hegen und pflegen

Kapitel 8

Was läuft falsch?

„Jedes Kind trägt in sich eine schmerzende Leere, die An-
regung sucht, und wenn wir nichts bieten, was anregend,
interessant und gut für das Kind ist, wird es sich etwas holen,
was anregend und interessant, aber nicht gut für das Kind
ist."
Theodore Roosevelt

Wenn Bewegung für Lernen und Denken wesentlich ist, warum denken
und lernen dann „hyperaktive" Menschen, die sich unaufhörlich bewegen,
nicht besonders gut? Wenn Menschen über alle notwendigen Voraussetzungen verfügen, um die Welt sensorisch zu erfassen, um Informationen
zu verarbeiten und zu integrieren und um zu denken, warum bezeichnet
man dann manche Menschen als „lernbehindert"? Wenn der Drang, etwas
zu lernen, dem menschlichen Körper-Geist-System schon vor der Geburt
und bis zum Tod innewohnt, warum leiden dann manche Menschen am
„Aufmerksamkeitsdefizit-Syndrom"?

Allein in den Vereinigten Staaten gibt es zwischen 1,5 und 4,5 Millionen
Schulkinder, in der Mehrzahl Jungen, denen ADS mit oder ohne Hyperaktivität bescheinigt wird. Jede Woche werden 15.000 amerikanische
Schulkinder zur Begutachtung geschickt, und bei bis zu 80 Prozent aller
amerikanischen Schüler könnte man Lernprobleme diagnostizieren. (1, 2)

Nach meinen Beobachtungen bei meiner jahrelangen Arbeit in Schulen
und mit Schülern sind die Bezeichnungen, die für bestimmte Lernprobleme verwendet werden, im allgemeinen willkürlich, und die beschriebenen Schwierigkeiten sind nicht pathologisch. Dazu zählen: Hyperaktivität, Aufmerksamkeitsdefizit-Syndrom mit oder ohne Hyperaktivität,
lernbehindert und verhaltensgestört. In dem Bemühen, Menschen mit
Lernschwierigkeiten zu helfen, wurde meist nach dem Schubladenprinzip

vorgegangen: Man gab dem Problem einen Namen in der Hoffnung, daß durch eine Verallgemeinerung größeres Verständnis erwachsen würde. Aber in fast allen Fällen werden die Dinge zu sehr vereinfacht, und das Gefühl für die wirklichen, einzigartigen Menschen, die sich hinter dieser Bezeichnung verbergen, geht verloren. Es ist traurig, aber in gewisser Weise haben wir diese Kinder – und Erwachsenen – „eingesperrt" in ein Selbstbild, das ihnen vermittelt, daß sie nicht in Ordnung seien und daß ihr Lernpotential vermindert sei.

Angesichts der erstaunlichen Beweglichkeit des menschlichen Körper-Geist-Systems schlage ich vor, daß wir uns mit Beurteilungen zurückhalten, bis jemand ausgelernt hat – was ein ganzes Leben in Anspruch nimmt. Wie können wir jemanden beurteilen, der sich noch im Prozeß des Werdens befindet, ein Prozeß, in dem wir alle bis an unser Lebensende stecken? Trotz dieser Auffassung stimme ich zu, daß es natürlich Menschen gibt, die bestimmte Lernprobleme haben. Wenn wir sie jedoch benennen müssen, warum nennen wir dann nicht das zugrunde liegende Problem, anstatt nur die Symptome? Ich schlage dafür die Bezeichnung SOSOH vor: *Stressed Out, Survival-Oriented Humans* – streßbelastete, überlebensorientierte Menschen.

Welche Menschen sind SOSOH?

Was meine ich mit streßbelastet, überlebensorientiert? Ich beziehe mich auf nichtintegriertes, einseitiges Funktionieren des Gehirns, eine Tendenz zu reflexhaftem Handeln und/oder reaktives Handeln aus den Überlebenszentren im Hirnstamm und aus dem sympathischen Nervensystem heraus. Wie paßt dabei Streß ins Bild? Streß aufgrund unterschiedlicher Einflüsse, durch die Umgebung, die Entwicklung, familiär oder sozial bedingt, löst Abläufe im Nervensystem aus, die auf das Überleben hin orientiertes Verhalten produzieren und regulieren. Ich bin überzeugt, daß chronischer Streß die volle Entwicklung des Gehirns behindert.

Streß führt dazu, daß Verarbeitungsprozesse im Gehirn mit dem Ziel Überleben überbetont werden, und zwar auf Kosten rationaler, limbischer und kortikaler Funktionen, speziell innerhalb der Stirnlappen. In der Folge haben streßbelastete, überlebensorientierte Individuen weniger Gelegenheit, die neuralen Netze in die Stirnlappen hinein zu entwickeln, und sie weisen deshalb Lernschwierigkeiten auf. Ich werde in den nächsten fünf Kapiteln näher auf die schädlichen Folgen von Streß eingehen.

Hier möchte ich nur betonen, daß Stressoren unterschiedlicher Art, manche offensichtlich, andere weniger sichtbar, die Ursachen für viele Lernschwierigkeiten sind.

Soweit ich sagen kann, umfaßt meine Bezeichnung SOSOH ohne weiteres alle anderen Etiketten, die wir gegenwärtig bei Lernproblemen verwenden. Diese vertrauten Begriffe, einschließlich desjenigen des „Fetalen Alkohol-Syndroms", wurden für folgende Verhaltensmuster verwendet:

- Übermäßige Aktivität – Hyperaktivität,
- Schwierigkeiten, sich auf eine Aufgabe zu konzentrieren,
- störendes Verhalten,
- Lernschwierigkeiten,
- Unfähigkeit zu angepaßtem Sozialverhalten,
- offensichtliche Diskrepanz zwischen anscheinend großen verbalen Fähigkeiten (dauerndes Reden) und der Fähigkeit, wirkungsvoll zu kommunizieren,
- sprunghafte, plumpe, unbalancierte oder unkontrollierte Bewegungen.

All diese Verhaltensweisen gehören zum Bereich der Stirnlappenfunktionen. Die Stirnlappen kontrollieren Feinmotorik, innere Sprache, Selbstkontrolle und Vernunft. Ich glaube, daß Menschen mit dem beschriebenen Verhalten, meine SOSOH-Gruppe, Stressoren ausgesetzt waren, die sie veranlaßten, sich mehr um ihr Überleben als um die Vernunft zu kümmern. Deshalb fehlt bei ihnen eine integrierte Entwicklung der neuralen Netze und die entsprechende Myelinschicht in den Stirnlappenbereich hinein.

Hyperaktivität und die Stirnlappen

Eine Studie von Alan Zametkin und Kollegen am National Institute of Mental Health zeigte den Zusammenhang zwischen Stirnlappen und Hyperaktivität. Zametkin beobachtete fünfundzwanzig hyperaktive Erwachsene, die auch hyperaktive Kinder hatten. Mit PET-Scannern wurde der cerebrale Glukose-Stoffwechsel dieser Erwachsenen gemessen, während sie eine Aufgabe ausführten, die ihre auditive Aufmerksamkeit erforderte. Dabei fanden die Forscher bei der Gruppe der Hyperaktiven 8,1 Prozent weniger Gehirntätigkeit im Vergleich zu einer normalen Kontrollgruppe. Der Bereich mit reduzierter Funktion waren die Stirnlappen. (3)

Hyperaktivität (und ADS) zeichnet sich durch eine mangelnde feinmotorische Koordination und durch unaufhörliche, sprunghafte, unelegante Bewegungen aus, die durch Adrenalin verursacht werden. Ein unaufhörlicher Redefluß ist ebenfalls typisch und deutet auf eine mangelnde Entwicklung der inneren Sprache hin, durch die das Sozialverhalten kontrolliert wird.

Die stärkste Einschränkung der Gehirnaktivität lag nach der Zametkin-Studie im Bereich des prämotorischen Kortex und des oberen präfrontalen Kortex der Stirnlappen. (4) (Vgl. Abb. S. 89) Diese Gehirnbereiche sind wesentlich für Selbstgespräche, durch die Verhalten und Vorausplanung gesteuert werden, außerdem für feine, kontrollierte Bewegungen und für integratives Denken. Der präfrontale Kortex, der auf der linken Seite mit dem Broca-Zentrum – mit der motorischen Kontrolle der Sprache – verbunden ist, macht konzentrierte Aufmerksamkeit, motorische Aktivität und vorheriges Überdenken von Aktionen möglich. (5)

Wenn die Stirnlappen gegen Ende des Jugendalters oder im Erwachsenenalter voll ausgebildet sind, holen sie sich die Informationen aus den übrigen Bereichen des Gehirns und setzen sie in Denken und Handeln um. Diese Bereiche der Stirnlappen erscheinen auf dem PET-Schirm beim Denken heller, und sie stellen die Verbindung zum motorischen Kortex her, der angemessenes Handeln in Verbindung mit logischem Denken fördert. (6) (Vgl. Abb. S. 91, eine schematische Darstellung der Gehirnbereiche, die beim Denken involviert sind.) Jay Giedd vermutet bei ADS mit Hyperaktivität eine Funktionsstörung in den Stirnlappen und in den kleineren frontalen Bereichen des Balkens. Ein kleinerer frontaler Balken könnte Kommunikationsprobleme zwischen den beiden Hemisphären widerspiegeln. (7)

Einige der Ursachen für Streß in unserem Alltag

Was sind nun die Stressoren, die die Entwicklung der Stirnlappen einschränken? Ich will versuchen, die Dinge, die ich für die Hauptursachen von Streß halte, in Kategorien zu fassen. Viele sind miteinander verknüpft:

- **Entwicklungsbedingt** – Mangel an sensorischer Stimulation, Bewegungsmangel, fehlende Berührung (verminderter Nervenwachstumsfaktor), Mangel an interaktivem, kreativem Spiel und Kommunikation, unausgeglichene oder unvollkommene Aktivierung des RAS (Retikulares Aktivierungssystem).

Was das Lernen erschwert

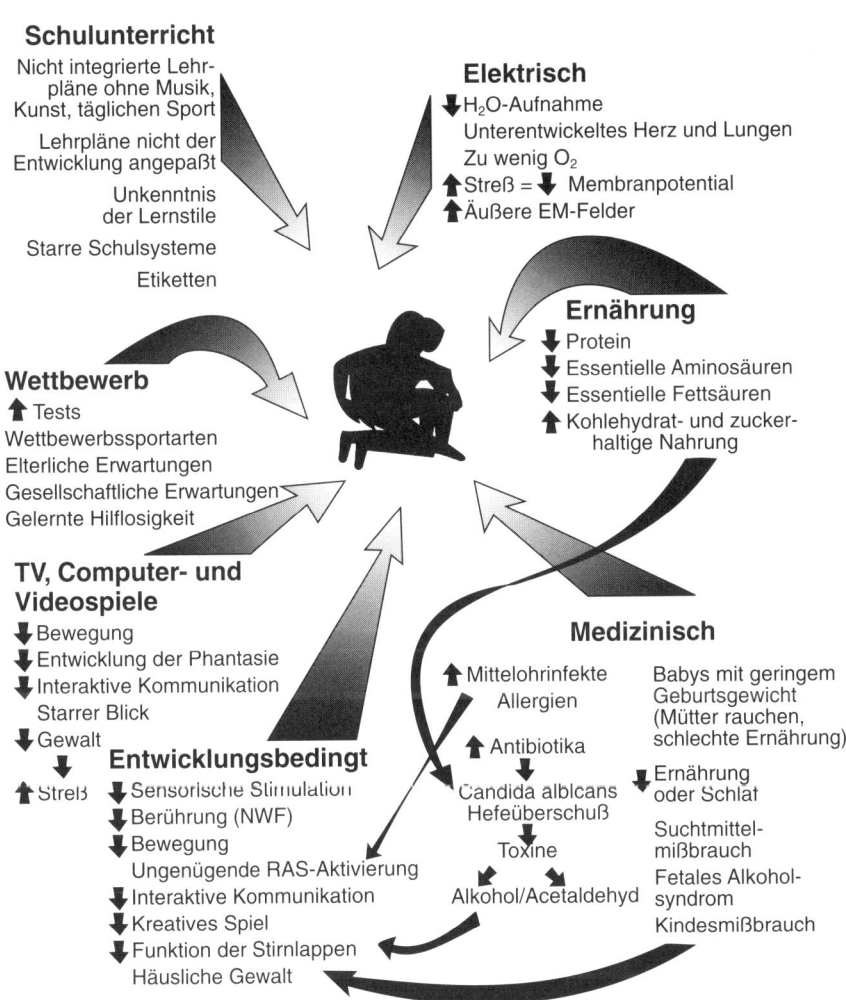

Schulunterricht

Nicht integrierte Lehr-
pläne ohne Musik,
Kunst, täglichen Sport

Lehrpläne nicht der
Entwicklung angepaßt

Unkenntnis
der Lernstile

Starre Schulsysteme

Etiketten

Elektrisch

⬇H₂O-Aufnahme
Unterentwickeltes Herz und Lungen
Zu wenig O₂
⬆Streß = ⬇ Membranpotential
⬆Äußere EM-Felder

Ernährung

⬇ Protein
⬇ Essentielle Aminosäuren
⬇ Essentielle Fettsäuren
⬆ Kohlehydrat- und zucker-
  haltige Nahrung

Wettbewerb

⬆ Tests
Wettbewerbssportarten
Elterliche Erwartungen
Gesellschaftliche Erwartungen
Gelernte Hilflosigkeit

**TV, Computer- und
Videospiele**

⬇Bewegung
⬇Entwicklung der Phantasie
⬇Interaktive Kommunikation
  Starrer Blick
⬇Gewalt
  ⬇
⬆Streß

Medizinisch

⬆ Mittelohrinfekte
  Allergien

⬆ Antibiotika
  ⬇
Candida albicans
Hefeüberschuß
  ⬇
Toxine
  ⬇   ⬇
Alkohol/Acetaldehyd

Babys mit geringem
Geburtsgewicht
(Mütter rauchen,
schlechte Ernährung)

⬇Ernährung
oder Schlaf

Suchtmittel-
mißbrauch

Fetales Alkohol-
syndrom

Kindesmißbrauch

Entwicklungsbedingt

⬇Sensorische Stimulation
⬇Berührung (NWF)
⬇Bewegung
  Ungenügende RAS-Aktivierung
⬇Interaktive Kommunikation
⬇Kreatives Spiel
⬇Funktion der Stirnlappen
  Häusliche Gewalt

Abbildung 8.1: Was Lernen behindert

- **Elektrisch** – unzureichende Wasseraufnahme, Sauerstoffmangel, längerer Aufenthalt in externen elektromagnetischen Feldern.

- **Ernährungsbedingt** – unangemessene Mengen von Proteinen, Mangel an essentiellen Aminosäuren und Fettsäuren, kohlehydratreiche und zuckerhaltige Nahrung.

- **Medizinisch** –geringes Geburtsgewicht, chronische Mittelohrentzündungen, Allergien, Medikamente, Hefeüberschuß, unzureichende Ernährung oder zu wenig Schlaf, Genuß von Suchtmitteln, Kindesmißhandlung, schlechte Augen oder schlechtes Gehör.

- **Fernsehen, Computer und Videospiele** – Gewalt, eingeschränkte Entwicklung der Phantasie, weniger interaktive Kommunikation, starrer Blick.

- **Wettbewerb** – unangemessene Erwartungen (zu Hause, in der Schule, bei der Arbeit und selbst auferlegt), Druck in Richtung soziale Anpassung, Wettbewerb im Sport und in der Kunst, Lernen unter dem Gesichtspunkt Gewinner/Verlierer anstelle von Kooperation.

- **Starre Bildungssysteme** – der Entwicklung nicht angepaßte Lehrpläne, beständiges Testen von Fertigkeiten niederer Ebenen, Lehrervortrag und schriftliche Arbeiten der Schüler bei vollständiger Ruhe, Unwissenheit oder Nichtbeachten individueller Lernstile.

Die meisten dieser Stressoren stimulieren übermäßig die Überlebenszentren des Geist-Körper-Systems. Sie sind die Ursache dafür, daß sich nervliche Aktivitäten im sympathischen Nervensysstem und im Hirnstamm konzentrieren und das übrige Gehirn, besonders die Stirnlappen, kaum aktiviert wird.

Ein Überblick über die Forschung ergibt Beweise für vielfältige Auswirkungen von Streß bei SOSOH-Menschen. Ich werde in den folgenden Kapiteln weiter ins Detail gehen, aber ich möchte hier ein Beispiel für die bedeutsamen, komplexen Beziehungen anführen, die durch die Ergebnisse der neurowissenschaftlichen Forschung zwischen Streß und Gehirnfunktionen nachgewiesen werden. Der Hippokampus des limbischen Systems, der Schlüssel für Gedächtnis und Lernen, wird durch Streß stark beeinträchtigt. Bei Versuchen mit Ratten fand Solomon Snyder heraus, daß Enkephaline, chemische Stoffe, die das Gehirn bei Streß bildet, um den Schmerz zu betäuben, auch die Hyperaktivität steigern und das Gedächtnis schwächen. (8) Zusätzlich verloren die gestreßten Tiere mehr Hippokampuszellen (am Gedächtnis beteiligt) als die nicht gestreßten Tiere.

Außerdem verloren nur die gestreßten Ratten Zellen in dem Teil des Hippokampus, der bei der Alzheimer-Krankheit selektiv geschädigt wird. (9) Diese Resultate lassen sich wahrscheinlich direkt auf die menschlichen Probleme mit Streß und Altern übertragen. Der Adrenalinausstoß steigt mit dem Alter und macht den Hippokampus anfälliger für neurologische Störungen wie Schlaganfälle und Infarkte, besonders bei Vorliegen von Streß.

Viele dieser Streßfaktoren stören auch den Lernprozeß. In früheren Kapiteln habe ich über die Wirkung verschiedener Entwicklungsfaktoren auf die Gehirnfunktionen und die Lernfähigkeiten gesprochen. In den übrigen Kapiteln werde ich mich bemühen, die restlichen Punkte der Liste zu behandeln. Von einigen Punkten wie der Fehlernährung weiß man, daß sie Lernen erschweren und der Gesundheit schaden. Andere, wie das Fernsehen, der Wettbewerb und pädagogische Erwartungen beeinträchtigen das Lernen weniger sichtbar, aber dennoch ernsthaft. Wir werden sie uns alle ansehen. Ausgerüstet mit größerem Wissen, können wir uns und unseren Kindern helfen, Situationen und Einflüsse zu meiden, die für die Gehirnentwicklung und das Lernen eine Gefahr darstellen. Deshalb nenne ich diesen Teil III meines Buches: Unsere Lernsysteme hegen und pflegen.

Ernährung und Schutz des Nachwuchses sind die erste Aufgabe jeder Familie und jeder Gesellschaft. Wenn wir uns die Situation unserer Kinder in den Schulen ansehen und an die Zukunft denken, müssen wir mit zunehmender Sorge erkennen, daß wir gefährlich weit vom Weg abgekommen sind. Wir akzeptieren vielleicht sehr viel mehr Streß, als wir bewältigen und auflösen können. Auf den folgenden Seiten hoffe ich, uns einen Weg in eine bessere Zukunft weisen zu können.

Kapitel 9

Grundstoffe für das Gehirn: Wasser und Sauerstoff

Mit welchen Nährstoffen unterstützen wir die komplexe Entwicklung, Organisation und Reorganisation des Lern- und Denkprozesses? Welche wesentlichen Elemente sind nötig, um unser Geist-Körper-System unser Leben lang zu schützen? Wie stellen wir das vollständige, erfolgreiche Funktionieren dieser großen Netzwerke mit ihrem grenzenlosen Lernpotential sicher? Wie sorgen wir verantwortlich für unsere Kommandozentrale, damit sie für uns sorgt?

Wir müssen Körper und Geist nicht nur regelmäßig Neues und Anregendes zum Verarbeiten geben, sie brauchen auch Treibstoff und Schutz, damit sie gedeihen können. Glücklicherweise sind einige der wichtigsten Grundbausteine für hohe Leistungen leicht verfügbar. Aber wir müssen wissen, welche das sind und warum sie so wichtig sind. In diesem Kapitel beginnen wir mit den grundlegenden Stoffen: Wasser und Sauerstoff, und ihrer Verbindung mit den elektrischen Systemen in unserem Geist und Körper.

Kühl, klar, Wasser

Für einen derart lebenswichtigen Stoff erscheint Wasser bemerkenswert wenig bemerkenswert: farblos, geruchlos, geschmacklos und allgegenwärtig. Dennoch ist es das magische Elixier zum Lernen, der „Zaubertrank", das „Geheimrezept", wenn Sie so wollen.

Wasser ist eine der wichtigsten und überreichlich vorhandenen Substanzen im Körper. Es hat einen Anteil von 45 bis 75 Prozent an unserem Gesamtgewicht. Bei schlanken Menschen ist der Wasseranteil höher, da Fett sehr wenig Wasser, Muskeln aber sehr viel Wasser enthalten. Der

Wasseranteil im Gehirn (Schätzungen liegen bei 90 Prozent) ist höher als in jedem anderen Körperorgan, die Muskeln liegen mit 75 Prozent an nächster Stelle, und danach folgen die Nieren. (1) Unter normalen Umständen wird empfohlen, daß der Mensch täglich so viel Wasser zu sich nehmen sollte, daß es circa 2 Prozent seines Körpergewichts entspricht. [Beispiel: 2 Prozent von 70 kg = 1,4 kg; dies entspricht 1,4 l Wasser pro Tag.] Diese Menge sollte bei Streß verdoppelt oder verdreifacht werden. Warum ist Wasser für das Lernen und für das Leben so wichtig? Zur Beantwortung dieser Frage müssen wir einen Blick auf die Schlüsselrolle werfen, die Wasser bei der elektrischen Aktivität im Körper spielt, bei der Verteilung des Sauerstoffs und bei der Ernährung.

Wasser
unterstützt Lernen und Denken

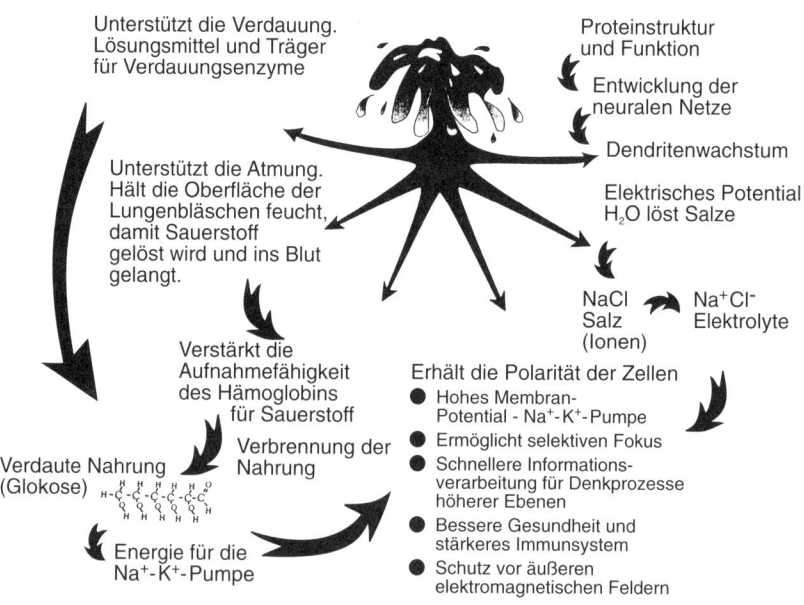

Abbildung 9.1: Wasser unterstützt Lernen

Wasser und die „Körperelektrizität"

Unsere Körpersysteme arbeiten elektrisch. Letztendlich ist es die elektrische Übertragung im Nervensystem, die uns zu fühlenden, lernenden, denkenden und handelnden Organismen werden läßt. Wasser wird als universelles Lösungsmittel für die elektrische Übertragung und für die Erhaltung des elektrischen Potentials in unserem Körper gebraucht.

Die Membranen unserer Nervenzellen (und aller unserer Zellen) sind polar (besitzen eine Ladung) aufgrund des Austausches zwischen positiv und negativ geladenen Atomen, genannt Elektrolyten. Die Elektrolyten (Ionen) wie Natrium (Na^+), Kalium (K^+) und Chlor (Cl^-) kommen aus dem Salz in unserer Nahrung. Wenn Sie normales Tafelsalz ins Wasser geben, wird es durch das Wasser in seine Atome aufgelöst: Tafelsalz (NaCl) wird in zwei Atome mit ungleicher Ladung aufgelöst: Na^+ und Cl^-. Diese werden dann elektrisch leitend.

Eine lebende Zelle ist außen positiv und innen negativ geladen. Die Ursache ist ein molekularer Prozeß an der Zellmembran, die sogenannte Natrium-Kalium-Pumpe. Diese Pumpe transportiert aktiv Natrium-Ionen (positiv geladene Atome) zur Außenseite der Zelle und läßt große, nicht diffusionsfähige, negativ geladene Ionen (organische Phosphate, Protein und Chlor) in der Zelle eingesperrt. (2) Die Polarität der Zelle wird das ruhende Membranpotential genannt. Eine ruhende Nervenzellmembran hält im Inneren eine durchschnittliche Spannung von -70 mV (Millivolt). Das entspricht außen +70 mV. (3) (Außerhalb der Zellen ist die Spannung schwieriger zu messen, wegen der Abschwächung in den Gewebeflüssigkeiten.) Dieser Unterschied zwischen -70 mV innerhalb und +70 mV außerhalb ist das Membranpotential. Gewöhnlich wird nur der Wert im Inneren als Potential angegeben: -70 mV. Je größer der Unterschied (zum Beispiel -80 mV/+ 80 mV), desto höher die Membranpolarität (Potential).

Ein optimales Funktionieren der Nerven und Muskeln ist von einer angemessenen Membranpolarität abhängig. Das Gleichgewicht von Wasser und Elektrolyten ist für das lebende System so entscheidend, daß bei einem länger andauernden Absinken des Membranpotentials in den Zellen auf -30 mV der Tod erfolgt. Das kann bei radikaler Dehydrierung oder bei Unterernährung der Fall sein. Schon unter normalen Umständen kann die Polarität durch die Membran aufgrund eines zu geringen Wassergehalts im Körper absinken. (4)

Eine hohe zelluläre Polarität (Membranpotential) erhöht die Sensibilitätsschwelle der Zellmembran: Durch eine verminderte Sensibilität für äußere Reize wird die Integrität der Zellmembran wirkungsvoll gestärkt. Da wir von vielen Reizen umgeben sind, gibt uns eine hohe Membranpolarität Wahlmöglichkeiten. Ein Reiz muß eine gewisse Stärke haben, um bei verminderter Sensibilität einen Nervenimpuls zu aktivieren: So können wir wählen, welchen Reizen wir unsere Aufmerksamkeit zuwenden, und wir werden nicht durch unwichtige Stimuli abgelenkt. Wie wir noch sehen werden, wird dadurch eine selektive Konzentration für intensives Lernen gefördert, unser Immunsystem und unsere Gesundheit werden gestärkt, und wir sind gegen die Wirkungen äußerer elektromagnetischer Felder geschützt.

Die Natrium-Kalium-Pumpe verwendet als Energiequelle ATP (Adenosin-Triphosphat), um die positiv geladenen Atome aktiv aus der Zelle herauszutransportieren. Das ATP wird gebildet, wenn unsere Nahrung (hauptsächlich Kohlehydrate) mit Sauerstoff aufgespalten (Oxidation) und dadurch Energie freigesetzt wird. Diese Energie ist in dem ATP-Molekül gebunden und wird der Natrium-Kalium-Pumpe als Energiequelle zugeführt. (5)

Genauere Betrachtung eines Nervenimpulses

Alle Aktivitäten, durch die wir uns definieren und erkennen, sind auf der mikroskopischen, zellulären Ebene von den winzigen elektrischen Impulsen abhängig, die durch die Bewegung der Elektrolyte in die Zelle hinein und wieder hinaus entstehen. Obwohl es kleinste Impulse sind, die blitzartig entstehen, beeinflussen sie entscheidend unsere Fähigkeit zu lernen, uns zu erinnern, zu fühlen, zu denken und zu handeln. (6) Wie funktionieren sie?

Im polarisierten Zustand hat die Nervenzelle ein Aktionspotential, mit dessen Hilfe sie auf einen Reiz antworten kann. Ist ein Reiz stark genug, einen Bereich auf der Zellmembran einer Nervenzelle zu aktivieren, stellt die Natrium-Kalium-Pumpe sofort ihren Betrieb ein, und es gelangt Natrium von außen in die Zelle. Da jetzt praktisch gleichviel positive und negative Ionen in der Zelle sind, ist die Membran nicht mehr polar: Sie ist depolarisiert. Die nächstgelegene Natrium-Kalium-Pumpe wird deaktiviert, und die Depolarisation setzt sich gleich einer Welle, wie fallende Dominosteine, entlang der gesamten Länge der Nervenzelle als Aktions-

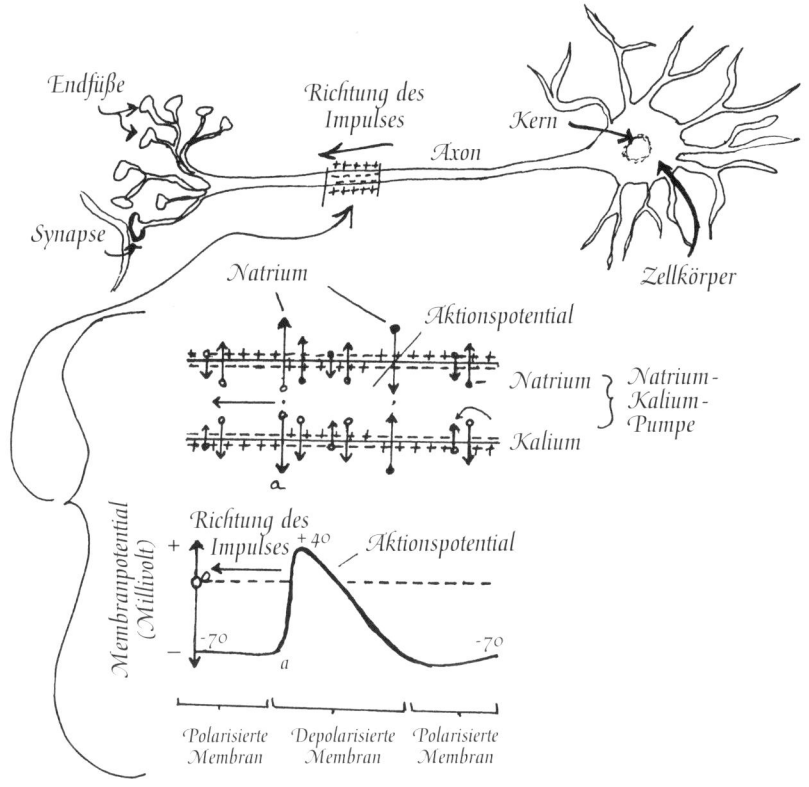

Abbildung 9.2: Membranpolarität und neuronale Impulsübertragung

potential fort. Diese Aktionspotentiale haben eine Amplitude von etwa 100 Millivolt, dauern eine Millisekunde, und in einer Sekunde können 200 davon geschaffen werden. (7)

Depolarisationswellen pflanzen sich mit 100 Metern pro Sekunde fort und senden eine Botschaft von den sensorischen Organen an das Gehirn oder vom Gehirn zu den Muskeln und Drüsen. Dies ist vergleichbar mit dem Wechselstrom (von + zu -) in elektrischen Schaltkreisen. Aber bei 100 Metern pro Sekunde übermittelt der Nerv eine Botschaft mit weniger als einem Millionstel der Geschwindigkeit, die ein elektrisches Signal in einem Kupferdraht erreicht. (8) Sogar mit dieser relativ langsamen Geschwindigkeit braucht das Gehirn nur wenige Millisekunden, um ein

173

bestimmtes Muster mit Millionen von Signalen zusammenzustellen, das dann sofort aufgelöst wird und nie wieder genau gleich wiederholt wird. Die Natrium-Kalium-Pumpe nimmt ihre Funktion sofort wieder auf und polarisiert die Membran wieder, damit sie für die nächste Botschaft bereit ist.

Da das Nervensystem in der Lage ist, jede Sekunde tausend neue Informationsbits zu verarbeiten, wären viele Bücher, wahrscheinlich sogar eine ganze Bücherei notwendig, um zu erforschen, was bei diesem einfachen Beispiel alles im Geist-Körper-System geschieht. (9)

Damit Sie eine ungefähre Vorstellung davon bekommen, möchte ich Sie bitten, daß Sie ein kleines Experiment machen und darauf achten, wie lange es dauert: „Bewegen Sie Ihren linken großen Zeh." Nachfolgend nur ein kurzer Abriß dessen, was bei diesem einfachen Experiment geschieht:

1. Ihre Augen bewegen sich und nehmen die Wörter auf dieser Seite auf: „Bewegen Sie Ihren linken großen Zeh."

2. Dadurch werden sensorische Nervenenden (Zäpfchen und Stäbchen) in der Netzhaut hinten im Auge aktiviert.

3. Depolarisationswellen bewegen sich entlang der sensorischen Neuronen zu den Synapsen im Zentralnervensystem, wo Neurotransmitter die Lücke überbrücken und das große intermediäre Netz, die Kommandozentrale aktivieren.

4. Die neuralen Netzwerke werden aktiviert, um den Befehl zu entziffern, sie verbinden die visuellen Stimuli mit Worten, dem Gedächtnis und den Empfindungen in den Assoziationsfeldern der Hinterhaupt-, Scheitel- und Schläfenlappen des Gehirns.

5. Das Gehirn unterscheidet zwischen rechts und links, unterscheidet „groß" von „klein". Dann muß die körperliche Erinnerung „Zeh" aufgerufen werden.

6. Danach aktiviert das Gehirn die Nervenimpulse zum motorischen Kortex des rechten Stirnlappens, der die Verbindung zu den Muskeln des linken großen Zehs herstellt. Außerdem werden das Basalganglion für die Bewegung und das Kleinhirn für die Grobmotorik aktiviert.

7. Über sich verzweigende neurale Pfade von Assoziationsneuronen werden die passenden motorischen Neuronen aktiviert und schicken eine Depolarisationswelle entlang der myelinierten Nervenaxone.

8. An einem bestimmten Punkt, entweder im Gehirn oder im Rückenmark, wechseln die motorischen Neuronen zur linken Seite über und
   gehen über Nervenpfade in den Ischiasnerv.

9. Die Impulse gehen im linken Bein entlang zu den Muskeln des großen
   Zehs und führen eine Kontraktion herbei.

10. Sofort geht eine weitere Botschaft von den propriozeptiven Sensoren
    im großen Zeh in den sensorischen Kortex des Scheitellappens, um
    Ihnen mitzuteilen, daß Sie gerade Ihren linken großen Zeh bewegt
    haben.

Und wie lange brauchten Sie dafür? Theoretisch konnten Sie Ihren linken
großen Zeh zweihundert Mal in der Sekunde bewegen, da das System
genug Potential hat, um mit dieser Geschwindigkeit neue Impulse zu ini-
tiieren.

Das reibungslose Funktionieren dieses Systems ist weitgehend von der
Zufuhr von Wasser, Sauerstoff und Nährstoffen abhängig, wobei Wasser
am wichtigsten ist.

Kaffee, Tee oder: Her mit der Schokolade!

Bestimmte chemische Stoffe, sogenannte Diuretika (harntreibende Stoffe),
entwässern den Körper. Der unkritische Konsum dieser Stoffe kann das
Lernpotential tatsächlich vermindern. Dazu gehören Alkohol, Koffein
(in Kaffee und Tee enthalten), einige kohlensäurehaltige Getränke und
Schokolade.

Der Körper versucht von sich aus ein Gleichgewicht zwischen Salz und
Wasser zu halten. Haben Sie nicht auch schon eine ganze Tüte salzige
Kartoffelchips gegessen, um dann festzustellen, daß Sie großen Durst
bekamen? Alle diese teuflisch leckeren Kartoffelchips steigern den Salzge-
halt im Körper gegenüber dem Wassergehalt überproportional. Zur Kom-
pensation werden die Durstzentren im Hypothalamus aktiviert und
machen Sie durstig. Wenn Sie auf dieses Signal achten und Wasser trinken,
wird das Wasser vom Blut absorbiert und in die Nieren transportiert, wo
das Gleichgewicht von Salz und Wasser überwacht wird. Bestimmte anti-
diuretische Hormone in der Niere erleichtern die Reabsorption von Wasser zurück ins Blut, damit es nicht als Urin verlorengeht. So steigt der
Wassergehalt wieder an, bis Salz und Wasser wieder im richtigen Verhält-
nis vorhanden sind. (10)

Kaffee, Tee, Schokolade und Alkohol sind Diuretika. Sie behindern die Reabsorption von Wasser in den Nieren, so daß mehr Wasser über den Urin verlorengeht. Es ist Ihnen vielleicht schon aufgefallen, daß Sie häufiger zur Toilette müssen, wenn Sie diese Getränke zu sich nehmen. Wenn das System derart Wasser verliert, können sich keine optimale Polarität und kein optimales Membranpotential im Nervensystem aufbauen. Bei Wasserverlust entsteht ein Ungleichgewicht von Salz und Wasser. Wenn Sie diese dehydrierenden Substanzen zu sich nehmen und sich dadurch der Wassergehalt im Körper verringert, werden die Durstzentren im Hypothalamus stimuliert und senden ein Durstsignal aus. Also trinken wir mehr von denselben Getränken, die uns weiter dehydrieren und unseren Durst weiter verstärken. Erinnern Sie sich an den trockenen Mund am Morgen danach? In Bars bekommen Sie sogar salzige Erdnüsse und Popcorn umsonst, damit Ihr Durst stärker wird und Sie mehr Geld für Drinks ausgeben. (11)

Diese diuretischen Substanzen sind auch ursächlich bei Kopfweh beteiligt, da sie das Gehirn dehydrieren, indem sie die Produktion der Cerebrospinalflüssigkeit durch eine Gefäßverengung (Vasokonstriktion) in den zum Gehirn führenden Blutgefäßen einschränken. Die Cerebrospinalflüssigkeit umgibt und umspült das Gehirn und hält es so feucht. Und was die Sache noch schlimmer macht: Wenn der Wasserpegel im Körper niedrig ist, ist auch weniger Flüssigkeit verfügbar, um die schützende Cerebrospinalflüssigkeit zu produzieren. Ich hörte einmal jemanden sagen, daß sich ein Kater und Kopfweh nach dem Genuß von zuviel Alkohol vermeiden lassen, wenn man vor dem Zubettgehen viel Wasser trinkt. Das ergibt einen Sinn.

Interessanterweise sind viele Menschen nicht durstig, wenn sie sehr viel Wasser verloren haben. Der Körper registriert die Dehydrierung kaum mehr. Vielleicht sind die Lippen trocken, vielleicht bleibt die Zunge am Gaumen kleben, aber man erkennt nicht, daß man durstig ist. So weit kommt es, wenn die Durstbotschaften des Körpers zu lange ignoriert werden. (12)

Schließlich sind auch Fruchtsaft, Limonaden und Diätgetränke nicht so besonders gut. Diese Getränke enthalten viel Zucker und Salz, die das Wasser im Körper binden und somit den Wasservorrat für einen angemessenen Elektrolytspiegel in den Nerven einschränken. Der Körper behandelt sie wie Nahrung, und obwohl sie mit der Zeit auch Wasser für den Stoffwechsel bieten, muß das Wasser zunächst aus anderen Teilen des

Körpers abgezogen werden, um genügend Verdauungssaft zur Aufspaltung dieser stark zuckerhaltigen Drinks zu haben. (13)

Das vernünftigste Getränk ist Wasser. Wenn Sie es in handlichen Einliterflaschen bereithalten, fällt es leicht, regelmäßig etwas zu trinken. Damit behält das System genügend Wasser und kann optimal arbeiten. Wenn diese einfache, aber sehr gesunde Gewohnheit für Sie neu ist, müssen Sie sich vielleicht erst daran gewöhnen. Und wenn Sie mehr Wasser trinken, kann es sein, daß sich die Nieren in der ersten Woche erst umstellen müssen und Sie vielleicht häufiger zur Toilette gehen.

Wasser, Unterernährung und das Nervensystem

Wie wir gesehen haben, beeinträchtigt alles, was die Membranpolarität herabsetzt, das Funktionieren des Nervensystems. Eine verminderte Membranpolarität ist in der Tat eine Auswirkung der Unterernährung. Unter dem Gesichtspunkt der Gehirnentwicklung und des Lernens ist es die gefährlichste und heimtückischste Folge der Unterernährung.

Proteine in unserer Nahrung bilden Albumine, die das Wasser im Blut halten und verhindern, daß es einfach irgendwo versickert. Sie stellen auch sicher, daß es ankommt, wo es am meisten gebraucht wird, gewöhnlich im Gehirn. Werden nur wenige oder nicht alle Proteine aufgenommen (wenn eine der zehn essentiellen Aminosäuren fehlt), bilden sich nicht genügend Albumine. So sickert das Wasser in Hohlräume im Körper, anstatt sich ausreichend im Gehirn und im Nervengewebe zu verteilen. Dieses traurige Ergebnis sehen wir auf den Fotos unterernährter Kinder mit aufgeschwollenen Bäuchen und dünnen Armen und Beinen. (14) Es tritt auch bei Menschen mit *Anorexia nervosa* und Bulimie auf, oder bei Schwangeren, die an einer Präeklampsie (Toxämie) leiden, wo das Ödem nicht zu übersehen ist. Dadurch wird die normale Entwicklung des Fetus behindert, und das Baby kommt zu früh und mit Untergewicht zur Welt. (15)

Das Gleichgewicht zwischen Flüssigkeit und Elektrolyten ist derart empfindlich, daß bei Unterernährung Wasseraufnahme sogar schädlich sein kann, bevor nicht der Albuminspiegel wieder erhöht ist. Als ich mit russischen Psychologen über die Bedeutung des Wassers sprach, erwähnte eine Frau, daß die russischen Ärzte Schwangere davor warnten, viel Wasser zu trinken. Ich war sehr erstaunt, bis ein Arzt mir erklärte, daß wegen der Fleischrationierung (ein Pfund Protein pro Kopf und Monat) viele Schwangere an einer Toxämie litten. Würden diese viel Wasser trinken, so würden andere wichtige Nährstoffe und Salze mit dem Urin ausgeschwemmt, was möglicherweise zum Tod führen könnte.

Nur Menschen, bei denen Krankheiten festgestellt wurden, wie eine übermäßige Sekretion von ADH (antidiuretisches Hormon = Vasopressin) oder eine psychogene Polydipsie (= krankhaft gesteigerter Durst), sollten nicht zu viel Wasser trinken. Bei den meisten Menschen ist jedoch der Albuminspiegel in Ordnung, und es ist wichtig, daß sie täglich mindestens vier Glas Wasser trinken. (16)

Sauerstoff

Wir wissen, daß Sauerstoff zum Lernen genauso wichtig ist wie zum Leben. Er spaltet die Nahrung auf und setzt so die Energie frei, die für das Funktionieren des Geist-Körper-Systems gebraucht wird. Die Energie, die durch die Oxidation von Nahrung erzeugt wird, ist für das System so entscheidend, daß der Tod bereits wenige Minuten, nachdem der Atem aufgehört hat, eintritt.

Das Gehirn hat nur einen Anteil von einem Fünfzigstel am Gesamtgewicht, es verbraucht aber ein Fünftel des gesamten Sauerstoffs. (17) Die erste aus dem Herzen kommende Arterie, die frisch mit Sauerstoff angereichertes Blut transportiert, die Karotis, führt direkt ins Gehirn. Das gesamte System befriedigt zuerst die Bedürfnisse des Gehirns.

Wasser taucht auch hier wieder auf, es leistet entscheidende Hilfe bei der Verteilung des Sauerstoffs im Gehirn. Es hält die Oberfläche der Luftbläschen in den Lungen feucht, so daß sich der Sauerstoff auflösen und ins Blut gelangen kann. Forscher am National Institute of Diabetes and Digestive and Kidney Disorder [I. für Diabetes und Verdauungs- und Nierenkrankheiten] haben außerdem entdeckt, daß eine erhöhte Wasseraufnahme die Aufnahmekapazität des Hämoglobin für Sauerstoff um den Faktor 100 bis 1000 erhöht. (18) Hämoglobin ist das eisenhaltige Pigment in den roten Blutkörperchen, das den Sauerstoff transportiert. In ähnlicher Weise hilft Wasser bei der Verdauung der Nahrung im Verdauungstrakt: Es löst die Nahrung auf, so daß die Enzyme sie leichter aufspalten und die für die Oxidation notwendigen Endprodukte produzieren können. (19)

Hat der Sauerstoff die Zelle erreicht, wird die Nahrung dort oxidiert und die Energie freigesetzt, die für die Produktion von ATP benötigt wird:

$C_6H_{12}O + 6O_2 \rightarrow 6CO_2 + 6H_2O + ATP$ (für die Na^+K^+-Pumpe)
(Glukose + Sauerstoff $\rightarrow$ Kohlendioxyd + Wasser + Energie)

ATP holt sich Energie aus der Nahrung und stellt sie für Strukturen in der Zelle, wie die Natrium-Kalium-Pumpe, zur Verfügung. Eine Gruppe an der Oregon Health Sciences University hat die interessante Entdeckung gemacht, daß bei Patienten mit Depressionen oder der Alzheimer-Krankheit der ATP-Vorrat niedrig ist. (20) Dieser ATP-Mangel läßt sich teilweise auf eine ungenügende Aufnahme von Sauerstoff und eine unzureichende Versorgung der Zellen mit Sauerstoff zurückführen, was wiederum durch einen niedrigen Wassergehalt im System verursacht sein kann.

Der Körper muß fit sein, um den großen Sauerstoffbedarf des Gehirns zu befriedigen. Bewegung ist nicht nur für die Entwicklung der neuralen Netze und das Denken wichtig, sondern auch für eine entsprechende Entwicklung des Herzens und der Lungen, damit die Gehirnfunktionen unterstützt werden können. Eine neuere nationale Studie ergibt jedoch leider, daß nur 36,3 Prozent der amerikanischen Schüler täglich eine Sportstunde haben. Außerdem berichtete die American Academy of Pediatrics (Kinderärzte), daß 40 Prozent aller Kinder in den Vereinigten Staaten zwischen fünf und acht Jahren bereits mindestens einen Risikofaktor für Herzkrankheiten aufweisen. Weniger als die Hälfte aller Schüler treibt täglich genügend Sport, um eine gesunde Entwicklung von Herz und Lungen zu gewährleisten. (21)

Auch die erwachsene Bevölkerung in Amerika bewegt sich immer weniger. Robert Dustman fand heraus, daß inaktive Männer und Frauen zwischen fünfzig und sechzig nach einem viermonatigen Laufprogramm bei der Überprüfung ihrer geistigen Fähigkeiten um 10 Prozent besser abschnitten. William Greenough und James Black fanden in den Gehirnen von aktiven Ratten 20 Prozent mehr Blutgefäße als bei ruhiggestellten Ratten. (22) Bewegung fördert die Entwicklung einer größeren Anzahl Blutgefäße, so daß die für das Lernen wichtigen Bestandteile Wasser, Sauerstoff und Nährstoffe besser zum Gehirn transportiert werden.

Wichtig ist auch, daß die Luft sauber ist. Rauchen während der Schwangerschaft führt zu Untergewicht bei Säuglingen und zu einem höheren Prozentsatz lernbehinderter Kinder. Vorschulkinder, deren Mütter während der Schwangerschaft stark rauchten (täglich zehn und mehr Zigaretten), schnitten in standardisierten IQ-Tests deutlich schlechter ab (durchschnittlich neun Punkte) als Kinder, deren Mütter nicht rauchten.

Außerdem besteht die Möglichkeit, daß Kinder, die dem Zigarettenrauch ausgesetzt sind, nicht ihr volles intellektuelles Potential erreichen. Zigarettenrauch enthält schätzungsweise zweitausend bis viertausend chemische Stoffe, von denen einige die sich neu entwickelnden Nervenzellen schädigen können. (23)

Die „EMF-Connection"

Unser Körper produziert über die Aktivität der Elektrolyte und die Polarität der Zellmembranen niederfrequente elektromagnetische Felder (EMF). Diese sind nicht nur Teil des Kommunikationssystems in unseren Nerven, sie sorgen auch für den spezifischen Rhythmus oder die Schwingung des Körpers. Wir können diese EM-Felder im Gehirn mit dem EEG (Elektroenzephalogramm) oder über das Herz mit dem EKG (Elektrokardiogramm) messen. Wir können uns sogar die Strukturen und Funktionen des Körpers ansehen, wenn der Körper in einem EMF polarisiert wird, so daß die Resonanz der Organe mit einem Kernspintomographen nachgewiesen werden kann. (24)

Unsere EM-Felder sind spezifisch und sehr empfindlich. In den letzten zehn Jahren wurde sehr viel über die Wirkung externer EM-Felder auf den menschlichen Körper geforscht. Die Betonung lag dabei auf möglichen Verbindungen mit tödlichen Krankheiten wie Krebs. Aber einige der eher subtilen Wirkungen sind vielleicht für unser Lernpotential viel entscheidender.

Wenn wir unsere moderne Umwelt betrachten, ist nicht zu übersehen, daß die äußeren EM-Felder heute anders sind als vor zwanzig Jahren. Denken Sie an Ihr Zuhause vor zwanzig Jahren. Welche elektrischen Geräte und Maschinen hatten Sie damals im Vergleich zu heute? Heute haben wir es nicht nur mit den EM-Feldern durch die Hochspannungsleitungen zu tun, sondern auch mit denen von Satellitenempfängern, Kabelfernsehen, Mikrowellenherden, Leuchtstoffröhren, Computern, Videorekordern, elektrifizierten Küchen, Waschmaschinen und Heizungsanlagen, Mobiltelefonen, Faxgeräten, Anrufbeantwortern, elektrischen Uhren und Radioweckern, Haartrocknern, Alarmanlagen und elektrischen Wärmedecken.

Das geomagnetische Feld der Erde ist in mittleren Breiten tausendmal stärker als das magnetische Feld, das durch die Geräte in einem durchschnittlichen amerikanischen Haushalt entsteht, aber das Magnetfeld der Erde ist statisch, und der menschliche Körper hat sich in Homöostase (Gleichgewicht) mit diesem Feld entwickelt. Jetzt leben wir in einer ganz anderen elektromagnetischen Umgebung.

Die EM-Felder in unseren Häusern sind nicht statisch, sondern haben Wechselstrom, der ein magnetisches Feld produziert, das leicht durch den menschlichen Körper geht. In Amerika durchläuft der Wechselstrom in der Sekunde sechzig Zyklen (60 Hertz), und entsprechend wechselt das assoziierte magnetische Feld in einer Sekunde hundertzwanzigmal die Richtung. Die Maßeinheit für magnetische Felder ist Milligauß (mG). (25) Der durchschnittliche elektromagnetische Hintergrundpegel im Haus, in der Schule oder im Büro kann bei 0,5 mG liegen. Steht man in der Nähe von Stromleitungen oder Kabeln in Wänden oder Fußböden, kann der Wert bis 10 mG gehen. Nahe bei elektrischen Geräten kann er noch höher sein. (26)

Einige Beispiele für durchschnittliche Meßwerte im Abstand von ungefähr 30 cm zu üblichen Haushaltsgeräten: Kühlschränke durchschnittlich 2,6 mG, Farbfernsehgeräte 7 mG, Computer 7 mG, Elektroherd 9 mG, Neonlicht 10 mG, elektrische Uhren und Radiowecker 14,8 mG, Mikrowellenherde 36,9 mG. Die Felder werden mit der Entfernung schnell schwächer. So sinkt der Wert beim Kühlschrank in 60 cm Entfernung auf 1,1 mG und 1,20 m entfernt auf 0,4 mG.

Viele Studien, wie die des Electric Power Research Institute, wurden bis heute erarbeitet, um die Wirkung der vielen nichtstatischen EM-Felder auf die Gesundheit des Menschen zu erforschen. (27) Erst kürzlich wurde eine berufsbezogene Studie in Kanada und Frankreich veröffentlicht. In der Studie wurden über einen Zeitraum von mehr als zwanzig Jahren etwa viertausend Fälle von Krebs bei zweihundertzwanzigtausend Arbeitern eines Elektrizitätswerkes untersucht. Die tägliche Belastung der Arbeiter durch elektromagnetische Felder wurde sorgfältig überwacht. Interessanterweise zeigte sich bei denjenigen, die den stärksten Magnetfeldern ausgesetzt waren, kein erhöhtes Krebsrisiko. Aber 50 Prozent jener Arbeiter, die durchschnittlichen Feldern mit Werten von 1,6 mG und mehr ausgesetzt waren, zeigten ein um das Doppelte erhöhtes Risiko für eine Art der Leukämie, die bei Erwachsenen auftritt, die sogenannte akute nichtlymphoide Leukämie. (28)

Elektromagnetische Felder: Besser meiden

Mein Interesse gilt der Wirkung dieser schwachen (durchschnittlichen) EM-Felder auf unsere Lernfähigkeit. Zuhause sind es nicht die hochfrequenten EM-Felder, sondern die Magnetfelder mit extrem niedriger Frequenz der oben zitierten Studie von unseren Geräten, die sich am schädlichsten erweisen, da sie unserem eigenen EMF am nächsten sind. Nach Aussagen von Wissenschaftlern am Medical College in Milwaukee, Wisconsin, und von Sci-Con Associates in Flagstaff, Arizona, scheint die Wirkung der EM-Felder auf einer Kombination von Feldintensität und Frequenz zu beruhen; deshalb ist hier „weniger nicht unbedingt besser". Sie schlagen vor, EM-Felder zu meiden, besonders mit Kindern. (29)

Es scheint, daß die Technologie, von der unsere Kultur stark abhängig ist, alle Voraussetzungen bietet, daß wir die SOSOH-Merkmale entwickeln, von denen ich im letzten Kapitel sprach. Dr. Dee Coulter zitiert Forschungsberichte, nach denen in unseren technisch fortschrittlichen Kulturen immer mehr Säuglinge mit einem „Erregungs"-zustand geboren werden – sich also bei der Geburt in einer Art Schockzustand befinden. Ihnen fehlt der natürliche Rhythmus und die Koordination, die bei früheren Generationen im Mutterleib gefestigt wurden. (30) Der Fetus liegt im Fruchtwasser, einem Flüssigkeits-Elektrolyt-Bad, das äußere EM-Felder leicht an den Fetus weitergibt. Es könnte durchaus sein, daß die äußeren EM-Felder die eigenen natürlichen EM-Felder des Fetus stören. Wenn wir an das andauernde Bombardement durch EM-Felder denken, dem viele Schwangere ausgesetzt sind, können wir verstehen, warum Babys „erregt" geboren werden und vielleicht ihr Leben lang so bleiben.

Der Fetus erlernt Rhythmus und Schwingungen normalerweise über den Herzschlag und die Atmung der Mutter und durch die dauernden elektrischen Impulse und EM-Felder, die von diesen Organen ausgehen. Dies ist eine der Funktionen des Vestibularapparates, der sich im fünften Schwangerschaftsmonat entwickelt und eine Myelinschicht erhält. Ist die Mutter häufig externen EM-Feldern ausgesetzt, werden diese mütterlichen Rhythmen unterbrochen, und der Säugling kann kaum mehr ein rhythmisches Muster erlernen. Säuglinge, denen dieser innere Rhythmus fehlt, können sich nicht selbst mit Schaukeln, singenden Lauten oder Nuckeln beruhigen. Sie jammern einfach nur. (31)

Noch größer wird die Wahrscheinlichkeit, daß diese natürlichen Rhythmen gestört werden, wenn Mütter mehrere Stunden täglich am Computer verbringen oder in einem Büro mit vielen elektrischen Geräten und

Kunstlicht, in der Nähe von elektrischen Geräten, beim Bügeln, beim Fönen in einem Friseursalon, oder wenn sie unter einer elektrischen Decke schlafen.

An der Stanford University stellten Chemiker fest, daß schwache EM-Felder die Funktion von Lipoidmembranen stören, zum Beispiel derjenigen, die darüber wachen, welche chemischen Stoffe in die Zelle gelangen oder diese erregen (wie die Natrium-Kalium-Pumpe). Damit würden nicht nur Zellfunktionen im Embryo und (späteren) Fetus betroffen, sondern dies hätte auch Auswirkungen auf die späteren Lernfähigkeiten des Kindes (die alle vom richtigen Funktionieren der Natrium-Kalium-Pumpe abhängig sind). (32) Ich frage mich auch, welche Wirkung Sonogramme und fetale Überwachungsgeräte haben, die routinemäßig eingesetzt werden, oft schon im vierten oder fünften Monat, wenn sich der Vestibularapparat entwickelt.

Ein Bewußtsein für die Gefahren und ein überlegter Einsatz der Elektrizität in der Umgebung, in der wir leben und lernen, könnte schon sehr viel bringen. Ich habe selbst in Klassen erlebt, welche Wirkung allein das Ausschalten des Kunstlichtes hat. Oft ist bei den Schülern ein körperliches Aufseufzen spürbar, außerdem eine merkliche Verminderung der Übererregung. Heute werden die Schulen oft ohne Fenster gebaut (damit die Schüler nicht abgelenkt werden), und sie werden mit Kunstlicht ausgestattet, das EM-Felder entstehen läßt. Die Kinder müssen sich dann besonders bemühen, um mit dem Ungleichgewicht durch die EM-Felder der Beleuchtung fertigzuwerden, so daß sie weniger Energie übrig haben, um sich auf das Lernen zu konzentrieren.

Natürliche Beleuchtung und sogar Glühbirnen haben gegenüber Neonlicht große Vorteile. Sonnenlicht wird von Auge leichter verarbeitet und verstärkt die EM-Felder in der Schule oder am Arbeitsplatz nicht. In Rußland gibt es in den Klassenräumen eine Wand mit großen Fenstern und nur wenige Glühbirnen. Und in Dänemark gibt es eine gesetzliche Vorschrift, daß alle Schulkinder und alle Arbeiterinnen und Arbeiter von ihrem Arbeitsplatz aus die Natur sehen sollten. Alle dänischen Gebäude besitzen viele Fenster.

Wenn ich einen Tag an meinem Computer verbracht habe, spüre ich deutlich einen größeren Energieverlust. Wenn ich mir nicht die Zeit für einen Spaziergang nehme, habe ich gerade noch genug Energie, um mich zum Sofa zu schleppen und mich von noch mehr äußeren EM-Feldern (vom Fernsehgerät) vollständig auslaugen zu lassen.

Knochen und Fett (Gewebe mit geringem Wassergehalt) werden von äußeren EM-Feldern weniger beeinträchtigt als stark wasserhaltige Gewebe wie das Gehirn, die Muskeln und die Nieren. Angesichts der Tatsache, daß das Gehirn zu 90 Prozent aus Wasser besteht, müssen äußere EM-Felder einen Einfluß auf seine Funktion haben.

Es kann nicht genügend betont werden, wie wichtig es ist, ausreichend Wasser zu trinken, damit eine angemessene, ausgeglichene Elektrolytkonzentration für eine hohe Polarität durch die Zellmembranen erhalten bleibt. Wasser ist eine wichtige Voraussetzung, damit der Körper sein natürliches EMF gegen äußere Felder aufrechterhalten kann.

Kapitel 10

Grundstoffe für das Gehirn: Ernährung

Wir alle wissen, daß eine ausgewogene Ernährung für das Lernen wichtig ist, aber was genau heißt das? Das heißt, daß wir sicherstellen sollten, daß die „Rohmaterialien" für einen gesunden Körper, speziell für das Nervensystem vorhanden sind. Dazu gehören Proteine, Kohlehydrate und Fette. Es heißt auch darauf zu achten, daß wir unseren Körper nicht schwächen, indem wir die falschen Dinge, insbesondere Zucker, essen und unser Körper sich dann nicht mehr selbst schützen und regenerieren kann.

Proteine und Fette sorgen für die Grundbausteine der Membranen in allen unseren Körperzellen. Ganz spezifisch sorgen sie auch für die Struktur der Dendriten und der sich entwickelnden neuralen Netze. Proteine bilden auch die Struktur für die Natrium-Kalium-Pumpe, damit die Polarität erhalten bleibt und die neuronalen Leitungen im gesamten System funktionieren. Darüber hinaus werden sie für den Aufbau des Hämoglobin (das den Sauerstofftransport im Blut möglich macht) und der kontraktilen Elemente der Muskelfasern benötigt, und sie dienen als Antikörper, Hormone und Enzyme.

Die Proteine sind aus langen Ketten von Aminosäuren aufgebaut, die entsprechend unserem DNS-Code angeordnet sind. Wenn sich Proteine bilden, entstehen die der jeweiligen Funktion entsprechenden charakteristischen Kristallstrukturen. Wasser spielt beim Aufbau der Proteinmoleküle eine wesentliche Rolle: Die Kristalle umschließen zwischen 27 und 77 Prozent Wasser. Dadurch beeinflußt und maximiert Wasser die Feinstruktur und die Funktion des Proteins. (1, 2)

Unsere Nahrung muß ausgeglichen sein, um die zehn essentiellen Aminosäuren zu enthalten, die für die Synthese der Proteine notwendig sind. Diese Aminosäuren kann der Körper nicht aus körpereigenen Molekülen aufbauen. Sie sind in tierischen Produkten enthalten, in Fleisch, Molkereiprodukten und Eiern. Vegetarierer sollten deshalb darauf achten, daß alle essentiellen Aminosäuren in ihrer Nahrung enthalten sind. (3)

Schwangere sollten täglich etwa 70 Gramm Protein als Versorgung für den Fetus zu sich nehmen. Kinder brauchen besonders viel Protein, da 90 Prozent der Nervenzellen und Dendriten bis zum Alter von fünf Jahren gebildet werden. Außerdem brauchen sie während der Wachstumsjahre mehr Proteine und Fett zum Aufbau der Membranen in den neu wachsenden Zellen. Die Nahrung von Kindern, die Lernprobleme haben, enthält oft zu wenig Protein. Schon ein Ei morgens anstelle von Getreideprodukten wie Cornflakes, dazu für die Pause Quark, Joghurt oder Nüsse, würden die nötigen Aufbaustoffe zum Lernen bieten. (4)

Kohlehydrate, bestehend aus langen Molekülketten von Zucker, sind die Hauptenergiequelle unseres Körpers. Sie bilden die Grundbestandteile von Getreide, Früchten, Gemüse und Milchzucker. Überall sind zwei einfache Zucker enthalten, wovon der eine ein Glukosemolekül ist – die Hauptenergiequelle für das Gehirn. Dieses Molekül wird durch Sauerstoff aufgespalten (oxidiert) und setzt die Energie frei, die dann als ATP gespeichert wird. Übrig bleiben Kohlendioxid (CO_2) und Wasser, die ausgeatmet und dann von Pflanzen aufgenommen und wieder zu Nahrung werden. Kohlehydrate sind wichtig, aber Proteine und Fett sind zum Ausgleich notwendig.

Die Wirkung von Zucker

Wenn ich in Schulen spreche, werde ich oft nach Sofortmaßnahmen gefragt, mit denen Lernen unterstützt werden kann. Ich zähle dann immer drei Punkte auf: Erstens sollten Fernsehen und Videospiele für Kinder unter acht Jahren verboten sein, damit sich ihre Phantasie entwickeln kann. Für größere Kinder sollten die Zeiten eingeschränkt und darauf geachtet werden, welche Sendungen sie sich ansehen. Damit läßt sich eine der Hauptursachen für Gewalt und für Streß und den damit verbundenen Adrenalinausstoß ausschalten. (Über das Fernsehen habe ich bereits in Kapitel 4 geschrieben, und ich werde es in Kapitel 12 nochmals tun.) Zweitens sollte jeder Lernende ein Trainingsprogramm wie zum Beispiel Brain-Gym® durchführen, um für optimale Lernbereitschaft und die

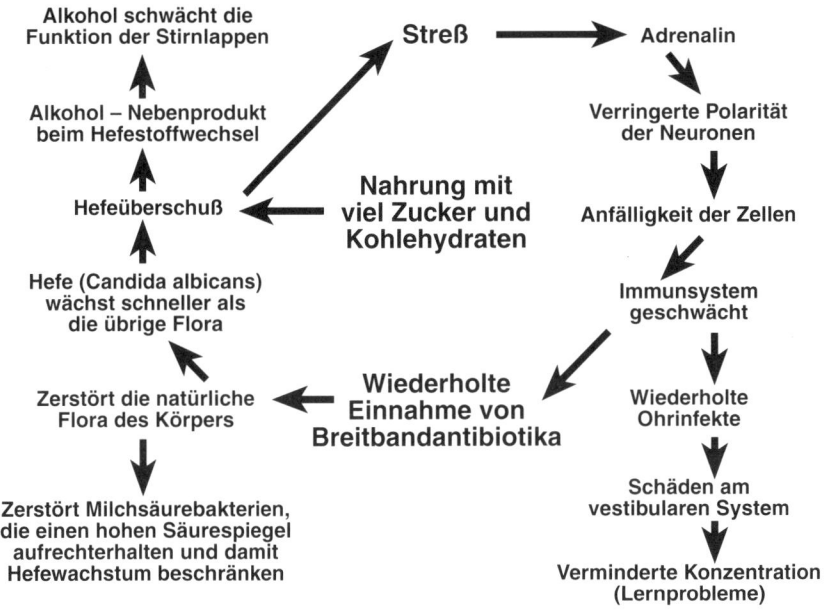

Abbildung 10.1: Der Kreislauf von Streß, Infektionen, Antibiotika, Hefe, Zucker und Toxinen

Aktivierung der Stirnlappen zu sorgen. Und drittens sollte Zucker in der Ernährung vermindert oder noch besser ganz gemieden werden. Warum sage ich das, wenn Glukose für das Funktionieren des Gehirns notwendig ist?

Bei dieser Empfehlung geht es um mehr als nur um Zucker. Zucker ist einer der Faktoren im Kreislauf von Streß, Krankheit und Schwächung des Immunsystems, die alle ihren Beitrag zu Lernproblemen leisten. Der Kreislauf beginnt wahrscheinlich mit Streß und erhöhtem Adrenalinspiegel und führt dann zu einem niedrigeren Membranpotential und verringerter Polarität. Dadurch wiederum werden die Zellen anfällig, es kommt zu Nahrungsmittel-Überempfindlichkeit (gewöhnlich Milch, Weizen und Getreide), und das Immunsystem wird geschwächt, was natürlich zu Infektionen führt, speziell zu Atemwegs- und Ohrinfekten. (5) Hartnäckige, immer wieder aufflammende Ohrinfektionen (siehe Kapitel 11)

187

lassen sich bei 94 bis 97 Prozent der Kinder mit Lernproblemen feststellen. Diese chronischen Infektionen schädigen den Vestibularapparat
und verhindern eine maximale Stimulation des RAS. Das schränkt die
Fähigkeit des Gehirns ein, wach und konzentriert zu lernen. (6)

Langanhaltende Ohrinfektionen bedingen oft langfristige, wiederholte
Behandlung mit Breitband-Antibiotika. Antibiotika helfen bei viralen
Infektionen überhaupt nicht. Waickman stellt fest, daß „60 Prozent der
Krankheiten, mit denen Kinder zum Arzt kommen, virusbedingt sind.
Dennoch werden viele dieser Krankheiten mit Antibiotika behandelt." (7)
Breitband-Antibiotika verändern die natürliche Flora des Körpers und
vermindern die Zahl der nützlichen Laktobakterien, die Milchsäure bilden
und das Wachstum von Hefe und anderen Organismen unter Kontrolle
halten. Antibiotika stören das Immunsystem, so daß die Fähigkeit der
weißen Blutkörperchen, Hefeorganismen zu zerstören (zu Phagozytose,
von Phagozyten = Freßzellen), beeinträchtigt ist und gehäuft Pilz-
(Hefe-)Infekte auftreten. (8)

   Da die Hefe (*Candida albicans*) schneller wächst als der Laktobazillus,
gedeiht die Hefe im System. Der hohe Zuckergehalt im Körper, der durch
eine kohlehydrat- und zuckerhaltige Nahrung entsteht, begünstigt das
Gedeihen und die Vermehrung der Hefe, so daß es zu einer Überschwem-
mung des Körpers durch Hefe kommt. Die Hauptnahrungsquelle für die
Hefe ist Zucker, bei dessen Verwertung dann Toxine (Acetaldehyd und
Alkohol) entstehen. (9) Diese Toxine schwächen das Immunsystem, da sie
die Verfügbarkeit der essentiellen Fettsäuren Omega-3 und -6 einschränken. Diese Fettsäuren werden für die Bildung von Prostaglandinen
gebraucht, die wiederum die T-Lymphozyten stimulieren, damit diese
gegen Allergien und Infektionen Widerstand leisten. (10) Die in der
Thymusdrüse produzierten T-Lymphozyten sind entscheidend für die
Immunabwehr. (11) Sind weniger T-Lymphozyten vorhanden, reagiert
der Körper übermäßig empfindlich auf weitere Nahrungsmittel (Schokolade, Cola, Zitrusfrüchte, Eier) und auf Umweltallergene, Chemikalien
und andere Stimuli.

   Diese Überempfindlichkeit für Umwelteinflüsse aus dem Kreislauf
Streß-Infektion-Antibiotika-Hefe-Zucker-Toxine findet ihren Ausdruck
in Ängsten und Phobien, die häufig zusätzlich zur Dyslexie zu finden
sind. Harold Levinson vermerkt eine erhöhte Sensitivität für fluoreszie-
rendes Licht und Photophobien (übersteigerte Lichtempfindlichkeit) als
Folgen von Ohrinfektionen in der Kindheit und von stark zuckerhaltiger

Nahrung mit nachfolgendem Hefeüberschuß. (12) Es erscheint einleuchtend, daß Kinder, deren Sinneswahrnehmungen eingeschränkt sind und die aufgrund von Infektionen Schwierigkeiten mit dem Hören und dem Gleichgewicht haben, ihre Umgebung nicht vollständig erfassen. So ist es nur logisch, daß diese Kinder Ängste und Phobien entwickeln, die ihren Streß noch vergrößern.

Mehr Streß wiederum führt zu Infektionen und erhält diesen Kreislauf aufrecht. Kommt hoher Zuckerkonsum dazu, können das Hefewachstum und die entstehenden Toxine zu Überempfindlichkeit führen. Auch äußere, niederfrequente EM-Felder verschlimmern den Kreislauf, da sie die Zellmembranen schwächen.

Die Toxine, die durch das übermäßige Hefewachstum entstehen, enthalten Alkohol. Dr. Waickman stellt fest, daß sich bei 60 Prozent der Bevölkerung im Verdauungtrakt Hefe befindet, aus der im Magen Alkohol entstehen kann. (13) Eine stark kohlehydrat- und zuckerhaltige Ernährung bietet die besten Voraussetzungen für weiteres Wachstum der Hefe und eine erhöhte Alkoholproduktion. Alkohol gelangt aus dem Verdauungssystem direkt ins Blut und beeinflußt vor allem die Stirnlappen. Dort behindert er das Wachstum der neuralen Netze und deren ausreichende Entwicklung und Funktion. Als Symptome zeigen sich eine verringerte Konzentrationsspanne, Verhaltensprobleme, störendes Verhalten, Reizbarkeit, Heißhunger auf Zucker, Hyperaktivität, Depressionen und autistisches Verhalten. (14, 15) Besonders dramatisch zeigt sich das beim fetalen Alkoholsyndrom.

Die Auswirkungen von Alkohol im System können sehr weitreichend sein und betreffen besonders die Stirnlappen, da diese für die feinmotorische Koordination, für formales Denken auf einer höheren Ebene und für die innere Sprache zuständig sind, mit der das Verhalten kontrolliert wird. Wie ist Ihre Feinmotorik, wenn Sie etwas getrunken haben? Wie steht es mit Ihren Denkfähigkeiten? Und inwieweit hat Alkohol Einfluß auf Ihr Verhalten gemäß sozialen Normen? Genau diese Symptome stelle ich durchgehend bei SOSOH-Menschen fest. Einhundert Prozent dieser Menschen, mit denen ich gearbeitet habe, nehmen viel Zucker und viele Kohlehydrate zu sich.

In den letzten fünfzig Jahren wurde Zucker für alle erschwinglich, und der Verbrauch stieg sprunghaft an. Zwischen 1957 und 1977 sank der Verbrauch von Milchprodukten um 21 Prozent, während der Zuckerverbrauch dramatisch stieg: der Verbrauch von Limonaden um 80 Prozent, von Süßspeisen und Desserts um 70 Prozent, von Snacks um 85 Prozent. Auch das Fernsehen hat diesen Trend gefördert, indem es Kindern vor allem Süßigkeiten schmackhaft gemacht hat. (16)

Um diesen Kreislauf von Hefeüberschuß und Alkohol zu stoppen, muß der Zucker in der Nahrung verringert werden. Es ist wichtig zu wissen, daß alle Kohlehydrate einfach Zuckerketten sind und auch Früchte viel Zucker enthalten. Auch brauner Zucker, Honig, Melasse, Ahornsirup, Fruchtzucker und Maissirup sind Zucker. Ein einfaches Frühstück aus Cornflakes mit Zucker und Früchten ist eine wahre Zuckerorgie.

Um Zucker zu reduzieren, müssen Sie die Etiketten der Nahrungsmittel genau lesen. Zu einer ausgewogenen Ernährung gehören viele Proteine (Fleisch, Eier, Nüsse, Joghurt, Frischkäse, Bohnen) und Gemüse, durch die wir uns mit Kalzium, Magnesium, Vitamin C und dem Vitamin-B-Komplex, mit Chrom, Zink und den essentiellen Fettsäuren versorgen. Ich hätte gerne in den Schulen Automaten mit Nüssen, Äpfeln, Joghurt, Frischkäse oder Gemüse anstele der üblichen Kost. SOSOH-Kinder und Erwachsene, mit denen ich arbeitete, bestätigten mir, daß ihr Heißhunger nach Zucker schwächer wurde, wenn sie mehr Wasser tranken.

Genau die Symptome von SOSOH treten beim fetalen Alkoholsyndrom auf, das für die Schädigung der Stirnlappen im Uterus verantwortlich gemacht wird, wodurch das Kind lebenslang beim Lernen eingeschränkt ist. (17) Außerdem wurde eine Verbindung zwischen einer genetischen Disposition für Alkoholismus und Hyperaktivität festgestellt. (18) Wenn Sie Alkoholiker kennen, haben Sie vielleicht bemerkt, daß sie Hunger auf Zucker haben, wenn sie nichts trinken. Entscheidend ist, daß wir, wenn wir unter Streß stehen und viel Zucker essen, unseren eigenen Alkohol produzieren können, was auch Auswirkungen auf die Funktion der Stirnlappen hat. Auch Kinder und Erwachsene, die total abstinent leben, produzieren aus dem Kreislauf Streß-Zucker-Hefe heraus ihren eigenen Alkohol.

Außerdem sollten wir eine schädliche Auswirkung von Hefe auf unser System nicht vergessen: Hefe besitzt Rezeptoren für Kortisol, das heißt, daß Hefe Kortisol produziert. Wie wir im Kapitel 12 über Streß sehen werden, hat Kortisol zwar eine wichtige Aufgabe, indem es Körper und Geist Gefahren gegenüber wachsam macht, es schränkt aber die Lern- und Gedächtnisfunktionen ein. (19)

Kapitel 11

Das Gleichgewichtsorgan und Lernstörungen

In den ersten fünfzehn Monaten gruppiert sich das gesamte Lernen um die Entwicklung des Vestibularapparates. Gleichgewicht, Fortbewegung, Koordination von Sehen mit Bewegung, alle diese fundamentalen Fähigkeiten, die wir früh lernen und auf die wir uns unser ganzes Leben lang verlassen, sind vom ordnungsgemäßen Funktionieren des Vestibularapparates abhängig. Zusätzlich sorgt er dafür, daß ein bestimmtes Erregungsniveau aufrechterhalten wird (durch das retikuläre Aktivierungssystem, RAS), damit wir wach und aufmerksam bleiben.

Wie der Vestibularapparat geschädigt wird

Störungen im vestibularen System führen zu größeren Lernschwierigkeiten. Die Forscher Frank und Harold Levinson untersuchten Kinder mit Dyslexien und Lernstörungen neurologisch und kontrollierten mit Hilfe der Elektromystagmographie das Augenzittern. Dabei fiel auf, daß sich bei diesen Kinder mehrfach abweichende Werte fanden, was darauf hindeutet, daß Störungen im Bereich Kleinhirn/Vestibularapparat vorliegen. (1, 2) Bei all diesen Kindern waren Kleinhirn und Vestibularsystem im Säuglingsalter durch Ohrinfekte, Allergien oder durch heftige Bewegung traumatisiert worden.

Wie in Kapitel 10 aufgezeigt, ist bei Störungen des Vestibularsystems auch ein übermäßiges Hefewachstum nachzuweisen. Auch eine Degeneration des Vestibularapparates durch Ruhighalten des Kopfes über längere Zeiträume (wie zum Beispiel beim Fernsehen) scheint bei der Symptomatik der erworbenen Dyslexie von Bedeutung zu sein. (3, 4) Schäden können bereits vor der Geburt auftreten. In einer Studie wurde anhand des Geburtstermins statistisch erfaßt, inwieweit sich das jahreszeitlich bedingte Auftreten bestimmter Krankheiten auf die Gesundheit der Säuglinge auswirkt. Es zeigte sich, daß Virusinfektionen (Grippe, Masern) im zweiten Drittel der Schwangerschaft (während sich das Vestibularsystem entwickelt) ursächlich bei Hyperaktivität und geistigen Behinderungen, bei Autismus und Schizophrenie beteiligt sein können. (5)

Schädigungen im Kleinhirn oder Vestibularbereich wirken sich unterschiedlich aus: Eine unkontrollierte Aktivierung der Augenmuskeln (extraokulare Muskeldysmetrie) ist die Ursache dafür, daß die Augen beim Lesen nicht in die optimale Stellung gebracht werden können. Ein Mensch mit Dyslexie muß sich so sehr auf die Bewegung der Augen konzentrieren, daß Verständnis und Gedächtnis eingeschränkt sind. Ein weiteres Zeichen für eine Schädigung ist ein unzureichender Wachzustand des Großhirns, der zu einer Hypo- oder Hypervigilanz (Aufmerksamkeit, Wachheit) führt, bei gleichzeitiger Unfähigkeit zu längerer Konzentration. Unter diesen Umständen schaltet ein Kind seine Aufmerksamkeit beständig an und ab, es kann konzentrierte Aufmerksamkeit nicht aufrechterhalten. (6)

Schädigungen des Vestibularapparates und auffälliges Verhalten

Bei Kindern mit Aufmerksamkeitsdefizit-Syndrom mit oder ohne Hyperaktivität (ADS), können Streß und Schädigungen der Bogengänge zu einer verminderten oder ungleichmäßigen Funktion des RAS führen. Diese Kinder wechseln beständig zwischen Aufmerksamkeit und Unaufmerksamkeit, besonders wenn keine Stimulation durch Bewegung gegeben ist. Sie verlieren leicht das Gleichgewicht und erleiden häufig Unfälle beim Spielen. Sie mißachten unabsichtlich die Grenzen anderer Menschen, sie besitzen ein unzureichendes räumliches Empfinden und wenig Gespür für räumliche Grenzen. Sie können nicht stillstehen, und sie rennen gerne, da diese Bewegungsart mehr einem gebremsten Fallen ähnelt und nicht so viel Balance wie das Stehen erfordert. So können sie auch schwimmen oder radfahren, da ihr Körper dabei unterstützt wird. Sie sitzen gekrümmt an ihren Tischen, da ihre Rücken- und Nackenmuskeln nicht genügend trainiert sind, um ihren Körper gegen die Schwerkraft aufrecht zu halten. (7)

Wenn diese Kinder als Kleinkinder nicht die Gelegenheit und den Anstoß bekommen, sich zu bewegen und ihr Gleichgewicht zu trainieren, wird ihr Vestibularsystem möglicherweise nicht genügend aktiviert, um die Schäden auszugleichen. Ohne die Stimulierung und die Bildung von neuen neuralen Netzen im Vestibularapparat verschlimmern sich die Schäden durch das Mittelohrtrauma. Eine mangelnde Stimulation liegt zum Beispiel dann vor, wenn die Kinder viel Zeit vor dem Fernsehapparat oder mit Videospielen verbringen.

Kinder wollen wirklich „gut" sein. Um wach zu bleiben, wenn das Vestibularsystem geschädigt ist, müssen sie sich bewegen, herumzappeln und beständig den Kopf drehen. Und genau dadurch erwerben sie sich das Etikett ADS mit oder ohne Hyperaktivität. Die Lehrer fühlen sich durch ihre beständige Bewegung frustriert und fordern sie auf „stillzusitzen". Da sie wach bleiben wollen, suchen die Kinder eine neue Strategie, um ihr Gleichgewichtszentrum zu aktivieren: Sie lehnen sich mit dem Stuhl zurück, so daß nur noch die hinteren Stuhlbeine auf dem Boden sind. Darauf reagiert der Lehrer, indem er von ihnen verlangt, daß sie „aufrecht sitzen und aufpassen" sollen. Aber für diese Kinder ist dies ein Widerspruch. Wenn ihr Kopf und ihr Körper ruhig gehalten werden, ist ihr Gehirn nur vermindert aktiv. Und diese Kinder müssen oft während der Pause ihre Arbeit beenden – obwohl es gerade für sie wichtig wäre, nach draußen zu gehen und sich zu bewegen.

Für geschädigtes Gewebe im Vestibularapparat gibt es Ersatz, wenn sich die Kinder bewegen und neue neurale Netze gebildet werden. Wie wir in Kapitel 3 sahen, sind die Vorteile der vestibularen Stimulation – Bewegung – für die Entwicklung der kognitiven Fähigkeiten im Kleinkindalter nachgewiesen. (8) Eine Verzögerung der grobmotorischen und kognitiven Entwicklung bei tauben Kindern kann überwunden werden, indem das System der Bogengänge durch Bewegung stimuliert wird. (9) Erstkläßler, die immer wieder körperliche Übungen machten, bei denen besonders das vestibulare System angesprochen war, zeigten bessere schulische Leistungen. (10) Eine andere Studie weist nach, daß Bewegung und Gleichgewichtsübungen einen entscheidenden Beitrag zur Beseitigung von Konzentrationsschwierigkeiten und zur Verbesserung der Leistung im Lesen darstellen. (11)

Wie Brain-Gym® zur Selbstheilung des Systems beiträgt

Brain-Gym®-Übungen stimulieren und entwickeln besonders das Kleinhirn und den Vestibularapparat. Die *Überkreuzbewegung*, sehr langsam bei gleichzeitiger Bewegung des Kopfes ausgeführt, setzt Gleichgewicht voraus und aktiviert so das vestibulare System. Genauso der *Elefant*, der auch die Rumpfmuskeln beansprucht und die Hand-Augen-Koordination stärkt. Die *Gehirnknöpfe* lenken die Aufmerksamkeit auf die Rumpfmuskeln in Verbindung mit dem Vestibularsystem und den visuellen Feldern in den Hinterhauptlappen. Die Hand über dem Nabel trägt zum Gleichgewicht bei und richtet die Aufmerksamkeit auf das Schwerkraftzentrum des Körpers.

Brain-Gym® aktiviert mit seinen Überkreuzbewegungen und den balancierten feinmotorischen Bewegungen große Bereiche des motorischen Kortex und des vorderen Augenfeldes der Stirnlappen. Eine durchgehende, regelmäßige Aktivierung des motorischen Kortex und des vorderen Augenfeldes durch Brain-Gym®-Übungen sorgt für die Ausbildung von Nervennetzen in den übrigen Stirnlappen hinein, einschließlich des prämotorischen und oberen präfrontalen Kortex.

Kapitel 12

Kampf oder Flucht:
Die Auswirkungen von Streß auf das Lernen

Alle lebenden Organismen haben als oberstes Ziel den Erhalt ihres Lebens. Vom Augenblick der Geburt an sind Nahrung, Sauerstoff und Wasser die Grundlagen unseres Lebens. Für das Überleben nicht weniger wichtig ist die Fähigkeit, Gefahr zu erkennen und zu vermeiden. Ernährung und Schutz vor Gefahren sind so wichtig, daß das menschliche Körper-Geist-System eine ganze Reihe instinktiver Verhaltensweisen und automatischer Prozesse zur Sicherung dieser grundlegenden Bedürfnisse entwickelt hat. Hunger und Durst sind Gefühle, die jeder Mensch kennt. Weniger augenscheinlich sind die Selbstschutzinstinkte, die vom Geist-Körper-System immer dann ausgelöst werden, wenn wir in unserer Umgebung eine Bedrohung spüren.

Streß ist eine Reaktion auf eine angenommene Bedrohung. Die Streßreaktion bereitet das Individuum darauf vor, geistig und physisch Schutzmaßnahmen zu ergreifen. In Zeiten wirklicher Gefahr sind diese Überlebensinstinkte von unschätzbarem Wert, denn sie erhöhen unsere Wachsamkeit für die Umgebung. Sie sorgen auch dafür, daß die Kraft unserer Muskeln, die Blutzufuhr und die Sauerstoffverteilung intensiviert werden. Aber die Streßreaktion macht uns nicht klug, kreativ oder rational. Diese Instinkthandlungen werden vom Hirnstamm und dem sympathischen Nervensystem gesteuert, unter minimaler Beteiligung der rationalen Hirnbereiche.

Leben mit chronischem Streß hat nachteilige, weitreichende Konsequenzen. Die amerikanische Medical Association gibt an, daß mehr als 90 Prozent der Krankheiten mit Streß in Verbindung stehen. In diesem

Kapitel werden wir die Dynamik von Streß, seine Auswirkungen auf das Nerven- und das Immunsystem sowie seine Auswirkungen auf unsere Gesundheit und unsere Lernfähigkeit untersuchen.

Alarmbereitschaft – die Veränderungen im Körper

Sind wir einer Bedrohung ausgesetzt, reagiert unser Körper mit der Aussendung von starken chemischen Boten, die das ganze System in höchste Alarmbereitschaft versetzen. Eine der bekanntesten dieser chemischen Substanzen ist Adrenalin (Noradrenalin, Norepinephrin), einer der mehr als fünfzig gegenwärtig bekannten Neurotransmitter (chemische Botenstoffe, die Nervenimpulse weiterleiten). Adrenalin löst die überlebensorientierte Kampf-oder-Flucht-Reaktion aus.

Alles, was in unserem Leben geschieht, sind einfach Ereignisse. Erst unser Geist bestimmt, wie er sie wahrnehmen will. Betrachten wir etwas als Gefahr, wird Adrenalin ausgeschüttet, um uns vor der Gefahr zu schützen. Unter welchen Umständen wir ein Ereignis als Bedrohung ansehen, hängt von unserer persönlichen Sichtweise ab. Was für ein Gefühl haben Sie, ... wenn Sie eine Prüfung ablegen müssen, jemandem zum ersten Mal begegnen, eine Rede halten, einen Geschäftsabschluß tätigen, in einem Flugzeug sitzen, mit Rauchern in einem geschlossenen Raum sitzen, bei der Arbeit oder in der Schule einen Abgabetermin vor sich haben, auf einer Party sind, sich verheiraten, dem Tod begegnen, oder auch wenn Sie mit sich alleine sind? Es gibt unzählige Möglichkeiten. Solange wir eine Situation als Bedrohung interpretieren, geben wir Adrenalin in unser System ab.

Die Überlebensreaktion wird vom Hirnstamm erzeugt, wobei Adrenalin an den Nervenenden des sympathischen Nervensystems und des Nebennierenmarks (*Medulla adrenalis*) abgegeben wird. Das sympathische Nervensystem – ein Teil des autonomen Nervensystems – funktioniert gewöhnlich ohne bewußte Kontrolle und regelt die Aktivitäten der glatten Muskeln, der Herzmuskeln und bestimmter Drüsen. Das sympathische Nervensystem ist für die Prozesse zuständig, bei denen Energie verbraucht wird, speziell während einer angenommenen Gefahr, bei der es dann die Kampf-oder-Flucht-Reaktion in Gang setzt. Adrenalin stärkt die primären Verteidigungsmechanismen des Körpers, indem die Blutzufuhr zum Herzen, zu den Lungen und in die großen Muskeln, speziell der Arme und Beine, verstärkt wird. Die Blutzufuhr zum Verdauungssystem und zum Gehirn wird gleichzeitig vermindert. Das Blut sorgt dafür, daß mehr Elektrolyten an die Membranen dieser großen Muskeln kommen, damit diese sich kontrahieren können – und uns auf einen Kampf oder auf Flucht vorbereiten. (1)

Das war wahrscheinlich auch ursprünglich der Grund, warum wir gewarnt wurden, nicht direkt nach dem Essen zu schwimmen. Wenn Sie Schwimmen für gefährlich halten, führt das zur Ausschüttung von Adrenalin, das seinerseits das Blut aus dem Verdauungssystem zu den großen Muskeln leitet. Das erzeugt dann Magenkrämpfe. Wenn Sie also glauben, daß Schwimmen gefährlich sei, könnte das Schwimmen direkt nach dem Essen tatsächlich gefährlich sein.

Diese Verteilung der Elektrolyten im ganzen Körper führt dazu, daß das Zellmembranpotential überall vom Normalwert von -70 mV auf -60 mV und weniger absinkt. Es ist, als würden in einem Wohnblock alle Wasserhähne aufgedreht – jeder bekommt etwas Wasser, aber der Druck ist insgesamt niedrig. An jede Zelle gelangen einige Elektrolyten, aber wegen der Verteilung im ganzen Körper sind es verhältnismäßig wenige, und so verringert sich das Membranpotenial.

Bei einem niedrigeren Membranpotential sind nur wenige Reize erforderlich, um das Verteidigungssystem des Körpers zu aktivieren. Unser sensorischer Apparat reagiert hypersensibel, er beobachtet aufmerksam alle Vorgänge in unserer Umgebung, um eine Gefahr rechtzeitig erkennen zu können. Die Augen sind auf die Peripherie gerichtet, und die Pupillen weiten sich, um alles wahrzunehmen, was gefährlich sein könnte. Gleichzeitig werden die Muskeln in Vorbereitung auf Kampf oder Flucht kontrahiert und erzeugen dabei Wärme. Damit empfindliche innere Organe vor dieser Wärme geschützt sind, schwitzt der Körper. Das bedingt einen weiteren Wasserverlust, durch den die Zellmembranpolarität von durchschnittlichen -70 bis -54 mV um weitere -16 mV oder mehr herabgesetzt wird. (2) Ein niedrigeres Membranpotential erhöht zwar unsere Aufmerksamkeit für schwache Stimuli, verhindert aber, daß wir uns selektiv auf etwas konzentrieren und unser Denken kontrollieren. Unter solchen Umständen fällt Lernen sehr schwer.

Wieviel Adrenalin ausgeschüttet wird, hängt davon ab, für wie stark wir die Gefahr einschätzen. Wenn jedoch einmal Adrenalin von den Nervenenden ins Blut gelangt ist, dauert es eine Weile, bis es abgebaut ist. Die Leber muß das gesamte Adrenalin entgiften, bevor bei uns wieder Ruhe einkehrt. Wir haben sicher alle schon einmal die Erfahrung gemacht, daß wir nach einem furchterregenden Kinofilm eine ganze Weile brauchten, um uns wieder zu entspannen.

Bei Streß gibt die Nebennierenrinde auch andere Hormone ab, die sogenannten Glucocorticoide. Kortisol (Hydrocortison) hat dabei den größten Anteil und ist für etwa 95 Prozent der Aktivitäten der Glucocorticoide verantwortlich. Kortisol erhöht den Blutzuckerspiegel, um die nötige Energie für leistungsgerechtes Funktionieren der Muskeln bereitzustellen. Kortisol verengt außerdem die Blutgefäße, die zur Körperoberfläche führen, wodurch sich der Blutdruck im Rumpf und in den Muskeln erhöht: Der Zweck ist der Schutz der Körperoberfläche; es sollen bei einer möglichen Verwundung keine wertvollen Flüssigkeiten verlorengehen. (3) (Die häufig bei Entzündungen verschriebene Cortisoncreme läßt Schwellungen zurückgehen, da sie die Blutgefäße verengt und den Zufluß zu dem verletzten Bereich reduziert.)

Untersuchungen an der McGill-Universität haben ergeben, daß es einen Zusammenhang gibt zwischen erhöhten Kortisolwerten und verminderten Lern- und Gedächtnisleistungen oder Konzentrationsproblemen. (4) Wenn wir unter Streß stehen, ist unser Erinnerungsvermögen nicht so gut wie unter normalen Umständen, und das hängt direkt mit der erhöhten Kortisolmenge im System zusammen. Kein Wunder, daß es unter Streß schwerfällt, sich zu konzentrieren und zu erinnern!

Wenn wir in Alarmbereitschaft sind, bereit zu Kampf oder Flucht, reagiert unser gesamtes System sehr sensibel auf irgendwelche äußeren Stimuli wie etwa eine kurze Bewegung, einen fallenden Stift, ein Flüstern. Die Gehirnwellen werden schneller (im oberen Betabereich) und wir reagieren. (5)

Ein einzelner oder alle Streßfaktoren, die in der Übersicht in Kapitel 8 (S. 165: „Was Lernen behindert") genannt sind, können von einem Kind als Bedrohung und nicht als Lernerfahrung oder gesunde Anforderung betrachtet werden. Kinder reagieren in Situationen, die sie als stressig empfinden, mit gestörter Aufmerksamkeit, sie „gehen die Wände hoch" oder sie kämpfen. Das ist eine normale Reaktion auf Streß. Und dennoch attestiert man diesen Kindern „ADS mit oder ohne Hyperaktivität" oder „Verhaltensstörungen", statt von einer Streßsituation zu sprechen.

Der Sehnenkontrollreflex

Ein weiteres Beispiel für die tiefgreifende und verwickelte Reaktion des Geist-Körper-Systems auf Streß läßt sich auf der muskulären Ebene beobachten, im „Sehnenkontrollreflex". Dieser bei Streß automatisch einsetzende Reflex verkürzt die Wadenmuskeln, macht die Knie steif und bereitet damit den Körper darauf vor, standfest zu bleiben und zu kämpfen oder vor der Gefahr wegzulaufen. Der Sehnenkontrollreflex ist ein Feedbackmechanismus, der die Sehnen und die damit verbundenen Muskeln vor übermäßiger Dehnung schützt. Er führt dazu, daß sich die Muskeln, die mit der Achillessehne verbunden sind (Unterschenkel-, Gastrocnemiusmuskeln), zusammenziehen, während sich die Gegenmuskeln (Schienbein-, Tibialismuskeln) entspannen und die Bewegung zu den Zehen verlagern. (6)

Wenn in einer Streßsituation die Knie versteift werden und der Körper nach vorne in Richtung Zehen verlagert wird, muß der restliche Körper sich angleichen, um das Gleichgewicht zu wahren. Um uns aufrecht zu halten, werden deshalb die Muskeln im unteren Rücken und im Nacken kontrahiert. Der Sehnenkontrollreflex sollte eigentlich nur kurzfristig wirksam werden, um uns auf Kampf oder Flucht vorzubereiten. Aber bei dem hohen Streßpegel in unserer heutigen Zeit zeigt sich, daß viele Menschen ihre Knie, ihren unteren Rücken und den Nacken fast ständig angespannt halten. Diese Unbeweglichkeit der Wirbelsäule wiederum schränkt das natürliche Fließen der Cerebrospinalflüssigkeit im Gehirn ein. Und die Rückenmuskeln können so stark verspannt sein, daß dies schließlich zu Problemen im unteren Rückenbereich oder zu eingeklemmten Bandscheiben führt – alles aufgrund von Streß.

Verkürzte Wadenmuskeln, sichtbar gemacht durch den „Zehengang", sind oft bei autistischen und sprachbehinderten Menschen zu beobachten: Diese Menschen weisen einen übertriebenen Sehnenkontrollreflex als Reaktion auf intensiven Streß auf. Aufgrund meiner Arbeit mit autistischen und sprachbehinderten Kindern glaube ich, daß ein Zusammenhang zwischen verkürzten Wadenmuskeln (Gastrocnemius) und sprachlichen Störungen besteht. Unter Dauerstreß neigen die Wadenmuskeln zur Verkürzung, und gleichzeitig ist die Sprache eingeschränkt. Paul Dennison beobachtete bei seiner Arbeit mit Kindern die gleiche Korrelation von Symptomen. (7)

Zum ersten Mal bekam ich eine Ahnung von der möglichen Bedeutung dieser Verbindung zwischen dem Sehnenkontrollreflex und Sprache, als ich mit einem autistischen Achtjährigen arbeitete, der vorher nie gesprochen hatte. Er ging in eine Klasse mit hörgeschädigten Kindern, wo er in der Ecke sitzen und den ganzen Tag seine schaukelnden Bewegungen machen konnte. Seine Lehrerin, eine Fachlehrerin für Hörbehinderte, führte die Brain-Gym®-Übungen durch, die sie bei der Konferenz der Hawaii State Teachers Association von mir gelernt hatte. Drei- bis viermal täglich machte sie Übungen zum Längen der Waden. Nach etwa zwei Wochen begann der Junge, sich zeitweise an einigen Aktivitäten zu beteiligen. Zwei Wochen später brachte er die ersten Worte heraus, die er noch in derselben Woche zu Sätzen verband. Die Lehrerin nahm zu mir Kontakt auf, und wir sprachen mit den freudig erregten Eltern.

In der Folgezeit arbeitete ich mit autistischen und sprachbehinderten Kindern, und ich führte weiterhin die Brain-Gym®-Übungen durch, die bewußt die neurale Aufmerksamkeit vom Überlebensreflex wegbringen und die Wadenmuskeln entspannen und längen. (8) Das Ergebnis waren spektakuläre Erfolge bei der Sprachentwicklung. Alle autistischen Kinder, mit denen ich arbeitete, die nie zuvor gesprochen hatten, konnten sprechen, nachdem sie einige Wochen Längungsübungen gemacht hatten. Diese Verbindung zwischen entspannten Wadenmuskeln und Sprache scheint grundlegend zu sein und sollte genauer untersucht werden.

Chronischer Streß

In einer angespannten Situation ist die Überlebensreaktion zwingender als formales Denken. Hin und wieder können wir es uns leisten, ein Stück Konzentration und Rationalität aufzugeben, um schnell aus einer Verwicklung herauszukommen. Aber die Kosten steigen schnell, wenn Streß überhand nimmt. Beständiges Reagieren auf eine streßreiche Umgebung mit überlebensorientiertem (SOSOH-) Verhalten fordert seinen Tribut vom Nervensystem. Da die Entwicklung von neuralen Netzen und die Myelinierung auf die Überlebensbereiche konzentriert wird, entwickeln sich die neuralen Netze in das limbische System und den Neokortex nur begrenzt. Menschen, die häufig unter Streß stehen, entwickeln so nur unzureichende neurale Pfade, die das Fundament für neues Lernen, Denken und Kreativität bilden können.

Chronisch gestreßte, überlebensorientierte Menschen sind sich oft nicht bewußt, wie sehr sie unter Streß stehen, da dies ihr Lebensstil geworden ist. Hans Selye spricht hier vom Allgemeinen Anpassungs-Syndrom

(AAS), einem komplexen physiologischen Mechanismus, der es dem Körper erlaubt, sich bei Streß anzupassen. Funktioniert dieser Mechanismus normal, sind Körper und Geist in der Lage, sich einer Vielzahl von Streßfaktoren und Verletzungen anzupassen. (9) Zu dieser Anpassung zählen jedoch nicht unbedingt höhere Denkfertigkeiten und Kreativität.

Betrachten wir einige der anscheinend immer vorhandenen Stressoren in unserer technisch orientierten Gesellschaft: projizierte Ängste vor Gewalt oder Tod (verstärkt durch Nachrichtenmedien und Fernsehfilme mit durchschnittlich zwölf Gewaltakten in der Stunde), Zukunftsängste bei instabilen familiären, schulischen und Arbeitsverhältnissen, Wettbewerb in der Schule und auf dem Arbeitsmarkt, das schnelle Tempo des täglichen Lebens. Ohne wirksames Streßmanagement begrenzen wir unsere Fähigkeiten als kreative, produktive, lernende Individuen unser ganzes Leben lang.

Weitergabe von Streß an die Kinder

Erste Streßreaktionen können bereits sehr früh einsetzen, manchmal bereits im Mutterleib. Schon Feten spüren die Auswirkungen des Adrenalinspiegels der Mutter. Schwangere merken häufig einen Unterschied in den Bewegungen ihres Kindes in ihrem Bauch, abhängig davon, ob sie gestreßt oder ruhig und entspannt sind. Da im Bauch die ersten wichtigen Lernschritte geschehen, sollten Mütter darauf achten, daß ihr Streßpegel in der Schwangerschaft niedrig bleibt.

Säuglinge reagieren sehr sensibel auf die Gefühle ihrer Betreuungspersonen (Eltern, Familie, Freunde). Sie spüren sofort die Ängste und Spannungen ihrer Umgebung und sind selbst gestreßt. Das zeigt sich besonders bei Erstgeborenen, speziell bei Jungen. (10) Da männliche Säuglinge im Vergleich zu weiblichen Säuglingen bei der Geburt entwicklungsmäßig einen Rückstand von zwei bis drei Wochen aufweisen, ist ihr Verdauungssystem nicht so gut entwickelt wie das der Mädchen. Sie müssen öfter gefüttert werden und machen öfter in die Windeln, deshalb schlafen sie weniger und schreien häufiger. Sind die Eltern dadurch übermüdet oder stark besorgt, nimmt das Kind, dessen primärer Fokus auf das Überleben gerichtet ist, diese Ängste und Sorgen wahr, und es kommt zu Koliken. Abgesehen von den Schmerzen beim Zahnen, sind Ängste der Eltern wahrscheinlich meist der Grund, wenn Säuglinge quengeln, obwohl ihre Grundbedürfnisse gestillt sind.

20 Prozent der Erstgebärenden leiden nach der Geburt unter Depressionen. (11) Sie neigen zu Ängsten und haben das Gefühl, daß ihr Leben außer Kontrolle gerät. Ihre Säuglinge sind häufig klein (niedriges Geburtsgewicht), sie dämmern viel vor sich hin, sie schreien viel und sie zeigen ihre Spannung durch ihren gekrümmten Rücken an. Als Kleinkinder sind sie oft sehr emotional und zeigen später eine Reihe von Verhaltensproblemen, von denen viele bis ins Erwachsenenalter reichen. (12)

SOSOH und die Familie

Die Familie bietet die ersten wichtigen Verhaltensmodelle. Eine geordnete, friedliche und sichere häusliche Umgebung trägt dazu bei, die Kinder vor den Faktoren zu bewahren, die zu SOSOH führen. Wenn Eltern oder andere Betreuer aber ein sehr streßbelastetes, ungeregeltes Leben führen, wird das Nervensystem der Kinder durch dieses „Training" geprägt.

Viele familiär bedingte Faktoren können SOSOH-Verhalten fördern. Schüler mit schlechten Leistungen kommen oft aus sozioökonomisch benachteiligten Familien. Sie wurden vielleicht unzureichend ernährt, ihre Umgebung kann sensorisch reizarm gewesen sein, und sie waren vielleicht starkem Streß in der Familie, oft auch Gewalt ausgesetzt. (13) Wenn Kinder in dysfunktionalen Familien starkem Streß ausgesetzt sind, leiden sie besonders, da sie wenig Unterstützung und Aufmerksamkeit bekommen. Wer sie wirklich sind, wird vielleicht nie deutlich. Bei ihren Bemühungen, den Erwartungen ihrer Vorbilder zu entsprechen, entwickelt sich das SOSOH-Muster. Die Symptome entstehen aufgrund ihres Überlebensinstinkts und aufgrund des Bedürfnisses, akzeptiert zu sein, sie entstehen nicht durch bewußtes Nachdenken. Da Überleben ihr primäres Ziel ist, werden die höheren Zentren für Denken und Kontrolle einfach nicht entwickelt, obwohl das vollständige Potential vorhanden ist.

Sharon Wegscheider Cruise beschreibt die Rolle des „Maskottchens", die dem Überleben dienen soll und von den meisten SOSOH-Menschen übernommen wird. Nach den Aussagen von Cruise neigen diese Menschen dazu, den Clown zu spielen; sie wetteifern dabei um positive und negative Aufmerksamkeit. Dieses Verhalten hat zwei Ziele: anerkannt zu werden und die familiären oder sozialen Spannungen durch ihr Tun aufzulösen. Sie leben unter einem schmerzlichen Widerspruch: Sie erleben beständig Chaos, aber man sagt ihnen, daß alles in Ordnung sei. Da sie glauben, was man ihnen sagt, können diese Clowns ihrer eigenen Intuition nicht mehr vertrauen und glauben vielleicht, sie seien verrückt. Sie fühlen sich zerbrechlich, unsicher und ängstlich und verfügen über wenig Selbstvertrauen und Selbstachtung. Ihr ganzes Tun ist darauf ausgerichtet, Aufmerksamkeit um jeden Preis zu erhalten. Wenn sie das zu weit treiben, bekommen sie die Aufmerksamkeit in Form von körperlicher Mißhandlung, aber ihr menschliches Bedürfnis nach Berührung ist zumindest befriedigt. (14, 15)

Wissenschaftliche Ergebnisse zeigen, daß Kinder für ihre Umgebung sehr viel empfänglicher sind als bisher angenommen. Streßbelastete Erfahrungen wie häusliche Gewalt und Mißhandlung aktivieren Hormone, die eine normale Entwicklung des Gehirns behindern. Diese Hormone können Gehirnzellen schädigen, die für die spätere Lernfähigkeit wichtig sind, und das kann beim Erwachsenen zu Einschränkungen der Intelligenz und zu Verhaltensproblemen führen. (16)

Als Beraterin arbeitete ich mit Kindern, die alle in unterschiedlichem Maße als SOSOH eingestuft waren, und ich stellte fest, daß 95 Prozent von ihnen die Rolle des Clowns gewählt hatten, um zu überleben. Wenn wir erkennen, daß für jedes dieser Kinder das Überleben an erster Stelle steht, ist es unsinnig, wenn man von ihnen Denken und Vernunft höherer Ebenen und eine rationale Kontrolle ihres Verhaltens verlangt.

Die Bedeutung des Vorbilds der Eltern oder Betreuer kann gar nicht hoch genug eingeschätzt werden. Unterstützende, funktionierende Familienbeziehungen für das kleine Kind wären die beste Hilfe für SOSOH-Menschen. Meiner Erfahrung nach ist der beste Beweis dafür in afrikanischen Dörfern zu finden: Dort gibt es SOSOH-Verhalten offensichtlich nicht, denn jeder Erwachsene hilft bei der Betreuung mit, und jedes Kind wird als gleichwertiges Mitglied des Clans betrachtet.

Wenn die erwachsenen Betreuer lernen, mit Streß umzugehen und ihr eigenes Verhalten zu kontrollieren, und wenn sie diese Techniken an ihre Kinder weitergeben, wirkt dies sicher genausogut wie Ritalin – wenn nicht sogar viel besser. Soll ein Kind gut lernen und in der Lage sein, Probleme zu lösen, setzt das voraus, daß die als Modell dienenden Betreuer ihm aktiv und konsequent dabei helfen. (17)

Kinder müssen außerdem lernen, Verantwortung für ihr Handeln zu übernehmen. Wenn Betreuer die Rolle des Helden oder des Allmächtigen spielen und immer alles für ihre Kinder tun, lernen die Kinder nicht, auf ihre eigenen Fähigkeiten zu vertrauen. Sie glauben dann nicht, daß sie

Verantwortung übernehmen können und selbst die Kontrolle über ihr Leben haben. (18, 19) Betreuer können den Kindern helfen, Verantwortungsgefühl zu entwickeln: Dies beginnt schon vor dem Alter von zwei Jahren, wenn sie selbst Vorbild sind und dann den Kindern zugestehen, daß sie sich selbst um ihre Spielsachen, um Haustiere und andere Menschen kümmern.

Streß und die Anfälligkeit für Krankheiten

Streß hat auch enorme gesundheitliche Auswirkungen. Da Adrenalin und andere Streßhormone die Polarität der Zellmembran verringern, steht bei Streß die Gesundheit der Zelle auf dem Spiel. Die (pathogenen = krankmachenden) Bakterien und Viren, die der Zelle auflauern, sind im Grunde genommen Aasgeier, die in einem Organismus nach verwundbaren Zellen suchen. Meist greifen sie Zellen mit verringerter Membranpolarität an.

George W. Crile wies diesen Zusammenhang in einem Experiment nach. Zwei Elektroden mit der gleichen Ladung (jedoch einmal positiv und einmal negativ) wurden etwa zwölf Zentimeter voneinander entfernt am Arm der Versuchsperson angelegt. Die Ladung erfolgte nur für kurze Zeit, und dann wurde der Arm sorgfältig untersucht. Innerhalb eines Tages entwickelte sich an dieser Stelle eine krankhafte Veränderung. Dann wurden von beiden Armen Kulturen genommen, um festzustellen, welche Bakterien und Pilze vorhanden waren. Im krankhaften Bereich befanden sich nicht mehr Bakterien und Pilze als am unbehandelten Arm. Innerhalb weniger Tage jedoch war die geschädigte Stelle mit Krankheitserregern besiedelt. Diese üblicherweise vorhandenen Organismen konnten auf der *intakten* Haut keinen Schaden anrichten; dies geschah erst, als einige Hautzellen durch eine verringerte Membranpolarität geschädigt waren. Diese machte die Zellen verwundbar und anfälliger für pathogene Angriffe. (20)

Unter erhöhtem Streß ist unserer Körper für Krankheiten höchst anfällig. Streß macht den Körper anfällig für Krankheiten, da die Stabilität und die Polarität der Zellmembranen herabgesetzt ist. Die Gelegenheit, krank zu werden, ist immer gegeben. Wir nehmen mit unserem Atem ständig pathogene Keime auf und einige (zum Beispiel Viren) leben über lange Zeit in unserem Körper. Wenn sich der Streßpegel erhöht, können diese Organismen schließlich in die Zellen eindringen und Krankheiten verursachen.

Bei den vielen heute vorhandenen Streßfaktoren ist es nicht verwunderlich, daß kleine Kinder einen erhöhten Adrenalinspiegel haben und anfälliger für Ohrinfektionen sind. Harold Levinson entdeckte, daß mehr als 90 Prozent der Kinder mit Lernschwierigkeiten als Säuglinge unter Ohrinfektionen litten. (21) Von der Natur ist die Streßreaktion nur als eine kurzfristige Reaktion gedacht, um den Körper in einer lebensbedrohlichen Situation aus der Gefahr und wieder in den Normalzustand zu bringen. Ständiger starker Streß und ein anhaltend hoher Adrenalinspiegel machen den Körper empfänglich für Krankheiten, wie zum Beispiel die chronischen Ohrinfektionen bei Kindern.

Wir selbst entscheiden, wie wir unsere Erfahrungen wahrnehmen und verarbeiten. Und davon hängt es ab, ob wir angesichts eines Ereignisses die Ruhe bewahren oder ob eine Streßreaktion ausgelöst wird. Der menschliche Geist ist sehr aktiv und stellt sich streßbelastete Situationen in der Zukunft vor, die wiederum Sorgen und Ängste bei ihm auslösen. Diese Angst beeinträchtigt unsere Gesundheit ganz entscheidend. Persönlichkeiten vom Typ A, die sehr anfällig für Herzerkrankungen sind, Workaholics und andere übertrieben leistungsorientierte Typen, die ständig danach streben, unrealistische persönliche oder soziale Anforderungen zu erfüllen, sind die Hauptkandidaten für Streßreaktionen.

Emotionen und Gesundheit

Das Immunsystem wird durch das limbische System reguliert, den Bereich des Gehirns, in dem Emotionen verarbeitet werden. Zwischen 1980 und 1990 entdeckten Forscher des National Institute of Mental Health an Zellen des Immunsystems, besonders an Monozyten, Rezeptoren für Neuropeptide und Neurotransmitter des limbischen Systems. Monozyten, die zu den weißen Blutkörperchen gehören, spielen die Schlüsselrolle im Immunsystem: Sie wandern an die infizierten Stellen und zerstören die Krankheitskeime. Schäden oder Verletzungen des Hypothalamus (Teil des limbischen Systems) führen zu Veränderungen in der Aktivität der Monozyten und anderer weißer Blutkörperchen und damit zu Veränderungen im Immunsystem. (22)

Die enge Verbindung von Neuropeptiden und Neurotransmittern sowohl mit den Emotionen wie auch mit dem Immunsystem legen die Vorstellung nahe, daß Emotionen und Gesundheit eng miteinander verflochten sind. Wenn wir glücklich, traurig, nachdenklich oder aufgeregt sind und dadurch die Produktion von Neuropeptiden und Neurotransmittern im limbischen System angeregt wird, dann muß es auch Auswirkungen auf die Immunzellen haben, wenn wir glücklich, traurig, nachdenklich oder aufgeregt sind. (23)

Mit dem Nerven- und dem Immunsystem chemisch unlösbar verbunden, haben unsere Emotionen natürlich Einfluß auf den ganzen Körper. Das Herz, das traditionell als der Sitz von Emotionen und Liebe betrachtet wurde, hat diesbezüglich in letzter Zeit zugunsten anderer Organe an Bedeutung verloren. Und dennoch ist das Herz chemisch direkt mit den Emotionen verbunden. Im Vorhofbereich des Herzens wird ein Hormon produziert (der atriale natriuretische Faktor = ANF), das entscheidenden Einfluß auf jedes größere Organ ausübt und als Reaktion auf eine starke Emotion aus dem limbischen System, egal ob Ärger oder Liebe, in Aktion tritt. Deshalb spielt ANF die entscheidende Rolle für unser Gefühlsleben und das Immunsystem, für die Funktionen von Gedächtnis und Lernen. (24) Dieses Hormon beeinflußt den Thalamus und sein Zusammenspiel mit der Hirnanhangdrüse, der wichtigsten endokrinen Drüse im Körper. Es hat außerdem Einfluß auf den Hypothalamus und die Zirbeldrüse und regelt die Produktion und die Wirkung des Melatonin, das wiederum den zirkadianen Rhythmus (den biologischen 24-Stunden-Rhythmus) und Stimmungsschwankungen regelt.

Unsere neugewonnenen Erkenntnisse über die Verbindung zwischen Emotionen und Immunsystem verdeutlichen, wie wichtig es ist, unsere Emotionen angemessen zum Ausdruck zu bringen. Dazu gehört eine Integration aller Teile des Geist-Körper-Systems in dem Augenblick, in dem das Gefühl empfunden wird. Dadurch wird die Verbindung von Einsicht und Denken mit der Emotion erleichtert. Dieser Lernprozeß beginnt mit der Entwicklung des limbischen Systems im Alter von etwa fünfzehn Monaten. Werden die Emotionen, die das Kind zum Ausdruck bringt, in einem sicheren, unterstützenden Umfeld ernst genommen, wird das Kind lernen, die Gefühle verantwortungsvoll auszudrücken. Etwa mit fünf Jahren kann das Kind Denken (vom Neokortex) mit den Emotionen verknüpfen; und mit acht Jahren kommt die Einsicht (aus den Stirnlappen) dazu, die die Gefühle verfeinert. Mit der Zeit wird der verantwortungsvolle Ausdruck der Gefühle zu einem wertvollen Instrument, das für einen gesunden Menschen und für die Gesellschaft notwendig ist.

Wenn starke Emotionen, besonders Furcht, Zorn oder Wut nicht zum Ausdruck gebracht werden können oder nicht ausgedrückt werden, bleiben sie ungelöst. Diese ungelösten Emotionen werden schließlich an das sympathische Nervensystem weitergegeben, wo sie sich mit der Zeit zu Ängsten entwickeln und entweder durch Gewalt zur Explosion kommen oder sich intern als Krankheiten manifestieren. In jedem Fall wird die Streßreaktion ausgelöst, die das System für Krankheiten anfällig bleiben läßt und den Lernprozeß behindert.

Untersuchungen zeigen zum Beispiel, daß Menschen, die sexuell mißbraucht wurden und ihre diesbezüglichen Gefühle nicht zum Ausdruck bringen konnten, sehr viel Adrenalin und Endorphine produzieren und ein geschwächtes Immunsystem aufweisen. Frank Putnam vom National Institute of Mental Health und Martin Teicher von der Harvard Medical School fanden heraus, daß ein chronisch erhöhter Adrenalinspiegel Neuronen in den für Denken und Gedächtnis wichtigen Gehirnarealen vernichten kann. Sie beobachteten, daß sexueller Mißbrauch das Wachstum der linken Hemisphäre beendete, die Entwicklung von Sprache und Logik behinderte und die Menge eines Antikörpers erhöhte, der das Immunsystem schwächt. (25) Besonders deutlich zeigt Dr. Lenore C. Terr in ihrer Forschung die Beziehung zwischen sexuellem Mißbrauch und Emotionen. Sie fand heraus, daß Menschen mit sexuellen Mißbrauchserlebnissen schmerzunempfindlich waren; es mangelte ihnen an Empathie, sie waren unfähig, Gefühle zu beschreiben und anzuerkennen, und sie schreckten vor emotionaler Intimität zurück. (26)

Anders als bei der Streßreaktion stärken wir unser Immunsystem, wenn wir in der Lage sind, unsere Emotionen verantwortungsvoll auszudrücken und aufzulösen, wenn wir positiv gestimmt, freudig erregt sind und beim Lernen unsere Aha-Erlebnisse haben. Wenn wir entspannt, wirklich glücklich, begeistert und voller Freude sind, vermehren sich die Interferone und Interleukine, die auf der Zellebene ausgeschüttet werden. Interferone und Interleukine erhöhen die Membranpolarität und schützen die Zellen vor dem Ansturm krankmachender Organismen. Adrenalin, Interferone und Interleukine sind lauter chemische Stoffe, die das Leben schützen: Adrenalin für das Überleben in der Not und Interferone und Interleukine für Gesundheit und ein langes Leben. (27)

Warum Verhärtung schwächt

Männer sterben in unserer Gesellschaft früher als Frauen, wobei Herzkrankheiten als Todesursache an erster Stelle stehen. Mittlerweile verbreitet sich die Erkenntnis, daß ein „mannhaftes" Herz nicht eines ist, das Gefühlen gegenüber gleichgültig ist, ganz im Gegensatz zu den alten Hollywood-Stereotypen. Und ein „gebrochenes Herz" ist möglicherweise mehr als nur eine *Metapher* für das, was geschieht, wenn Liebe nicht ausgedrückt wird oder die emotionalen Bedürfnisse nach Liebe und Verbundenheit nicht befriedigt werden. Trotz der Erkenntnis, daß Krankheiten streßbezogen sind und daß es gesund ist, Emotionen zum Ausdruck zu bringen und dadurch Streß abzubauen, wird unserer Jugend, insbesondere der männlichen, weiterhin der Mensch, der keine Emotionen zeigt, als Vorbild hingestellt.

Neuere Untersuchungen zeigen interessante Korrelationen zwischen der Art, wie Männer und Frauen Beziehungen gestalten, ihrem Gefühl der Selbstachtung und schließlich ihrer Gesundheit auf. Eine Befragung von Vierzehn- bis Achtundzwanzigjährigen ergab, daß die Basis für Selbstachtung bei Frauen eine ganz andere ist als bei Männern. (28) Mädchen mit hoher Selbstachtung sind gewöhnlich fröhlich, bestimmt, emotional offen, warmherzig und können gut mit anderen zusammenarbeiten. Jungen mit hoher Selbstachtung sind meist ernst, humorlos, emotionslos, und sie verfügen kaum über soziale Fähigkeiten. Die Studie zeigt, daß die Selbstachtung bei Frauen durch gute Beziehungen gestärkt wird, während Männer ihre Selbstachtung dadurch gewinnen, daß sie emotionslos ihre Ängste beherrschen. Es überrascht nicht, daß in dieser Studie die Männer im Vergleich mit den Frauen einen höheren Streßpegel und einen hyperaktiven Verstand aufwiesen. Woher kommen diese Vorstellungen von Weiblichkeit und Männlichkeit? Wir müssen nicht lange suchen und nur die Situationskomödien im Fernsehen und die Medien allgemein betrachten.

Ein angemessenes Ausdrücken und Auflösen von Gefühlen hilft stressige Situationen zu bewältigen. Wie wir unsere Gefühle erfahren und ausdrücken, besonders die negativen, entscheidet weitgehend, ob wir Adrenalin oder andere Neuropeptide produzieren. Wenn derart intensive Gefühle wie Wut und Trauer verantwortungsvoll ausgedrückt und nicht unterdrückt werden, wird nur wenig Adrenalin ausgeschüttet, wenn überhaupt. Der Ausdruck von Emotionen verhindert, daß der damit verbundene Streß chronisch wird. Wenn wir unsere Trauer ehrlich ausdrücken, gelingt uns dies auch bei großer Freude. Dann wird das Leben zu einem reichen, lebendigen, leidenschaftlichen Lernabenteuer, das wir gesund durchstehen.

Fernsehen, ein keineswegs verborgener Streßfaktor

Es wird immer deutlicher, daß übermäßiger Fernsehkonsum und Gewalt im Fernsehen zu Lernproblemen führen können. Bis 1977 gab es mehr als hundert Veröffentlichungen aus fünfzig Labor- und Feldstudien oder anderen Experimenten, an denen zehntausend Kinder und Erwachsene aus allen Schichten beteiligt waren. Sie alle zeigten auf, daß Gewalt im Fernsehen die Zuschauer beeinflußt. Dabei wurde nachgewiesen, daß Gewalt im Fernsehen bei Kindern die Bereitschaft steigert, andere zu verletzen; ihr Spiel wird aggressiver und die Wahrscheinlichkeit steigt, daß sie Aggressionen zur Lösung von Konfliktsituationen einsetzen. (29)

Sehen Sie sich an, in welch beunruhigender Weise sich die Fernsehgewohnheiten in unserer Gesellschaft verändert haben: Amerikanische Kinder zwischen zwei und fünf Jahren sitzen in der Woche mehr als siebenundzwanzig Stunden vor dem Fernsehgerät. (30) Etwa die Hälfte der amerikanischen Eltern hat es aufgegeben, den Kindern vorzuschreiben, was sie sehen dürfen. (31) In 24 Prozent der Haushalte steht ein Fernsehgerät im Kinderzimmer, und 25 Prozent der amerikanischen Erwachsenen können sich keinen Geldbetrag vorstellen, der groß genug wäre, sie vom Fernsehen abzuhalten. (32)

1994 waren im Fernsehen durchschnittlich zwölf Gewaltakte in der Stunde zu sehen, im Kinderprogramm sechzehn und im Programm für Erwachsene acht Gewalthandlungen. Eine neuere Studie fand heraus, daß ein amerikanisches Kind im Durchschnitt drei Stunden täglich vor dem Fernsehgerät sitzt, wobei ein Viertel dieser Kinder auf sechs Stunden Fernsehen am Tag kommen. Mit dreizehn Jahren haben die Kinder schätzungsweise achtzehntausend Morde im Fernsehen angesehen. (33) In einer über fünfzehn Jahre reichenden repräsentativen Studie in den USA, Kanada und Südafrika zeigte sich, daß übermäßiger Fernsehkonsum in der Kindheit als mitverursachender Faktor bei etwa der Hälfte der Morde, Vergewaltigungen und Überfälle in diesen Ländern gelten kann. (34)

Gewalt in Comicfilmen wird gezielt eingesetzt, um das Kind für das Fernsehen zu ködern und um möglichst viele Zuschauer für die Werbung zu bekommen. Zeichentrickfilme mit Gewalt sind nachweislich der einfachste Weg, um die Altersgruppe von zwei bis elf Jahren anzulocken. Die bedenklichste und weit verbreitete Auswirkung dieser Werbestrategie ist eine Desensibilisierung und die Entwicklung der Menschen zu dickfelligen, distanzierten, zynischen Individuen. (35)

Wie das Fernsehen Streß verursacht

Dr. Byron Reeves von der Stanford University führte für eine Studie Messungen der elektrischen Aktivität des Gehirns bei Fernsehzuschauern durch. Deren Gehirn reagierte auf Bewegungen im Fernsehen, als seien diese real, und bereitete das Nervensystem auf eine körperliche Reaktion vor. (36) Unser Gehirn reagiert sehr sensibel auf schnelle Bewegungen, plötzliche Geräusche und Farbveränderungen, die eine Gefahr anzeigen könnten, damit wir uns zu unserem Schutz auf Kampf oder Flucht vorbereiten können. Programmgestalter wissen das und setzen diese Erkenntnis gezielt ein, um uns vor dem Fernsehgerät zu halten, auch wenn wir das vielleicht nicht wollen. Sie werden das bestätigt finden, wenn sie auf all die Lichtwechsel während einer Fernsehshow und bei Werbespots achten. Da diese körperliche Reaktion auf Gefahr von Natur aus vorhanden ist und dieser Impuls beim Zuschauen aber kein Ventil findet, entwickelt der Fernsehzuschauer vielleicht Überaktivität, Frustrationen oder Gereiztheit, die auch in anderen Lebensbereichen Wirkung zeigen. (37, 38, 39, 40)

Das Gehirn ist darauf ausgerichtet, für das Wohl und die Langlebigkeit der Menschen zu sorgen, damit die Spezies überlebt. Während der Entwicklung des limbischen Systems lernen wir, was Beziehungen, Emotionen und Zusammenhalt für das Überleben der Art bedeuten. Wenn kleine Kinder beobachten, wie Menschen im Fernsehen verletzt oder getötet werden, löst das ihre angeborene Angst um das Überleben aus. Und alles, was während dieser ersten vier Jahre gegen das Überleben der Art gerichtet ist, kann eine Streßreaktion auslösen.

Gleichzeitig ist bei Kindern instinktiv der Drang vorhanden, beobachtetes Verhalten nachzumachen, ohne zu überlegen, ob dies so sein sollte. Kinder ahmen alles nach, auch destruktives und unsoziales Verhalten. (41) Kleinkinder im Alter von vierzehn Monaten übernehmen nachweislich Verhalten, das sie im Fernsehen beobachtet haben. (42)

Bis zum Alter von vier Jahren können Kinder beim Fernsehen nicht zwischen Wirklichkeit und Fiktion unterscheiden. Die Vorschulkinder betrachten das Fernsehen als Informationsquelle, aus der sie erfahren, was in der Welt wirklich geschieht. Gewalt im Fernsehen wird dann, obwohl die Überlebensreaktion ausgelöst wird, als selbstverständlich und alltäglich angesehen. Es hat den Anschein, als könnte der angeborene Überlebenstrieb geschwächt werden und an dessen Stelle die Anziehungskraft der Gewalt mit dem damit verbundenen Gefühl von Macht treten. Unter

Streß greifen Heranwachsende und Erwachsene später auf die frühesten Vorstellungen über Gewalt und deren Rolle in der Gesellschaft zurück. Ein Großteil dieser Vorstellungen könnte aus dem Fernsehen stammen. (43) Das bestätigt sich in einer Untersuchung mit männlichen Strafgefangenen, die wegen Gewaltverbrechen einsaßen (Mord, Vergewaltigung und Überfall). 22 bis 34 Prozent gaben zu, daß sie bewußt kriminelle Techniken vom Fernsehen übernahmen, und das meist „erfolgreich". (44)

Hyperaktivität tritt bei Jungen achtmal häufiger auf als bei Mädchen. (45) Jungen bekommen männliche Gewalt im Fernsehen sehr anschaulich vorgeführt. Die Botschaft lautet, hart zu sein und bei Gewalt „cool" zu bleiben. Da sie keinen akzeptablen Weg kennen, ihren Streß aufzulösen oder auszudrücken, kann das in den Muskeln vorhandene Adrenalin einen Zustand der Hyperaktivität herbeiführen, das heißt, sie müssen sich beständig bewegen oder herumzappeln, um ihre überschüssige Energie loszuwerden. Die nächste Stufe ist dann ein SOSOH-Etikett – ADS mit oder ohne Hyperaktivität oder verhaltensgestört.

Die Morphine in unserem Kopf

Als Reaktion auf einen hohen Streßpegel und auf Schmerzen werden noch andere Neuropeptide ausgeschüttet. Diese Neuropeptide – natürliche Schmerzmittel des Körpers – werden Enkephaline und Endorphine genannt; sie werden im Thalamus, im Hypothalamus und in Teilen des limbischen Systems produziert. Sie wurden 1974 von Candace Pert und Solomon Snyder an der John Hopkins University entdeckt. Diese natürlichen Opiate sind Überbleibsel aus einer Zeit, als eine sofortige Befreiung von Schmerz wichtig war, damit Lebewesen ohne Verzögerung vor einem Angreifer fliehen konnten. (46)

Marathonläufer sind ein gutes Beispiel für die Wirkung dieser Schmerzmittel. Es gibt einen Punkt, an dem das gleichmäßige Laufen schmerzhaft wird. Der Körper schickt dem Gehirn die Botschaft, daß es Zeit wäre anzuhalten, um das Gewebe nicht in größerem Ausmaß zu schädigen. Ignorieren die Läufer diese Botschaft und laufen weiter, deutet das Gehirn dies so, als wäre eine lebensbedrohliche Situation eingetreten, in der Weiterlaufen wichtig ist. Jetzt gibt das Gehirn Endorphine ab, um die Schmerzbotschaft an das Gehirn zu blockieren, damit die Läufer ihren Körper aus der „Gefahrenzone" bringen können.

Die Läufer fühlen sich euphorisch, da der Schmerz aufgehört hat. Da sie aber die Schmerzbotschaft des Körpers nicht beachten und nicht entsprechend reagieren, sondern statt dessen das Körpersignal mit einer chemischen Reaktion auf drohende Gefahren überdecken, kommt es häufig zu unnötigen Verletzungen. Bei dem Wettbewerbsdruck, unter dem wir heute stehen, frage ich mich, ob wir nicht zu einer Gesellschaft von Endorphinsüchtigen geworden sind, die sich alle mit ihrem eigenen Morphin aufputschen. Das könnte ein Versuch sein, den Schmerz, der durch das übermäßig stressige Leben entsteht, auszublenden.

Ich habe diese verstärkte Endorphinreaktion auch schon bei Kindern beobachtet: Sie sind in der Schule geistig abwesend und lassen so ihren Weltschmerz hinter sich. Dazu gehören Traumata und Mißbrauch im Elternhaus oder peinliche Erlebnisse in der Schule, in vielen Fällen auch beides. Wieder ist das System allzu schnell bereit, diesen Kindern ADS oder Verhaltensstörungen zu bescheinigen.

Ausgewogenes körperliches Training, das unsere Leistungsfähigkeit nicht übersteigt – sonst werden Endorphine ausgeschüttet –, erhöht die für das Lernen wichtige Sauerstoffaufnahme. Sportliche Aktivitäten wie Schwimmen, Gehen, Laufen und Radfahren, bei denen die großen Muskeln, speziell die Beine, eingesetzt werden, sind gesund, da sie den Herzschlag in die Höhe treiben. Ein Beratergremium des amerikanischen Präsidenten für körperliche Fitneß und Sport empfiehlt täglich mindestens eine halbe Stunde zur Erhaltung der körperlichen und intellektuellen Fitneß. (47) Ärzte und Psychotherapeuten, die häufig mit Patienten mit Streßbeschwerden zu tun haben, empfehlen sportliches Training, speziell das Gehen (also eine Überkreuzbewegung) als wirksame Therapie zum Streßabbau. (48)

Kooperative sportliche Trainingsprogramme ohne Wettbewerbscharakter, die eigene Aktivitäten der Schüler fördern, machen allen Spaß. Sie vermindern den Streß und erhöhen dadurch das Lernvermögen. Ein Stück unnötiger Wettbewerb wird so aus unserem Leben entfernt, das damit weniger schmerzlich wird und mit weniger Endorphinen auskommt.

Endorphine blockieren nicht nur den Schmerz, sie haben darüber hinaus schädliche Auswirkungen auf unsere Gesundheit: Wenn sie als Reaktion auf emotionalen Streß erzeugt werden, unterdrücken sie die Aktivität der T-Zellen und vermindern so unseren Widerstand gegen Krankheitserreger, gegen Krebs und Autoimmunkrankheiten. T-Zellen, auch T-Lymphozyten genannt, sind weiße Blutzellen aus der Thymusdrüse, die besonders gegen Bakterien, Viren, Pilze und Krebszellen wirken. Bei AIDS ist die Zahl der T-Lymphozyten im Blut stark verringert. Wenngleich viele Menschen Träger des AIDS-Virus sind, wird die Krankheit wahrscheinlich vor allem bei denjenigen akut, die mit emotionalem Streß zu kämpfen haben und folglich einen erhöhten Endorphinspiegel aufweisen. (49)

Gamma-Amino-Buttersäure

Die Auswirkungen von Streß auf die komplexe Chemie der geistig-körperlichen Lernprozesse müssen noch in größerem Umfang erforscht werden. Es sind bereits viele weitere Einzelheiten bekannt, die aber den Rahmen dieses Buches sprengen würden. Ein bestimmter Neurotransmitter muß allerdings wegen seiner Rolle für den Lernprozeß noch erwähnt werden, denn er zeigt besonders deutlich, wie die verschiedenen Mechanismen im Körper zusammenarbeiten, um das Lernen zu erleichtern.

Um Lern- und Denkprozesse und die Erinnerung in Gang zu setzen, muß das Gehirn unwichtige Reize ausblenden und einen Fokus aufrechterhalten. Gamma-Amino-Buttersäure (GABA) blockiert unbedeutende Stimuli, indem sie die Membranen der postsynaptischen Neuronen hyperpolarisiert, das heißt die Membranpolarität derart steigert (auf mehr als -70 mV im Inneren), daß nur noch bestimmte Reize registriert werden. (50, 51) So aktivieren wir zum Beispiel die Ausschüttung von GABA, wenn wir uns beim Lesen intensiv in ein Buch vertiefen. Wir beschließen, daß wir Raum und Zeit vergessen wollen, damit nichts unsere Konzentration stört. Auch nachts schütten wir bewußt GABA aus, um Licht, Töne und das Gewicht der Decke auf unserem Körper auszublenden und schlafen zu können. Mit GABA wählt unser System selbst seinen Fokus, anstatt nur zu reagieren, so wie es mit Adrenalin auf alle umgebenden Reize reagiert.

Wir wählen bewußt, welche Membranen wir mit GABA überdurchschnittlich polarisieren. So konnte ich zum Beispiel als junge Mutter die Flugzeuge ausblenden, die nachts über unser Haus flogen, aber wenn meine Tochter das geringste Geräusch von sich gab, wurde ich sofort wach. Mein Bewußtsein war auf das Wohl meiner Tochter gerichtet, und deshalb konnte ich die Schwelle, an der ich Flugzeuglärm registrierte, höherlegen und andererseits die Aufmerksamkeitsschwelle für meine Tochter herabsetzen. In ähnlicher Weise blockieren wir beim Lernen mit Hilfe von GABA unwichtige Reize, wie zum Beispiel das Geräusch eines herunterfallenden Stiftes, das Kichern anderer Kinder oder Straßenlärm. So ist es uns möglich, unsere Aufmerksamkeit bewußt auf etwas zu konzentrieren.

Mit GABA bestimmen wir selbst, daß wir geistig und emotional voll bewußt in der Gegenwart sein wollen, und damit überlagern wir die Wirkung des Adrenalin. Durch das Vorbild von Menschen, die uns zu konzentrierter, selbständiger Beschäftigung ermutigen, können wir durch Übung lernen, GABA gezielt einzusetzen. Menschen, die dies nicht können, werden meist als „hyperaktiv" bezeichnet. Sie nehmen alle Reize ihrer Umgebung auf und reagieren darauf, da sie nicht auswählen und bestimmte Reize gegebenenfalls ignorieren können. Ihre Fähigkeit, sich selbst zu beruhigen und zu fokussieren, ist nicht entwickelt. Meiner Erfahrung nach kann Brain-Gym® für diese Menschen sehr nützlich sein. Die Hirnbereiche mit den Neuronen, die GABA ausschütten, sind mit den Feldern für Bewegung, speziell für feinmotorische Bewegung verknüpft. Deshalb dürften Brain-Gym®-Übungen diese speziellen Neuronen anregen und zu stärkerer Ausbildung von Dendriten führen und damit mehr GABA verfügbar machen, das konzentrierte Aufmerksamkeit ermöglicht.

Streßmanagement heißt, das gesamte Körper-Geist-System wirkungsvoller und gesundheitsfördernd einzusetzen. Dazu ist es nötig, bewußt die Konzentration und die nervöse Energie von den Überlebenszentren abzuziehen und sie ausgewogen auf alle Bereiche zu verteilen. Wir können nicht erwarten, daß wir oder unsere Kinder, daß überhaupt jemand unter Streßbelastung optimal lernen kann. Streß in allen Lebensbereichen zu bewältigen heißt sinnvolles Lernen zu ermöglichen.

Kapitel 13

Einseitige Unterrichtsmethoden und fragwürdige Etiketten

„Da die Variationsmöglichkeiten für die Art, wie ein Individuum strukturiert sein kann, unbegrenzt sind, muß man davon ausgehen, daß das Empfindungsvermögen eines Menschen ebensowenig mit dem eines anderen identisch sein kann wie die Fingerabdrücke. Es ist also äußerst unwahrscheinlich, daß auch nur zwei Menschen existieren oder je existieren werden, die einander genau gleichen. Wenn Einzigartigkeit ein unentbehrliches Erfordernis für eine sich entwickelnde Gesellschaft wäre, dann wäre jeder Mensch unentbehrlich." (1)
Paul MacLean

Wettbewerb ist in unserer Gesellschaft so weit verbreitet, daß sogar Schulkinder unter diesem allgegenwärtigen Druck und dem daraus resultierenden Streß leiden. Die Schule selbst ist ein großer Streßfaktor, besonders für Kinder mit „schlechten" schulischen Leistungen. So ist es unausweichlich, daß sich die meisten Menschen über ihre Schulleistungen definieren. Selbstachtung, Karrierechancen und Lebensziele werden stark von Noten und Schulabschlüssen beeinflußt. Schlechte schulische Leistungen rufen negative Emotionen hervor, die wiederum Gefühle der Angst und Bedrohung nach sich ziehen. Und das bedeutet Streß. Wie wir gesehen haben, schwächt Streß den Lernenden noch zusätzlich, und er gerät damit in einen Teufelskreis, der die Noten immer weiter nach unten rutschen läßt.

Das muß aber nicht sein. Bekäme jeder Schüler Wertschätzung und Unterstützung zu spüren, würde sehr viel Streß aus der Lernsituation genommen. Ein großer Teil der schwachen schulischen Leistungen ist auf bestimmte Unterrichtspraktiken zurückzuführen, besonders in solchen

Schulen, die die unterschiedlichen Lernstile nicht berücksichtigen. Die Menschen lernen unterschiedlich, aber die Schule favorisiert bestimmte Lernstile, und die Arbeit in der Schule ist auf bestimmte Bereiche festgelegt.

Insgesamt lehrt, testet und bewertet die Schule die Leistungen des logischen Gehirns. Logisches, folgerichtiges Denken, Rechnen, Kategorisieren und verbales Geschick sind in der Schule hochgeschätzte Fähigkeiten. Intuition, Emotionen, Visionen, Humor, rhythmische Bewegungen, Bildgestaltung und andere Fähigkeiten des Gestaltgehirns werden in der Schule nicht geübt, getestet oder besonders geschätzt. Nur außerhalb der Schule, in der realen Welt, wo Erfolg von Unternehmungsgeist, Vorstellungskraft und Verständnis abhängig ist, fangen wir langsam an, die Bedeutung des Gestaltgehirns zu schätzen. Die Schule ist sehr einseitig, und viele Schüler leiden deshalb und zeigen schließlich SOSOH-Verhalten.

Unsere angeborenen Lernstile

Wir alle sind in je einzigartiger Weise „verdrahtet", „vernetzt". Unsere individuellen Lebenserfahrungen formen unsere Wahrnehmungen, unseren Lernstil und den Kern unserer Persönlichkeit. Einige unserer neuronalen Verbindungen (unsere neuralen Netzwerke) werden jedoch durch angeborene Faktoren bestimmt. Zum Beispiel haben wir alle eine Vorliebe für eine bestimmte Hand, ein Auge, ein Ohr. Wir alle nutzen auch eine Hirnhälfte stärker als die andere.

Unsere Vernetzung wird außerdem bestimmt durch die Art, wie wir sensorische Informationen aufnehmen und wie unser dominantes Sinnesorgan mit der bevorzugten Hirnhälfte verbunden ist. Diese Verbindungen begründen unseren einzigartigen Lernstil, und der ist weder gut noch schlecht. Es handelt sich darum, daß wir mehr zu einer bestimmten Wahrnehmungsart neigen, daß wir diese bevorzugen und entsprechende Aufgaben leichter ausführen können. Wenn Sie jedoch nur mit Lernerfahrungen konfrontiert werden, zum Beispiel in der Schule, die nie zu Ihren Vorlieben passen und bei denen Sie Ihre Stärken nicht zeigen können, bekommen Sie wahrscheinlich das Gefühl, daß Ihr Lernstil tatsächlich weniger gut ist.

Die Dennison-Dominanzprofile

In den letzten Jahren entwickelten Pädagogen und Psychologen mehrere Systeme zur Analyse und Bestimmung von Lernstilen. Paul Dennisons Methode zur Unterscheidung individueller Lernstile verspricht nützliche Ergebnisse. Bei seiner Methode werden Dominanzprofile erstellt, die die laterale Dominanz von Augen, Ohren und Händen in Bezug zur dominanten Hirnhälfte feststellen. Dadurch lassen sich wichtige Einsichten gewinnen, wie das Individuum Informationen und Erfahrungen verarbeitet. (2)

Dominanzprofile zeigen unseren bevorzugten Lernstil und damit auch unsere spontane Reaktion bei Streß: Unter Streß verlassen wir uns meist auf unser dominantes Sinnesorgan und auf unsere bevorzugte Verarbeitungsmethode.

Unter normalen Umständen kann sich unser Dominanzprofil verändern. Wenn sich die Umstände verändern und wir Neues lernen und uns anpassen, geben wir unser Grunddominanzprofil auf und übernehmen angepaßte Dominanzprofile. In diesen angepaßten Profilen zeigen sich unsere selbst entwickelten, bewährten Lernstrategien. Unter Streß kehren wir jedoch sofort zu unserem Grundprofil zurück. Unter Streß funktioniert effektiv nur eine Hirnhälfte, entweder die Gestalt- oder die Logikhälfte, und die Sinnesorgane, die nicht mit dieser Hälfte verbunden sind, können nicht wirksam genutzt werden.

Das Grunddominanzprofil gibt uns Aufschluß darüber, wie wir neuen Lernstoff am besten aufnehmen und verarbeiten, besonders wenn dieser eine Herausforderung darstellt. Es stellt die „Landkarte unseres individuellen, grundlegenden Lernmusters dar. Werden wir mit neuem Lernstoff konfrontiert, nehmen wir die Informationen am leichtesten mit unserem dominanten Sinn (Augen oder Ohren) auf, und die Darstellung geschieht (verbal, mit Gesten oder schriftlich) mit unserer dominanten Hand.

Augen, Ohren und Hände sind die primären Sinnesorgane, durch die wir Informationen aufnehmen. Unser angeborener neuraler „Schaltplan" ist so angelegt, daß die linke Gehirnhälfte Bewegungen der rechten Körperseite steuert und die sensorischen Informationen von dort verarbeitet. Entsprechend ist die rechte Hirnhälfte für Motorik und Sensorik der linken Körperhälfte zuständig. Der Dominanz-„Käfer" in Abbildung 13.1 (S. 218) soll Ihnen helfen, in schematischer Darstellung die Dominanzprofile sichtbar zu machen. Bei der Erstellung eines Profils werden die dominanten Körperteile ausgemalt (dunkel koloriert).

Abbildung 13.1: Dominanzmodelle

Die Leistungsfähigkeit der sinnlichen Wahrnehmung ist davon abhängig, ob das dominante Organ (Auge, Ohr oder Hand) der dominanten Gehirnhälfte gegenüberliegt oder nicht. Die visuelle Wahrnehmung zum Beispiel ist dann am besten, wenn die Dominanz des rechten Auges und die der linken Hirnhälfte zusammentreffen. Die linke Hälfte steuert die Bewegungen des rechten Auges, und wenn diese Verbindung funktioniert, sind optimales drei- und zweidimensionales Sehen, Augenfolgebewegungen und peripheres Sehen möglich. Dasselbe gilt natürlich umgekehrt für die Dominanz von rechter Hirnhälfte und linkem Auge. (A)

Sind jedoch *linkes* Auge *und linke* Hirnhälfte dominant, ist die visuelle Wahrnehmung weniger gut, da die Muskelbewegungen des dominanten Auges nicht von der dominanten Gehirnhälfte gesteuert werden. Die Bezeichnung „homolateral" meint ebendies: daß das dominante Organ auf der gleichen Körperseite liegt wie die dominante Hirnhälfte. Speziell unter Streß ist die Funktion des entsprechenden Wahrnehmungsorgans eingeschränkt, da die nichtdominante Hirnhälfte nur eingeschränkt funktioniert. Deshalb bezeichne ich homolaterale Profile als einschränkend. (B)

Die Augen ermöglichen das Sehen und die visuelle Interpretation unserer Welt. Die Ohren machen Hören, Zuhören und Gedächtnisleistungen möglich. Interessanterweise wird Gehörtes in den Schläfenlappen verarbeitet, die eng mit den Gedächtnisfeldern im limbischen System verbunden sind. Die Hände fördern die Kommunikation: mündlich, schriftlich und durch Gestik. Die linke Hirnhälfte gibt den Anstoß zu sprachlichem Ausdruck (sowohl mündlich als auch schriftlich) mit der rechten Hand. Die rechte Hälfte steuert expressive Bewegungen und die Fingerfertigkeit der linken Hand. Die Kommunikation wird eingeschränkt, wenn jeweils linke Hirnhälfte und linke Hand oder rechte Hirnhälfte und rechte Hand dominant sind. Wohlgemerkt: Diese Erklärungen vereinfachen stark und können nicht annähernd zeigen, wie komplex diese Profile in Wirklichkeit sind.

Die folgende Tabelle soll eine Vorstellung davon vermitteln, wie die Hemisphären, die Augen, Ohren und Hände zusammenarbeiten. Manche Menschen weisen kontralaterale Profile, manche homolaterale Profile für einzelne Sinnesorgane auf. Es sind alle möglichen Kombinationen zu finden, zum Beispiel Kontralateralität für die Augen und Homolateralität für die Ohren.

Kontralaterale Profile

Dominanter Sinn	Dominante Hirnhälfte	Bevorzugter Lernstil
rechtes Auge	linke H.	visuell
linkes Auge	rechte H.	visuell
rechtes Ohr	linke H.	auditiv
linkes Ohr	rechte H.	auditiv
rechte Hand	linke H.	verbal
linke Hand	rechte H.	kinästhetisch

Homolaterale Profile

Dominanter Sinn	Dominante Hirnhälfte	Lernstil
rechtes Auge	rechte H.	visuell eingeschränkt
linkes Auge	linke H.	visuell eingeschränkt

Lernende, deren visuelle Wahrnehmung eingeschränkt ist, lernen mit Hilfe ihrer anderen Sinne. Sie schließen entweder die Augen oder wenden den Blick ab, um sich auf das, was sie lernen oder ausdrücken wollen, zu konzentrieren.

rechtes Ohr	rechte H.	auditiv eingeschränkt
linkes Ohr	linke H.	auditiv eingeschränkt

Lernende blenden sich aus, wenn andere zu viel reden, zum Beispiel bei Vorträgen.

rechte Hand	rechte H.	Kommunikation eingeschränkt

Lernende, deren Kommunikationsfähigkeit eingeschränkt ist, sehen das Gesamtbild und können es nur schwer sprachlich in Einzelteile zerlegen, um zu vermitteln, was sie verstanden haben.

linke Hand	linke H.	kinästhetisch eingeschränkt

Lernende, die kinästhetisch eingeschränkt sind, haben vielleicht Schwierigkeiten, wenn sie ihre Vorstellungen über praktische Tätigkeiten mitteilen sollen.

Abbildung 13.2: Dennison-Dominanzprofile

Die Dennison-Dominanzprofile bildeten für mich eine wertvolle Ergänzung meiner Arbeit als Beraterin für Schüler mit Lern- und Verhaltensstörungen. Zusätzlich zu individuellen Lernprogrammen machten diese Profile die Kinder mit ihrem eigenen Lernstil bekannt und unterstützten sie darin. (Jene Lernprogramme legen gewöhnlich Lernziele über ein Jahr hinweg für jedes einzelne Kind fest; Lehrer, Berater und die Eltern stimmen sich gemeinsam darüber ab.) Die Dominanzprofile gaben auch den Eltern und dem Lehrer eine Hilfe an die Hand, den Lernstil des Kindes zu fördern. Einige Lehrer setzten die Profile auch in Regelklassen ein, damit Schüler sich selbst besser verstanden und Selbstachtung gewannen.

Dominanzprofile und Etiketten

Nachdem ich bei vielen Schülern in verschiedenen Schularten die Dominanzprofile bestimmt hatte, zeigten sich bestimmte Muster. Zum Beispiel stellte ich fest, daß viele der Schüler, bei denen die Gestalthälfte dominant war und die außerdem sensorisch eingeschränkt waren, als lernbehindert eingestuft wurden. 1990 stellte ich offiziell Untersuchungen an, um die verschiedenen Dominanzprofile mit den in der Schule üblichen Etiketten zu vergleichen. (3)

Ich arbeitete mit den Grunddominanzprofilen und sammelte Daten von 218 Schülern aus Schulen in Denver (Colorado) und Kona (Hawaii), die ich beliebig ausgewählt hatte. Die Bestimmung der Dominanz geschah mit Hilfe von Muskeltests, einer diagnostischen Methode, wie sie von Ärzten, Kinesiologen, Chiropraktikern und anderen Heilberufen angewendet wird. Der Muskel wird getestet, während die Person ihre Aufmerksamkeit nacheinander auf jeden Arm, jedes Auge, jedes Ohr und jede Gehirnhälfte richtet. Die Schüler wurden außerdem in Gruppen unterteilt, entsprechend den Kriterien ihrer Schule:

- **Besonders begabt**: Diese Schüler erbrachten überdurchschnittliche Leistungen, besonders in Sprachen und Mathematik.
- **Normal begabt**: Kinder, die in der Regelschule gut mitkamen
- **Schüler mit zusätzlichen Stützkursen**: Schüler wie in Kapitel 1 beschrieben und Schüler mit Leseproblemen
- **Sonderschüler**: Schüler mit Lernproblemen oder Verhaltensstörungen (darunter auch die Kinder mit ADS mit oder ohne Hyperaktivität)
- **Wiedereinsteiger**: Schüler, die andere Schulen vorzeitig abgebrochen hatten und dann eine alternative High-School besuchten.

Die folgende Grafik zeigt die Ergebnisse meiner Untersuchung. (Die Säulen für Logik- und Gestaltdominanz ergeben für die jeweilige Gruppe zusammengenommen 100 Prozent.)

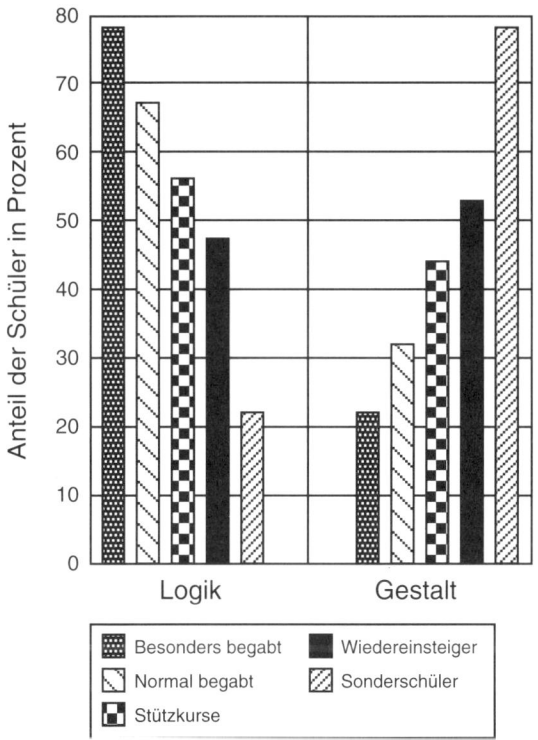

Abbildung 13.3: Hemisphärendominanz in einer Studie mit 218 zufällig ausgewählten Schülern

Wie Rechtshirndominanz benachteiligt wird

Was mich zunächst sehr erstaunte, war die Tatsache, wie unterschiedlich die 78 Prozent der linkshirndominanten Schüler gegenüber den 78 Prozent rechtshirndominanten Schülern beurteilt wurden. In den Schulen, in denen ich meine Untersuchungen durchführte, wurden Schüler mit guten verbalen Fähigkeiten und Linkshirndominanz sehr viel öfter als besonders begabt beurteilt. Dagegen wurden die rechtshirndominanten Schüler, die über geringe lineare, verbale Fähigkeiten verfügten, häufiger als Sonderschüler eingestuft.

Es ist inzwischen allgemein bekannt (siehe auch Kapitel 5), daß Menschen, die vorwiegend mit der Logikhälfte verarbeiten (und gewöhnlich als linkshemisphärisch bezeichnet werden), sich auf Details konzentrieren: speziell in der Sprache auf die Wörter, die Grammatik und den Satzbau. In Mathematik gelingt es ihnen besser, die Aufgaben schrittweise, durch lineares Vorgehen zu lösen. Sie lernen auch die technischen Voraussetzungen in Kunst, Musik, Tanz und Sport leichter. In Musik zum Beispiel können sie gut vom Blatt spielen, sie halten den Takt und spielen ein Instrument technisch gut. Da Musik im allgemeinen linear unterrichtet wird und häufig zuerst nach Noten gespielt wird, ist linkshemisphärisches Vorgehen zunächst sehr nützlich. Wenn die Musikstudenten jedoch im weiteren Verlauf nicht ihre rechtshemisphärischen Fähigkeiten entwickeln, wird es ihnen schwerfallen, sich den Gehalt, das Gefühl, den Rhythmus und den Fluß der Musik zu erschließen, durch den ihre Musik erst mit Leben erfüllt wird.

Wie die Übersicht zeigt, erhalten Schüler mit linkshemisphärischer Begabung in unserem System oft positive Bestätigung. Sie besitzen häufiger eine hohe Selbstachtung und erleben weniger Streß, da die Schule Dinge fordert, die ihrer Begabung entsprechen. So haben sie auch den Mut, Dinge zu lernen, die in den Bereich der Gestalthälfte gehören. (Aber nur dann, wenn sie nicht durch Wettbewerbsdenken und Streben nach immer besseren Noten zu sehr gestreßt sind.) Auf lange Sicht gesehen haben sie weniger Streß und damit eher die Chance, mehr integrative Lernstrategien zu entwickeln, mehr neurale Netze und eine stärkere Myelinschicht über das *Corpus callosum* zu entwickeln.

Die Menschen, die mit der Gestalthälfte verarbeiten – und gewöhnlich als rechtshemisphärisch bezeichnet werden – können das Gesamtbild aufnehmen und die emotionalen Verknüpfungen erkennen, sie verstehen intuitiv und müssen kinästhetisch über Bewegungen lernen. In der Kunst und der Musik, bei Tanz und Sport erschließen sie sich den Gefühlsgehalt, die Bewegung und den Gesamteindruck – und damit alle für die Kreativität wichtigen Elemente. Musik machen heißt für sie, den Gesamteindruck aufzunehmen und dann zu spielen und zu singen, was sie hören und fühlen.

Wenn sie nur unzureichend Zugang zu ihrer linken Gehirnhälfte haben (zum Beispiel bei Streß), achten sie zu wenig auf Details und lineares Vorgehen. Schüler, die mit der Gestalthälfte lernen, leiden mehr unter dem frühen Zwang (zwischen fünf und sieben Jahren), in der Sprache wie in

Mathematik lineare Strukturen lernen zu müssen. Diese Kinder betrachten sich selbst als „dumm" und entwickeln eine „gelernte Hilflosigkeit".

In einer Studie über die Gehirnwellenaktivität bei „lernbehinderten" und „normalen" Kindern fanden sich entscheidende Unterschiede. „Lernbehinderte" Kinder zeigten erstens allgemein eine geringere Aktivität der linken Hemisphäre, auch bei sprachlichen Übungen, und zweitens sehr viel weniger Wechsel von einer Hemisphäre in die andere, auch wenn die Arbeit verschiedene Verarbeitungsstrategien erforderte. (4) Ich sehe hier eine direkte Beziehung zu dem Streß, unter dem diese Kinder leiden. Da sie in ihrem Lernumfeld Streß ausgesetzt sind, verlassen sie sich schließlich nur noch auf ihre dominante Hälfte (Gestalt), den Hirnstamm und das sympathische Nervensystem. Sie sind nicht mehr in der Lage, ihre Logikhälfte angemessen einzusetzen, und so sind sie in einem Teufelskreis gefangen. Durch den Schulstreß sind sie immer weniger in der Lage, logisch zu lernen, und damit wird weniger Myelin angelagert und so der Übergang von einer Hemisphäre zur anderen erschwert.

Menschen mit Gestaltdominanz werden in unserer Gesellschaft stark diskriminiert. Sie müssen schwer kämpfen, um es in unserem Bildungssystem zu schaffen. Ich glaube, auch Albert Einstein war gestaltdominant. Seine frühen schulischen Mißerfolge sind legendär, und später bemerkte er oft, daß er mehr mit visuellen Vorstellungen als mit linearer Logik arbeitete. „Die geschriebenen und die gesprochenen Wörter der Sprache scheinen in meinen Denkmechanismen keine Rolle zu spielen. Die psychischen Entitäten, die Elemente meines Denkens zu sein scheinen, sind Zeichen oder mehr oder weniger klare Bilder, die sich willentlich reproduzieren oder kombinieren lassen." (5) Glücklicherweise suchte er sich holistische Lernsituationen, in denen er seine Neugier und seinen Drang zu verstehen befriedigen konnte. Und unsere Welt verdankt ihm unglaubliche Erkenntnisse, die alle mehr mit seinen inneren Vorstellungen und Gefühlen zu tun hatten als mit linearem Vorgehen. (6)

Unser Schulsystem ermutigt holistisches, intuitives und auf Vorstellungen basierendes (im Gegensatz zu sprachlich entwickeltem) Denken nur sehr wenig. Aber wo wären wir ohne diese Fähigkeiten? Rechtshemisphärisch Lernende verfügen über Begabungen, die in der Schule zu wenig geschätzt werden. Wenn dann diese Schüler sich selbst unterbewerten, riskieren wir, daß sie resignieren und ihre Begabung nicht nutzen. Wir müssen uns bemühen, den Lernprozeß von gestaltdominanten Menschen zu verstehen und zu erleichtern, damit wir in ihnen nicht eine wertvolle Ressource verlieren.

Wie das Schulsystem umfassende Wahrnehmung bevorzugt

Unser System bevorzugt die Schüler, die linear arbeiten, die Informationen auditiv und visuell aufnehmen, den Lehrer ansehen und den Stoff logisch und linear wiedergeben können. In meiner Untersuchung gehören sie in die Gruppe mit „guter sinnlicher Wahrnehmung" (im allgemeinen linkshemisphärisch, rechtes Auge, Ohr und Hand dominant). In der untersuchten Gruppe haben sie durchschnittlich einen Anteil von 15 Prozent. Unter ihnen wiederum haben die „besonders begabten" Schüler den größten Anteil.

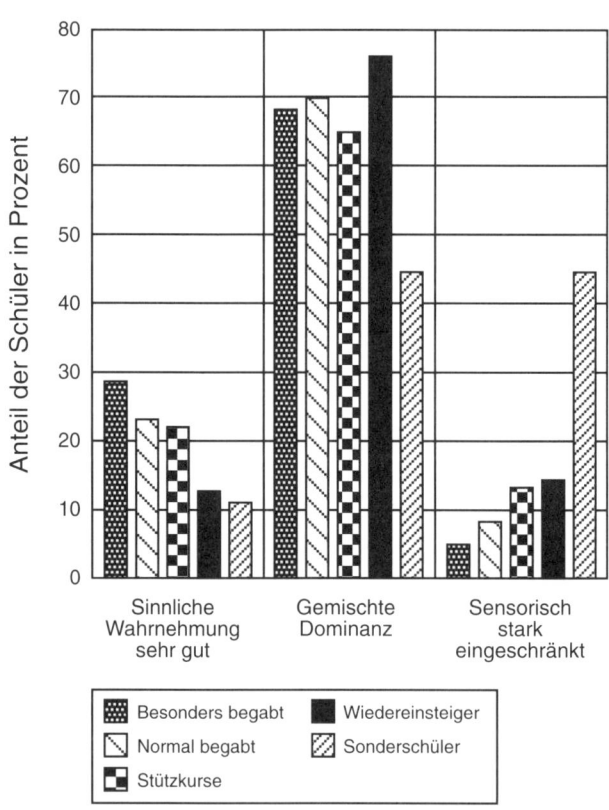

Abbildung 13.4: Qualität der sinnlichen Wahrnehmung in der gleichen Untersuchung mit 218 Schülern

Diese Schüler schneiden gewöhnlich bei den üblichen Tests, bei denen sprachliche und mathematische Fähigkeiten beurteilt werden, recht gut ab. Und obwohl diese Tests nur einen kleinen Bereich abdecken, werden sie in den USA als zuverlässige Instrumente zur Messung von Intelligenz angesehen. Es fällt Ihnen sicher auf, daß diese Beurteilung sich sehr auf das Funktionieren der Logikhälfte stützt. Wenn aber diese Schüler nicht dazu angehalten werden, auch mit ihrer Gestalthälfte zu arbeiten, entwickeln sie vielleicht einige sehr wichtige Fähigkeiten nicht ausreichend: den Blick für das Gesamtbild, das Gefühl für den emotionalen Gehalt eines Gedankens, spontane Kreativität. Dennoch wird im Unterricht hauptsächlich die Ausbildung logischer Denkabläufe gefördert.

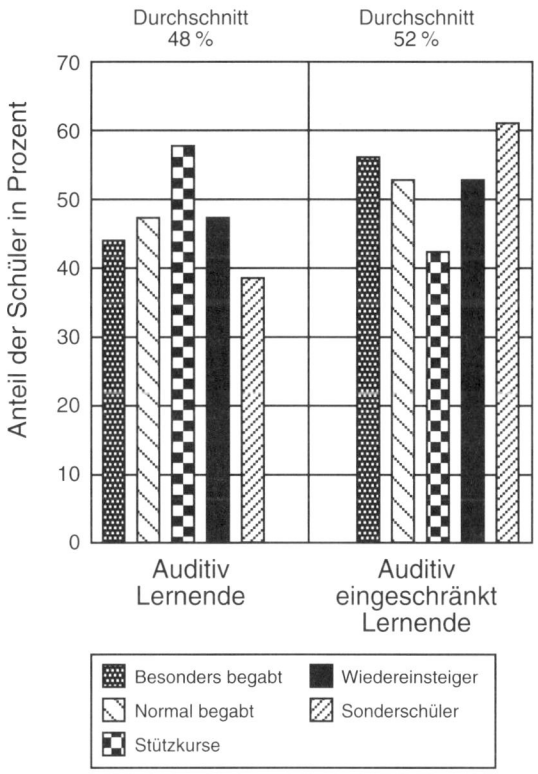

Abbildung 13.5: Ohren-Hemisphären-Dominanzmuster in der gleichen Untersuchung

225

Wenden wir uns jetzt weiteren Ergebnissen dieser Studie zu. Abbildung 13.5 zeigt den Prozentsatz der Schüler, die ich als auditiv eingeschränkt bezeichne. Befindet sich das dominante Ohr auf der gleichen Körperseite wie die dominante Hemisphäre, funktioniert das Hören weniger gut, die Person hört nicht ohne weiteres, was gesagt wird. Meiner Untersuchung nach zählen dazu etwa 52 Prozent der Bevölkerung. Dennoch ist Vortragen unser bevorzugter Unterrichtsstil. Daraus läßt sich der Schluß ziehen, daß die Hälfte der Zuhörer bei einem Vortrag wahrscheinlich nur wenig mitbekommt. Die *Denkmütze* (in Kapitel 7 beschrieben) ist eine ausgezeichnete Übung, um in der Vorbereitung für einen Vortrag die auditive Aufmerksamkeit anzuregen.

Beachten Sie bitte, daß auch ein großer Teil der „besonders begabten" und der „lernbehinderten" Schüler auditiv eingeschränkt sind. Hier besteht eine interessante und anscheinend paradoxe Gemeinsamkeit, die verständlich wird, wenn man bedenkt, daß ein Großteil der „besonders begabten" Schüler linkshemisphärisch dominant und deshalb stark verbal ausgerichtet sind. Auch wenn sie auditiv eingeschränkt sind und vielleicht nicht hören, was gesagt wird, reden sie viel – und deshalb hält man sie für intelligenter. Für die lernbehinderten Schüler trifft genau das Gegenteil zu, sie sind rechtshemisphärisch dominant und nicht verbal begabt. Unsere Gesellschaft setzt verbale Fähigkeiten mit Intelligenz gleich und hält diejenigen, die gut reden können, für sehr begabt. Schüler, die dies nicht so gut können, bekommen sehr leicht das Etikett lernbehindert.

Von den Schülern, deren Dominanzprofil Kontralateralität für die Hände und die Hemisphären zeigt, sind 22 Prozent aus der Gruppe der begabten Schüler und 89 Prozent der lernbehinderten Schüler kinästhetisch und nicht verbal orientiert. Unser traditionelles Bildungssystem und die üblichen Tests bewerten jedoch die linguistische und die logisch-mathematische Intelligenz sehr hoch. Nach Howard Gardner werden durch diese Voreingenommenheit jedoch mindestens fünf weitere Intelligenzen vernachlässigt: die kinästhetische, die visuell-räumliche, die musikalische, die interpersonale und die intrapersonale Intelligenz. Obwohl viele Schüler kinästhetisch lernen, sieht der typische Lehrplan nur wenige kinästhetische Lerntechniken vor.

Der Blick auf den Lehrer ist keine Garantie für Aufmerksamkeit

Wir glauben oft, daß Menschen nur lernen, wenn sie den Unterrichtenden ansehen. Und als Lehrerin weiß ich, daß es ein gutes Gefühl ist, wenn die Menschen mich ansehen, während ich spreche. Aber sehen Sie sich in Abbildung 13.6 den Anteil derjenigen an, die ich als visuell eingeschränkt betrachte. Das gilt für jedes Profil, bei dem das dominante Auge auf derselben Seite ist wie die dominante Hemisphäre. Wenn nur 27,8 Prozent der begabten, aber 72,2 Prozent der *Problem*schüler visuell eingeschränkt sind, könnte darin zum Ausdruck kommen, daß visuelles Lernen im

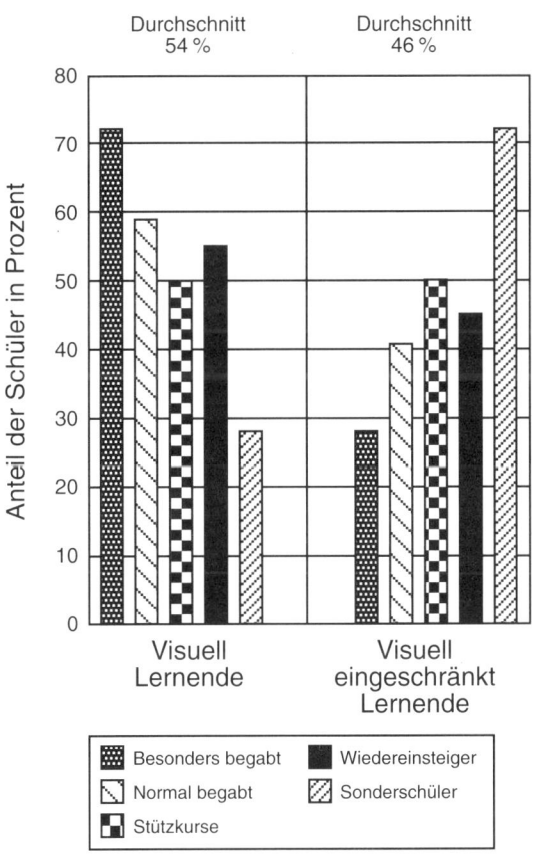

Abbildung 13.6: Augen-Hemisphären-Dominanzmuster in der gleichen Untersuchung

Unterricht überbetont wird. Und wenn es gilt, neuen Stoff zu verstehen, müssen diese Schüler vielleicht ihre Augen abwenden oder schließen, um ihn über ihre dominanten Sinne besser aufnehmen zu können – was bedauerlicherweise oft als Unaufmerksamkeit gewertet wird.

Einmal kam eine fünfzehnjährige Schülerin wegen schlechter Leistungen in Mathematik zu mir. Bei ihr waren die linke Hirnhälfte, die rechte Hand, das rechte Ohr und das linke Auge dominant, und deshalb war sie visuell eingeschränkt, aber Hören und Kommunikation waren in Ordnung. Gewöhnlich sind auditiv Lernende mit Dominanz der Logikhälfte gut in Mathematik. Deshalb ging ich als Beobachterin zu ihr in den Unterricht. Der Lehrer hatte sie nach vorne in die erste Reihe gesetzt.  Immer wenn er eine Mathematikaufgabe an die Tafel schrieb, schloß sie die Augen und drehte ihr rechtes Ohr in seine Richtung. So bemühte sie sich, ihr bevorzugtes Sinnesorgan (Ohr) in einer für sie stressigen Situation optimal einzusetzen. Daraufhin sagte der Lehrer: „Sieh mich an, schau an die Tafel!" Wenn sie das tat, war ihre auditive Aufmerksamkeit jedoch gestört, und sie konnte nicht mehr gut lernen.

Wir lernten alle drei viel aus dieser Beobachtung. So setzte sie der Lehrer in die dritte Reihe links, damit sie mit dem rechten Ohr gut hören konnte. Er fühlte sich durch ihren scheinbaren Mangel an Aufmerksamkeit nicht mehr gestört. Außerdem begann sie mit täglichen Brain-Gym®-Übungen, um ihren bevorzugten Sinn, das Hören, zu stärken und auch ihr Sehen zu aktivieren. Nach nur einem Monat erhielt sie durchgehend gute Noten in Mathematik.

In einer Anatomievorlesung an der Universität hatte ich einen ähnlichen Fall. Eine Frau, die fünfundzwanzig Jahre als Pflegerin gearbeitet hatte, wollte einen Abschluß als Krankenschwester machen. Sie saß immer in der hintersten Reihe und strickte die ganze Zeit. Sie schrieb sich nie etwas auf und schaute mich kaum an. Sie gehörte bei der Abschlußprüfung zu den besten und beendete in diesem Semester neun Pullover! Sie lernte auditiv und mußte zum Lernen weder auf mich noch auf die Tafel schauen. Beim Stricken waren beide Hände beteiligt, und sie erhielt auf diese Weise Zugang zu beiden Hemisphären und hielt sie aktiv. In europäischen Schulen lernen die Schüler das Stricken. Es ist hervorragend geeignet, die feinmotorische Koordination zu trainieren, die Stirnlappen zu aktivieren, die Hemisphären zu integrieren und damit Lernen zu erleichtern. (7)

Einschränkung der visuellen Wahrnehmung erschwert das Lesen, speziell bei Streß. Dann bewegen sich die Augen peripher, und die dominanten Augenmuskeln bekommen von der dominanten Hirnhälfte nicht den notwendigen Anstoß zu voller motorischer Funktion. Dadurch sind der foveale Fokus und die Bewegung der Augen über die Seite nur schwer möglich. Die sensorische Wahrnehmung insgesamt wird nur minimal integriert. Die *Liegende Acht* für die Augen (siehe Kapitel 7) fördert die Zusammenarbeit der Augen, so daß diese maximal funktionieren.

Sind linksäugige Leser in China besser dran?

Die Dominanz des linken Auges gibt Anlaß zu interessanten Überlegungen. Wir sehen nicht wirklich binokular (beidäugig). Der große Vorsprung zwischen unseren Augen – die Nase – verhindert das. In Wirklichkeit *führt* ein Auge, und das andere folgt. Das rechte Auge führt von Natur aus von links nach rechts, während das linke von rechts nach links geht.

So wird jemand, dessen linkes Auge dominant ist, zunächst auf den rechten Rand einer Seite schauen und von da weiter nach links. Bei den Sprachen, die von rechts nach links gelesen werden (Hebräisch oder Chinesisch), sind die linksäugig dominanten Schüler im Vorteil. Vielleicht zählen sie dort zu den „besonders begabten".

In meiner Studie ist zu sehen, daß sich der höchste Anteil mit Dominanz des linken Auges unter den Schülern in Förderkursen findet. Und 81 Prozent dieser Schüler zeigen außerdem Dominanz des linken Auges *und* der rechten Hand. Da das Auge von Natur aus von rechts nach links gehen will, führt es auch die Hand in dieser Richtung und kann Schreibprobleme oder Buchstabendreher verursachen. Dadurch würde auch eine Beziehung zwischen der Hand-Augen-Koordination und Schreibproblemen verständlich. Das sind die Kinder aus den in Kapitel 1 genannten Programmen, die Buchstaben und Zahlen verdrehen und zu Anfang beim Lesen Probleme haben. Sie brauchen einfach etwas Training, damit die Augen leichter in die andere Richtung gehen. Das Sehtraining, das Dr. Dennison durchführt, stärkt die Funktion des rechten Auges, indem dessen Bewegung in alle Richtungen aktiviert wird, während bestimmte Akupressurpunkte gehalten werden. Brain-Gym®-Übungen für die Augen, speziell die *Liegende Acht*, erleichtern die Augenfolgebewegungen und den fovealen Fokus beim Lesen und Schreiben.

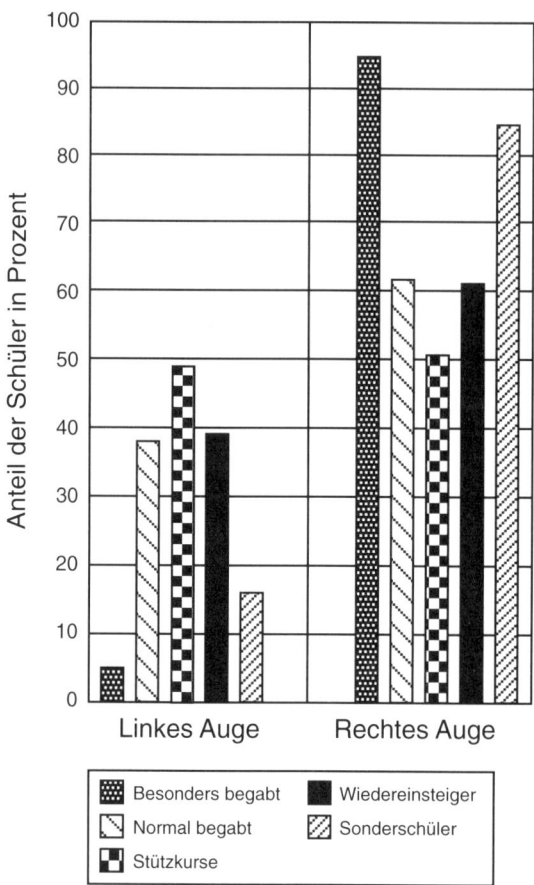

Abbildung 13.7: Augendominanz in der gleichen Untersuchung

Und was ist mit den Lehrern?

In meiner Studie wurden auch die Profile der Lehrer an den beteiligten Schulen erstellt. Drei von vier Lehrern, also 75 Prozent, wiesen eine Dominanz der Logikhälfte, der rechten Hand und des rechten Auges auf, und sie waren auditiv eingeschränkt. Unter Streß neigen diese Menschen dazu, die Details zu betonen und nicht zuzuhören, und sie erwarten, daß die Schüler sie anschauen. Natürlich leiden Lehrer genauso unter Streß wie wir alle, vielleicht sogar noch mehr. Angesichts übergroßer Klassen und mit

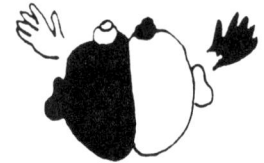

einer Reihe von SOSOH-Kindern, die sich in der Schule ausagieren, wenden sich auch Lehrer ihrem eigenen Grunddominanzprofil zu. Streß schafft einen Kreislauf der Frustration für alle Beteiligten.

Das Profil einer benachteiligten Gruppe

Am meisten im Nachteil sind diejenigen, die sensorisch stark eingeschränkt sind, besonders wenn sie rechtshemisphärisch dominant sind. Abbildung 13.4 zeigt eine Vergleichsgrafik mit dieser Gruppe in der Spalte „Sensorisch stark eingeschränkt". Nur etwa 5 Prozent der begabten, aber 44 Prozent der Sonderschüler sind stark eingeschränkt. Menschen, die rechtshemisphärisch stark eingeschränkt sind (rechte Hirnhälfte, rechtes Auge, rechtes Ohr, rechte Hand) haben große Schwierigkeiten, unter Streß sensorisch wahrzunehmen. Sie ziehen sich zurück und verarbeiten über innere Bilder, Bewegung und Emotionen, sie können sich aber nicht verbal äußern.

Für sie ist es wichtig, daß sie eine Situation in Ruhe für sich aufarbeiten können. Dagegen verlangt unsere verbale Gesellschaft, daß die Menschen ihre Gedanken und Gefühle artikulieren. Rechtshemisphärisch eingeschränkte Schüler sehen vielleicht das Gesamtbild, können es aber nicht in Sprache umsetzen. In ihrer Frustration über ihre Sprachlosigkeit schlagen sie vielleicht emotional um sich. Sie verwickeln sich in Kämpfe oder sind in der Schule starken Gefühlsschwankungen unterworfen, was ihnen das Etikett „verhaltensgestört" einträgt.

Diesen rechtshemisphärisch eingeschränkten Menschen kann geholfen werden, wenn in Lernsituationen folgende Faktoren berücksichtigt werden: 1. Bewegung zum Lernen, 2. zuerst das Gesamtbild, danach die Details, 3. lineares Arbeiten erst mit sieben oder acht Jahren, 4. ein Gefühl der Sicherheit und Rückhalt in Beziehungen, damit sie Gefühle zeigen können, und 5. ungestörte Ruhe, damit sie neue Dinge intrapersonal (für sich selbst) verarbeiten können. In den meist überfüllten Klassen bei meist linkshemisphärischen Lehrern und mit Lehrplänen, die Details betonen, sind diese sensorisch eingeschränkt Lernenden die meiste Zeit in der Überlebensmodalität. Das kann zu „gelernter Hilflosigkeit" und zu einer erstaunlich großen Zahl von „Gestalt-Schülern" in Sonderschuleinrichtungen und Kursen für verhaltensgestörte Schüler führen.

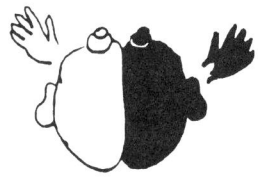

Erinnerungen einer gestaltorientierten Schülerin

Mein eigenes Profil zeigt eine stark eingeschränkte Dominanz der Gestalthälfte. Das ist sicher der Grund, warum Brain-Gym® und dessen Erfolg für mich persönlich so wichtig waren und sind. In den Kindern, mit denen ich arbeite, erkenne ich mich selbst wieder. Und ich weiß, daß die Chancen im System gegen sie stehen.

Ich hatte persönlich große Schwierigkeiten mit kognitiven Anforderungen. Ich konnte erst mit zehn Jahren lesen, und das auch nur, nachdem ich einen Tutor gefunden hatte, der sich meinem Entwicklungstempo und meinem Lernstil anpaßte. Dann aber las ich um so mehr. Bei den wöchentlichen Rechtschreibtests war ich wie betäubt vor Angst, und es dauerte nicht lange, bis ich mich selbst für „dumm" hielt. In der fünften Klasse, als ich das Einmaleins lernen mußte, war meine Selbstachtung an einem Tiefpunkt. Als ich zwei Jahre hintereinander in Algebra durchfiel, begann ich Mathematik zu verabscheuen. Es war einfach frustrierend: Ich wußte die Antworten, aber ich konnte die Lösung nicht in linearen Schritten demonstrieren. Je mehr ich kämpfte, desto weniger verstand ich. Das Schlimmste war, daß mich die Lehrerin Tests alleine in einem anderen Raum schreiben ließ, da sie glaubte, ich hätte die Ergebnisse abgeschrieben. Ich hatte einfach einen Lernstil, der nicht ins System paßte. Müßte ich heute in die Grundschule gehen, wäre ich sicher in einer Sonderklasse mit einem Etikett für Lernbehinderung. Glücklicherweise gab es vor 1960 in der Grundschule noch keine Sonderprogramme.

In der Grundschule gab es damals ein umfassendes Sportprogramm. Bewegung, Kunst und Musik waren täglich integrale Bestandteile des Stundenplans. Diese Fächer brachten mir genügend Freude und Erfolg in der Schule, so daß ich jeden Tag wieder dorthin ging, trotz meiner Selbstzweifel und meiner „verzögerten" kognitiven Entwicklung. Ich hatte die Freiheit, einige Zeit allein mit meiner Phantasie in der freien Natur zuzubringen, wodurch meine Neugier befriedigt und mein lebenslanges Interesse an Biologie angeregt wurde. Trotz all dem bin ich erfolgreiche Pädagogin, Biologin, Neurophysiologin geworden und halte international Vorträge. Dennoch schleichen sich zeitweise diese kindlichen Äußerungen von Selbstzweifeln aus meiner Schulzeit ein.

Bei meiner Tochter beobachtete ich die gleiche Frustration, als mit jedem Schuljahr die Freude am Lernen geringer wurde. Obwohl sie mit dem traditionellen System zu kämpfen hatte, fühlte sie sich unterstützt durch sechs Monate in einer Montessori-Schule, im Alter von sieben

Jahren, und später durch die alternative High-School (eine spezielle Einrichtung in Denver), die ihren Lernstil berücksichtigte.

Bei meiner Arbeit mit den bewundernswerten Kindern in sonderpädagogischen Einrichtungen und Programmen für Verhaltensgestörte erkannte ich bei allen die hinter der Frustration durchscheinende Intelligenz. Ich empfand sie als spontan und bewunderte ihre kinästhetischen, musikalischen, visuell-räumlichen und interpersonalen Intelligenzen. Wenn in unseren Schulen und in unserer Gesellschaft Kunst, Beweglichkeit und interpersonale Beziehungen mehr Wertschätzung erfahren, können diese Schüler eines Tages Führungsfunktionen einnehmen.

Probleme lösen mit der rechten Gehirnhälfte

Obwohl unser Bildungssystem die Problemlösungen nach Art der linken Hemisphäre bevorzugt und belohnt, gewinnt die Rolle der rechten Hälfte zur Lösung von Problemen an Bedeutung. Grayson Wheatley spricht einen Aspekt der rechtshemisphärischen Problemlösung an, in dem ich meine Art, Mathematik und speziell Algebra zu bewältigen, wiedererkenne.

Nach Wheatley ist die rechte Hemisphäre besser für Aufgaben, die nichtverbal, räumlich und wenig vertraut sind. (8) Diese Hälfte erfaßt die Aufgabe als Ganzes und löst das Problem sofort. Die linke Hemisphäre verarbeitet den Stimulus Information, damit dieser in Sprache umgesetzt werden kann. Beim Lösen von Problemen ist es wichtig, daß Kinder nicht gezwungen werden, die Sprache einzusetzen, wenn ihre bildhaften Vorstellungen dafür besser geeignet sind. Kinder wissen durchaus etwas, ohne die Gedanken in Worte fassen zu können. Bob Samples sagt über diese Art zu denken, daß Problemlösen ein Umstrukturieren von Elementen und nicht nur Befolgen von Regeln voraussetzt. (9)

Wir stützen uns nach wie vor zu stark auf algorithmisches Lernen (linear, mathematisch, regelorientiert) und erwarten immer noch, daß Schüler hauptsächlich auswendig lernen, und das auch noch an der Universität. Warum? Gedächtnis und lineare Fähigkeiten sind einfach zu testen und zu bewerten, sie ermöglichen objektive Vergleiche. Aber was wird wirklich gemessen? Fakten und lineare Fähigkeiten sind nützlich, aber sind sie das Wichtigste bei der Ausbildung? Sollten wir uns nicht *mehr* um das Denken, die Kreativität und die *Anwendung* von Wissen in realen Situationen bemühen? Die Betonung von niederrangigen Fertigkeiten und Gedächtnisleistungen führt zur Betonung von niederwertigen Denkprozessen – Unterricht für Prüfungen. Dabei kann natürlich Denken auf hohem Niveau zu kurz kommen, und das ist auch oft der Fall. So bemerkt Herman Epstein: „Mehr als die Hälfte der amerikanischen Bevölkerung erreicht nie die von Piaget so definierte Stufe des formalen Denkens. Viele haben viel Wissen, können aber nicht richtig denken!" (10)

Der durch häufige Prüfungen entstehende Streß läßt uns bei Problemlösungen den größeren Rahmen aus den Augen verlieren. Bildung wird durch die Prüfungen zu einem Zahlenspiel, in dem zu Wettbewerb und nicht zu Kooperation aufgefordert wird. Informationen werden nicht auf ihre Anwendbarkeit überprüft oder zur Grundlage kreativen Denkens. Wenn es uns gelingt, zu einer Bildung zu gelangen, bei der Gedächtnis und Denken in der Balance sind und die individuellen Lernprozesse Beachtung finden, werden mehrgeistig bewegliche Lernende mit wertvollen Denkfähigkeiten heranwachsen. Man könnte es auch – wie Bob Samples – zerebral formulieren: „Wir haben entdeckt, daß, wenn wir den Funktionen der rechten Hemisphäre die gebührende Hochschätzung angedeihen lassen, ganz natürlich auch die Entwicklung der Qualitäten der linken Hemisphäre gefördert wird."

Das ganze Gehirn unterrichten

Ich habe in manchen Klassen beobachtet, daß Mathematik nur in Form von Textaufgaben unterrichtet wird. Die Schüler arbeiten mit bildlichen Vorstellungen, wenn sie die Textaufgabe lösen, und arbeiten mit Blick auf das dreidimensionale, reale Leben. Manchmal stellen die Schüler selbst den Text für die Aufgabe zusammen und sorgen dafür, daß ein emotionaler Bezug vorhanden ist und daß die Vorstellungskraft angesprochen wird. Anschließend werden die Aufgaben in kooperativen Gruppen von drei bis vier Schülern gelöst. Die Antworten der ganzen Klasse stimmen vielleicht überein, aber der Weg, wie jede Gruppe zu ihrer Lösung kommt, ist einzigartig. Die Gruppen tauschen sich anschließend über ihre Lösungswege aus, und so gewinnen alle Schüler eine Übersicht über die verschiedenen Lösungsmöglichkeiten.

An der Universität (zum Beispiel in einem Wirtschaftsseminar mit dreihundert Studenten) ist es viel sinnvoller, ein kooperatives Lernmodell anzuwenden, als nur einen Vortrag zu halten, der einen großen Teil der

Studenten nicht erreicht. (Nach meiner Untersuchung waren 52 Prozent der Schüler auditiv eingeschränkt.) Teilen Sie die Studenten in Gruppen auf, machen Sie Vorgaben und lassen Sie diskutieren, schreiben, Grafiken erstellen, lassen Sie lernen und den behandelten Stoff in der persönlichen Erfahrung verankern. Die Bewegung, mit der die Gedanken in Sprache, Schrift oder Bilder umgesetzt werden, und der Austausch der jeweiligen Erkenntnisse fördern formales Denken auf einer höheren Ebene; so könnten auch wir Amerikaner ein Volk der Denker werden ...

McKim geht noch einen Schritt weiter und behauptet, daß Flexibilität der Schlüssel für kreatives Denken sei. Er hält es für ratsam, nicht länger bewußt über ein Problem nachzudenken, sondern zu entspannen, einen Spaziergang zu machen oder darüber zu schlafen, so daß der Denkprozeß unbewußt und ohne Streß weiterlaufen kann. (11) In der Schule müssen wir Bewegung zulassen und außerdem Zeit für Integration, damit Problemlösen auf einer höheren Ebene möglich wird.

Das Bewußtsein für die unterschiedlichen Lernstile hat Lehrer und ganze Schulsysteme bereits zu Innovationen in ihren Lehrplänen veranlaßt. Programme wie zum Beispiel diejenigen, die auf Howard Gardners Theorie der vielfachen Intelligenzen basieren, oder das 4-Mat-System von Bernice McCarthy, das auf der Arbeit von David Kolb aufbaut, gleichen Lernstilunterschiede aus und gewinnen immer mehr Anerkennung. (12, 13; McCarthy schlägt vor, in jeder Stunde zwischen acht verschiedenen Darstellungsebenen zu wechseln, damit die Lernstile aller Schüler zum Zuge kommen.) Gardners Überlegungen zur Definition von Intelligenz haben einen großen Beitrag zur Erneuerung der pädagogischen Theorie und Praxis geleistet. Nach Gardners Ansicht ist Intelligenz erstens die Fähigkeit, schnell auf eine neue Situation zu reagieren; zweitens hat jede Intelligenz ihre Bedeutung für die jeweilige Kultur – sie stützt diese Kultur; drittens muß jede Intelligenz ihr eigenes Entwicklungsmuster haben; und viertens hat Intelligenz bei jedem Menschen das gleiche Potential. (14)

Sandra Zachary unterrichtete in Hawaii eine dritte Klasse. Sie ließ ihre Schüler zu Beginn der Schuljahrs ihre eigenen Dominanzprofile bestimmen. Dann durften sie sich so setzen, daß sie ihre dominante Wahrnehmungsart ungehindert einsetzen konnten: visuell Lernende nach vorne, auditiv dominante Schüler in die nächste Reihe, wobei die Schüler mit Dominanz des rechten Ohrs auf der linken Seite saßen und Schüler mit Dominanz des linken Ohrs auf der rechten Seite. Schüler mit Gestaltdominanz, die stark eingeschränkt waren, saßen hinten im Klassenzimmer und durften während des Unterrichts ihre Hände mit Ton oder Knetgummi beschäftigen. Damit wurde allen das Verständnis erleichtert, der individuelle Lernstil wurde anerkannt, und das führte zu einem hohen Maß an Selbstachtung bei allen Schülern.

Jeden Tag wurden Brain-Gym®-Übungen gemacht: fünf Minuten vor Beginn des Unterrichts, nach der Pause und nach der Mittagspause. Nach sechs Wochen durften die Schüler die Plätze tauschen, und sie taten dies auch – unter Berücksichtigung ihrer bevorzugten Lernmuster und Stärken. Das Streßniveau in der Klasse war minimal geworden, und der alltägliche Ablauf wurde von allen kooperativ geregelt. Am Ende erreichte jeder Schüler so gute Noten wie nie zuvor – eine einfache, vernünftige Art der Anerkennung für jeden Lernenden.

Anerkennung für alle Schüler

Solange wir unverändert an unseren Überzeugungen davon festhalten, was jemanden wertvoll, intelligent und angesehen mache, fördern wir weiterhin Etikettenvergabe und kleinlichen Wettbewerb, die unsere menschliche Vielfalt und menschliches Potential zerstören können. Die üblichen IQ-Tests mit ihrer stark linearen, linguistisch-mathematischen Ausrichtung haben die Kriterien für Intelligenz in unserer Gesellschaft vorgegeben. Eine Mehrheit der Lehrer glaubt weiterhin, daß ein Kind nur lernen könne, wenn es still dasitze, gut zuhöre und immer die Hausaufgaben mache. Der Wettbewerb im Bereich Lernen ist so stark, daß Eltern ihren Kindern viel zu früh kognitive Aufgaben aufdrängen und dann vor anderen Eltern damit prahlen. Und wenn das Kind nicht genausoviel oder mehr als ein anderes Kind leistet, wird es untersucht und bekommt Lernschwierigkeiten diagnostiziert. Es gibt Gruppen, die „Lernschwierigkeiten" schon bei Einjährigen feststellen. Wie können wir aber jemanden beurteilen, der noch im Werden begriffen ist?

Die elterlichen Erwartungen scheinen sich noch zu steigern, wenn das Kind in die Schule kommt, und so wird Druck auf die Lehrer ausgeübt, um den schulischen Erfolg sicherzustellen. Besonders ausgezeichnete Schüler werden in den Vereinigten Staaten jetzt schon mit Ansteckbuttons bekannt gemacht: „Stolze Eltern eines ausgezeichneten Schülers." Wenn wir die Lernenden wirklich auszeichnen wollen, sollten wir auf die durch ihren Lernstil begründeten Bedürfnisse achten und anerkennen, daß jeder Mensch ein „ausgezeichneter" Schüler ist. Werkzeuge wie das Dominanzprofil unterstützen den Entwicklungsprozeß und verhelfen zu Verständnis und Mitgefühl anstelle von Wettbewerbsstreben. Dominanzprofile können auch bei Streitigkeiten zwischen Paaren, zwischen Eltern und Kindern, am Arbeitsplatz oder am Spielplatz für mehr gegenseitiges Verständnis sorgen.

Die Qualität unseres Bildungssystems ist davon abhängig, inwieweit wir alle Bürger etwas lernen lassen. Wir müssen Schluß machen mit Beurteilungen, die viele abqualifizieren und so Streß verursachen und Wettbewerb fördern. Der Lehrplan muß auf Denkprozesse ausgerichtet werden und so gestaltet sein, daß beide Gehirnhälften und der Körper über Kunst, Musik und Bewegung, in Verbindung mit kognitiven Fertigkeiten, ganzheitlich eingesetzt werden können. Wir müssen den Lernenden Methoden wie Brain-Gym® zur Integration des Geist-Körper-Systems zur Verfügung stellen damit sie den Streßzyklus unterbrechen und den Zugang zu ihren Sinnen und den Hemisphären aktivieren können. Vielleicht können wir dann das einzigartige menschliche Potential realisieren, das Paul MacLean beschwört, in einer kommenden Gesellschaft, in der alle erfolgreich lernen.

Menschen lernen instinktiv, aber was wir lernen, und wie wir uns als Lernende einschätzen, hängt oft davon ab, wie wir von unseren Lehrern und anderen Rollenvorbildern behandelt werden. Der folgende Auszug entstammt dem Brief einer Mutter, die den australischen Aborigines angehört, an den Lehrer ihres Kindes. Mit wenigen Worten bringt diese redegewandte Frau die universale Sehnsucht von Eltern zum Ausdruck: Anerkennung für ihr Kind.

„Sehr geehrter Herr, sehr geehrte Dame,

bevor Sie die Klasse übernehmen, in der mein Kind ist, bitte ich Sie zu überlegen, was Sie Kindern der Aborigines beibringen wollen. ...

Ich bitte Sie, daran zu denken, daß unsere Kinder sehr gut im Verstehen der stummen Sprache sind, der feinen, unausgesprochenen Kommunikation über den Gesichtsausdruck, über Gesten, Bewegungen und den Einsatz von Nähe und Distanz. Sie erkennen Ihre Gefühle und Ihre Einstellung mit unbeirrbarer Klarheit, egal wie sehr Sie auf Ihre Mimik und auf Ihre Stimme achten.

Die Kinder werden in Ihrer Klasse lernen, da Kinder unwillkürlich lernen. Aber was sie lernen, hängt von Ihnen ab. Werden Sie dafür sorgen, daß mein Kind lesen lernt, oder bringen Sie ihm bei, daß es mit dem Lesen Probleme hat? Werden Sie ihm helfen, daß es lernt, Probleme zu lösen, oder wird es lernen, daß die Schule ein Ort ist, an dem man versucht, die Antworten zu erraten, die der Lehrer erwartet? Wird es lernen, auf sein Gefühl für seinen eigenen Wert und seine Würde zu vertrauen, oder wird es lernen, daß es sich entschuldigen muß und sich ‚mehr bemühen' muß, weil es nicht *weiß* ist?

Können Sie ihm helfen, die nötigen intellektuellen Fertigkeiten zu erwerben, ohne ihm *Ihre* Werte als die wertvolleren aufzuzwingen?

Respektieren Sie mein Kind. Es ist eine Persönlichkeit, die das Recht hat, sie selbst zu sein.

Mit freundlichen Grüßen

Eine Aborigines-Mutter" (15)

Kapitel 14

Mit Medikamenten gegen Hyperaktivität?

„Der Mensch ist so beschaffen, daß immer dann, wenn ein Feuer in seiner Seele entfacht wird, ... nichts mehr unmöglich erscheint."
La Fontaine

Unsere Gesellschaft ist seit langem von der Wirkung von Wundermitteln bei Schwierigkeiten überzeugt. Allerdings sind die Gefühle durchaus gemischt: Einerseits vertrauen die Menschen auf eine magische Sofortheilung, andererseits zweifeln sie an übertriebenen Erfolgsversprechungen und machen sich Sorgen über unbeabsichtigte und nicht genannte Nebenwirkungen. Bei der Behandlung von „Verhaltensstörungen", die das Lernen beeinträchtigen, schwingt das Pendel jetzt aber entschieden in die Gegenrichtung: Man hat erkannt, daß nichtinvasive, natürliche und gesunde Alternativen zu Medikamenten angebracht sind.

Ein gutes Beispiel für den Anfang sind die Medikamente, die bei Hyperaktivität angewendet werden. Es gibt zwingende Gründe, die vorherrschende Praxis der Behandlung von Hyperaktivität und Konzentrationsschwierigkeiten mit Ritalin und ähnlichen Medikamenten in Frage zu stellen.

Erstens ist die Bezeichnung ADS mit oder ohne Hyperaktivität nur ein Etikett für eine Störung, bei der weder ein genetischer noch ein pathologischer Hintergrund bewiesen ist. Ursache sind höchstwahrscheinlich Umweltfaktoren, wie sie in der Übersicht in Kapitel 8 („Was Lernen behindert") genannt sind. An der Spitze dieser komplexen Umweltfaktoren stehen Mangel an Zuwendung durch erwachsene Bezugspersonen und ein reizarmes Lernumfeld. Peter und Ginger Breggin betonen, daß

Erwachsene, deren Kind ADS hat, zwei Wahlmöglichkeiten haben: Entweder sie ändern sich selbst und dann das Schulsystem, oder sie üben Druck auf das Kind aus. Allzuoft erscheint eine Behandlung mit Medikamenten als der einfachere Weg. Kinder sind von Natur aus neugierig und aktiv, und sie brauchen zum Lernen die elterliche Aufmerksamkeit. Wenn Kinder interessante Aufgaben oder genügend bewußte Aufmerksamkeit von den Eltern bekommen, verschwindet ADS häufig. (1)

Zweitens zeigen langfristig betrachtet nichtinvasive, auf das Kind bezogene, gesunde Methoden bessere Wirkung. Richtig angewendet versetzen diese Methoden die Kinder in die Lage, selbst Verantwortung für ihre Gefühle und ihre körperliche Energie zu übernehmen, und das kann ihnen ihr ganzes Leben hindurch eine Hilfe sein.

Drittens ist bei Medikamenten das Risiko häufig größer als der Nutzen. Medikamente beeinflussen Vorgänge im Gehirn und im Körper oft in unerwünschter Weise. Valium, eines der gebräuchlichsten Beruhigungsmittel, sollte uns als Warnung dienen. Valium konkurriert mit den Neuropeptiden, die Angstgefühle verursachen. Die beruhigende Wirkung des Medikaments stört das gesamte Nervensystem und verhindert gleichzeitig die Auflösung emotionaler Spannungen. Valium wirkt auch auf die Monozyten (weiße Blutkörperchen, die Krankheitserreger zerstören) und beeinflußt damit direkt das Immunsystem. Die Wirkungsweise der Monozyten ist kompliziert und störanfällig. So dürfte es heute ein großes Risiko sein, wenn wir stimmungsverändernde Chemikalien in die bereits komplexe chemische Struktur des Immunsystems einbringen – zu einer Zeit, da lebensbedrohliche Krankheiten (Krebs, AIDS, Herzerkrankungen) zunehmen. (2)

Die Wirkung von Ritalin auf das Gehirn

Das National Institute of Mental Health schätzt, daß gegenwärtig über eine Million amerikanischer Kinder Ritalin einnehmen. (3) Ritalin hat die gleiche Wirkung wie „Speed" – pharmakologisch gesehen hat es die gleichen Wirkungen, Nebenwirkungen und Risiken wie Kokain und Amphetamine. Die FDA (Food and Drug Administration = Gesundheitsbehörde) ordnet Ritalin in die Kategorie stark suchterzeugender Stoffe ein, zusammen mit Amphetaminen, Kokain, Morphium, Opium und Barbituraten. (4)

Ritalin, Dexedrine (Dextroamphetamine), Cyleit sowie manchmal die trizyklischen Antidepressiva (Tofranil und Norpramine), die bei der Behandlung von Hyperaktivität eingesetzt werden, können auch langfristig das Immunsystem und den Körper insgesamt schädigen. (5) Diese Medikamente wirken auf das Basalganglion und das *Corpus striatum* (Teil der Basalganglien) – diejenigen Gehirnbereiche, die für motorische Kontrolle und Zeitgefühl zuständig sind. (6) Alle diese Medikamente verändern die Aktivität der Neurotransmitter im Gehirn, speziell in den Stirnlappen.

Die Stirnlappen steuern unsere Fähigkeit, von einem Zustand breitgestreuter Aufmerksamkeit, in dem wir frei assoziieren, in einen Zustand stark fokussierter Konzentration zu wechseln. Diese Fähigkeit ist Voraussetzung für menschliches Denken und Problemlösen. Formales Denken einer höheren Ebene findet statt, indem wir ohne Schwierigkeiten zwischen dem Gesamtbild (breitgestreutem Input) und den Details hin- und herwechseln. Medikamente zur Behandlung von Hyperaktivität, speziell Ritalin, stärken zwar einerseits die Aufmerksamkeit für Wiederholungsaufgaben, Details und Auswendiglernen, aber sie verhindern den Wechsel von konzentrierter zu breitgestreuter Aufmerksamkeit. (7) Und es gibt keine Beweise dafür, daß Ritalin das Lernen oder schulische Leistungen verbessert. (8, 9)

In einer Studie mit hyperaktiven Erwachsenen, die Ritalin genommen hatten, zeigte sich, daß fast ein Viertel den High-School-Abschluß nicht schaffte. Nur einer der hyperaktiven Jungen – gegenüber acht aus der Kontrollgruppe – schaffte einen Graduiertenabschluß. Aus der Gruppe der Hyperaktiven hatten sehr viel weniger einen anspruchsvollen Beruf. Ein Drittel bis die Hälfte litten auch als Erwachsene unter Hyperaktivität. (10) Insgesamt ist das nicht gerade eine Empfehlung für Ritalin.

PET-Untersuchungen zeigen eine deutliche Verminderung von Dopamin bei Menschen mit ADS mit Hyperaktivität. Dopamin ist ein Neurotransmitter, der bei der Steuerung von Bewegungen eine Rolle spielt. Von Nervenzellkörpern, die Dopamin enthalten, erstrecken sich Axone weit hinein in den präfrontalen Bereich der Stirnlappen und außerdem in die subkortikalen Strukturen wie die Basalganglien. (11) Diese Bereiche sind an der Regulierung und Steuerung der Feinmotorik beteiligt. Bei manchen Beschwerden hilft eine Behandlung mit Dopamin; zum Beispiel können damit beim Parkinson-Syndrom das Zittern und unkontrollierte Bewegungen besser kontrolliert werden. (12)

Von Ritalin nimmt man an, daß es die Dopaminproduktion im Gehirn erhöht und so die Hyperaktivität verringert. Sollte das Gehirn jedoch auf Ritalin ähnlich reagieren, wie es bei anderen Stimulanzien (Thorazin, Endorphine, Marihuana und Kokain) nachgewiesen ist, kann es durchaus langfristige Nebenwirkungen haben.

Wissenschaftliche Untersuchungen zeigen, daß das Gehirn über einen Feedbackmechanismus verfügt, der die chemischen Vorgänge im Gehirn an diese Stimulation anpaßt. Mit diesem Mechanismus versucht das Gehirn, einen übermäßigen Vorrat an Stimulanzien zu reduzieren, indem es die Eigenproduktion drosselt. Dieser Mechanismus wird derart überbeansprucht, daß sich nach dem Weglassen der Stimulanzien der natürliche Vorrat an Dopamin auf einem niedrigeren Niveau (als vorher) einpendelt, was die Situation wieder verschärft. Wenngleich die Wirkung von Ritalin nicht mit untersucht wurde, könnten die Ergebnisse der Studie auch dafür zutreffen. (13) Eltern beklagen sich jedenfalls, daß ihre Kinder am Wochenende, wenn sie kein Ritalin einnehmen, entweder in eine Depression geraten oder noch stärkere Hyperaktivität zeigen. Als süchtigmachendes Stimulans kann Ritalin Entzugssymptome erzeugen, wozu auch Depression und Reizbarkeit gehören. In Unkenntnis dieser Tatsache könnten die Eltern meinen, daß ihr Kind nun erst recht und weiterhin Ritalin einnehmen sollte. (14)

Gefahr droht außerdem durch langanhaltende Veränderungen der Chemie des Gehirns aufgrund einer längerfristigen Einnahme. Da zwischen dem Parkinson-Syndrom und einer niedrigen Dopaminproduktion ein Zusammenhang besteht, wäre es möglich, daß Kinder, die wegen Hyperaktivität behandelt werden, ein größeres Risiko eingehen, später diese Krankheit zu bekommen. (15)

Zu den Gegenindikationen und Nebenwirkungen bei Ritalin zählen: Appetitverlust, Bauchschmerzen, Gewichtsverlust, Schlaflosigkeit, Herzrhythmusstörungen, Nervosität und mögliche Hypersensibilität, Anorexie, Übelkeit, Schwindelgefühl, Herzklopfen, Kopfweh, Dyskinesie (Muskelkrämpfe) und Mattigkeit. Außerdem vermerkt das Arzneimittelhandbuch für Ritalin: „Handelt es sich bei den Symptomen um Reaktionen auf akuten Streß, ist die Anwendung von Ritalin nicht angezeigt." (16)

Diese Verbindung mit Streß zeigte sich in einer neueren Untersuchung, in der mit PET-Aufnahmen die Wirkung von Ritalin bei Erwachsenen mit ADS und Hyperaktivität untersucht wurde. Zu Ende der Untersuchung waren bei den Teilnehmern weniger Ruhelosigkeit und eine verbesserte

Aufmerksamkeit festzustellen, aber in ihren Gehirnaktivitäten ließen sich weiterhin Streßreaktionen nachweisen. Aus diesen Ergebnissen zog David Shaffer den Schluß, daß ADS mit Hyperaktivität bei Erwachsenen durch unerkannten und unbehandelten Streß entstehe. (17) Ich bin fest davon überzeugt, daß mein Etikett – SOSOH – mit Streß die Ursache benennt, wenn Menschen Symptome wie das Aufmerksamkeitsdefizit-Syndrom und Hyperaktivität zeigen. So kann ich mich nur der Empfehlung des Arzneimittelhandbuchs anschließen, daß Ritalin bei ADS mit Hyperaktivität nicht verschrieben werden sollte.

Interessanterweise konnten bei Kindern mit ADS und Hyperaktivität keine Auffälligkeiten im Gehirn festgestellt werden. Es läßt jedoch aufmerken, daß man in einer Untersuchung an Erwachsenen mit ADS und Hyperaktivität, die Ritalin einige Jahre lang eingenommen hatten, Gehirnschwund nachgewiesen werden konnte. (18)

Bei meiner Arbeit in Schulen war ich immer wieder schockiert über die wachsende Anzahl von Kindern, die Ritalin bekommen. Kürzlich kam ich in eine Klasse, in der fast die Hälfte der Schüler Ritalin einnahm, hauptsächlich auf Empfehlung der Lehrer oder der Schulverwaltung.

Alternativen zu Medikamenten

Es gibt recht gute Alternativen, um den Menschen mit ADS (mit oder ohne Hyperaktivität) zu helfen. Dr. Eberhard Mann, Mediziner und Direktor der Hyperactivity Clinic im Kapiolani-Beratungszentrum von Hawaii, rät zu einer umfassenden Behandlung. „Mit umfassender Behandlung meine ich ein Behandlungsprogramm, das die Einzelprobleme angeht, die das Lernpotential und die positiven sozialen Interaktionen der Kinder einschränken. Dazu gehören Sonderunterricht, Beratung in einer Gruppe mit Gleichaltrigen, Training der Selbstkontrolle, Unterweisungen für Eltern und Lehrer, Aufbau von Motivation und Selbstachtung, Umgang mit Ärger und in einigen Fällen Medikamente wie Ritalin zur 'Stimulation'." (19) Auch er betont, daß Ritalin nicht zum Abbau von Lerndefiziten oder von aggressivem Verhalten beiträgt.

Auch Brain-Gym® ist eine nichtinvasive, vernünftige Alternative zu einer medikamentösen Therapie. Es scheint zu Dr. Manns Vorstellung eines umfassenden Behandlungsprogramms zu passen. Es unterstützt das Training von Selbstkontrolle, Motivation, Selbstachtung und den Umgang mit Ärger. Die natürliche Produktion von Transmittern (GABA und

Dopamin) wird angeregt, wenn das ganze Gehirn, wie bei Brain-Gym®
aktiviert wird. Die hyperaktiven Kinder und Erwachsenen, mit denen ich
arbeitete, konnten nach den Brain-Gym®-Übungen ihre Bewegungen verlangsamen und besser koordinieren, konnten leicht zwischen Details und
dem Gesamtbild hin- und herwechseln und sich auf das Lernen konzentrieren. Mit täglichen Brain-Gym®-Übungen gewinnen diese Menschen
immer mehr Kontrolle über sich, da die Stirnlappen und das Basalganglion
regelmäßig aktiviert werden. Die Symptome von ADS mit Hyperaktivität
werden weniger oder verschwinden in erstaunlich kurzer Zeit.

Ein Blick hinter die SOSOH-Etiketten

Gibt es wirklich ein Aufmerksamkeitsdefizit-Syndrom? SOSOH-Menschen (und eigentlich wir alle) sind sehr viel engagierter, wenn der Unterricht und die Lernumgebung als relevant und wichtig eingeschätzt
werden. Diese Menschen können sich durchaus konzentrieren und jedes
Gefühl für die Zeit verlieren, wenn eine Arbeit sie interessiert. Motivation
ist der Schlüssel für konzentrierte Aufmerksamkeit. Wie die Gehirnunter-
suchungen gezeigt haben, gibt es im Nervensystem eine enge physiolo-
gische Verbindung zwischen dem Zentrum der Aufmerksamkeit (RAS)
im Hirnstamm und dem limbischen System, dem Sitz von Emotionen,
Motivation und Gedächtnis.

Wenn Lernen, gleich welcher Art, für den Lernenden einen Wert besitzt,
wird das Gehirn aktiviert. Alle Menschen sind von Natur aus neugierig,
besonders auf sich selbst und auf ihre Welt. Motivation und interessante
Herausforderung vorausgesetzt, wird jedes Gehirn seinen Teil zum
Verständnis beitragen. Albert Galaburda meint kurz und bündig: „Der
Weg, wie Dyslektiker – und jedermann sonst – das Gehirn einsetzen, ist
auch der Weg zur Veränderung." (20) Auch Menschen, die tatsächlich eine
Dyslexie haben, mit vielen Defiziten der linken Hemisphäre, haben viele
rechtshemisphärische Fähigkeiten. (21) Es ist höchste Zeit, daß wir unsere
Urteile, Erwartungen und Überzeugungen bezüglich „Intelligenz" aufge-
ben, statt dessen Lernen genießen und jeden Lernenden schätzen.

Sollte es noch irgendwelche Zweifel geben bezüglich der Auswirkungen
einer sicheren, persönlich ansprechenden Lernumgebung und von Brain-
Gym®-Übungen, füge ich noch eine Liste mit den Fähigkeiten hinzu, die
alle Schüler mit Lernproblemen in weniger als sechs Wochen erwarben.
Die von mir beobachteten Schüler entwickelten folgende Fähigkeiten:

1. Sie konnten sich entspannen und kamen gerne zur Schule, sie fanden Spaß am Lernen.
2. Sie konnten sich intelligent unterhalten und Dinge durchdenken, die ihnen wichtig waren.
3. Sie konnten sich lange genug auf eine Aufgabe konzentrieren, um diese auch zu beenden.
4. Sie kümmerten sich um andere Schüler, um die Lehrer und um ihre eigenen Belange.
5. Sie konnten ruhig und aufmerksam zuhören, wenn andere ihre Gedanken mitteilten.
6. Sie konnten gut zusammen arbeiten und spielen (sehr viel weniger Auseinandersetzungen).
7. Nach einem Konflikt zeigten sie angemessene Einsicht.
8. Sie fanden einen positiven Weg, selbstbewußt für sich einzutreten, wenn andere sie mißachteten.
9. Sie konnten ihre Kreativität vielfältig zum Ausdruck bringen, mit Musik, Kunst, Gedichten, Tanz und mit persönlichen Beziehungen.
10. Sie lernten, Wut und Zuneigung angemessen auszudrücken.
11. Feinmotorische Koordination und Gleichgewicht besserten sich.
12. Sie verwendeten innere Sprache für schlußfolgerndes Denken und Steuerung des eigenen Verhaltens.
13. Sie hatten Erfolge und freuten sich über die Erfolge anderer.
14. Sie gewannen einen Platz in meinem Herzen als unglaublich erstaunliche Persönlichkeiten und großartige Überlebenskünstler.

Gibt es ein Medikament, das solche Resultate erzielt?! Und dabei sind meine Erfahrungen keineswegs einmalig.

Es wird Zeit, daß wir alle Menschen als einzigartige Lernende betrachten, die auf ihre eigene Art und in ihrem eigenen Tempo lernen. Wenn wir bei den Streßfaktoren ansetzen, die zu SOSOH-Verhalten führen, haben wir einen guten Ausgangspunkt, um für ein optimales Lernumfeld zu sorgen. Und einfache, natürliche Methoden wie Brain-Gym® können uns helfen, bewußt all die SOSOH-Etiketten abzuschaffen, die die dahinterstehenden intelligenten Menschen verdecken.

Ein Drittkläßler aus einer Klasse mit verhaltensgestörten Schülern (sein Profil zeigte voll eingeschränkte Gestaltdominanz) beeindruckte mich derart durch seine Intelligenz, daß ich mich zu folgendem Gedicht inspirieren ließ:

Das Geschenk

Ich fühlte die klebrige Wärme, als er die Stuhllehne umklammerte.
„Verlorenes Kind, hyperaktiv, ADS, lernbehindert, verhaltensgestört."
Die Nase blutig, das verklebte Haar über dem schmutzigen Gesicht
und zwei weiße Bächlein, die über die Wangen rollten,
um sich voller Wut auf den Boden zu ergießen.

Gefangen im angeborenen Überlebensdrang –
der Kampf auf dem Spielplatz ein verzweifelter Versuch,
etwas Würde und etwas menschliches Gefühl zu bewahren
gegen die schneidenden Worte der anderen.
Gefangen in Etiketten, die seit der Geburt ins Gedächtnis gemeißelt.
Ein Kind des Lichts – jetzt nur mehr ein psychologisch-linguistisches Profil
das jeder neue Betreuer sorgfältig pflegt und ausschmückt.

Und diese Lippen, jetzt zitternd vor lauter Frustration,
hatten mich gestern durch seine reiche Phantasie geführt,
die mit ihrer Schönheit meine Realität weit hinter sich ließ.
Und die jetzt blutenden Hände malten einen Mann mit siebzehn Armen,
und jeder von ihnen hielt einen holzgeschnitzten Stock
und führte einen regenbogenfarbenen Hund mit leuchtenden Augen.

Und diese Beine, voller blauer Flecken und unendlich steif,
um den eingesunkenen Körper aufrecht zu halten,
sie wissen sehr wohl mit dem Fußball umzugehen
und tragen ihn barfuß über Stock und Stein.
Dieses Kind, das in seinem Leben zu wenige Umarmungen und Küsse
kennenlernte,
dieses einmalige Kind mit seiner Zukunft im Herzen.

Ich selbst war dieses Kind vor vielen Jahren – nicht in der Lage,
meine Bedürfnisse zu benennen oder meine Frustration zu äußern,
oder zu sehen, daß das Loch in meiner Seele nach einer Umarmung verlangt
oder nach jemandem, der mich klarer sah als ich selbst,
um mich wieder mit mir zu verbinden, mir wenigstens zu sagen wie –
ein Schnellkurs, um mich selbst zu erkennen und zu lieben –
und auch daran zu glauben,
bei all den Etiketten und engstirnigen gesellschaftlichen Zwängen.
Dieser Moment mit diesem Kind ist ein Ausgangspunkt
um anzufangen, Wunden zu heilen.
Seine Augen, ein Spiegel der Welt – feucht, verletzt und voller Angst,
in ihrer tiefen Ehrlichkeit erlauben sie mir nicht, mich abzuwenden.
Er ist mein Geschenk, mein Weckruf –
und eine weitere gottgegebene Chance, Liebe zu lernen.

Kapitel 15

Auf der Suche nach Vorbildern

„Ich bin überrascht, wie unsere Kultur es schafft, den neugierigsten aller Wesen – den Menschen – die Neugier auszutreiben." (1)
Paul MacLean

Um ein besseres Gefühl dafür zu bekommen, was Lernen erfolgreich macht, sollten wir uns jetzt nach Beispielen umsehen, wo Lernen gelingt – nicht nur in *unserer* Kultur und unserem Bildungssystem, sondern anderswo auf der Welt. Ich denke oft, daß wir die Wahrheit verdrehen, wenn wir uns und unsere Kultur die „erste Welt" nennen und afrikanische Dörfer hoch oben in den Bergen von Lesotho als „dritte Welt" bezeichnen. Diese Unterscheidung ist nur dann angebracht, wenn wir uns auf den technologischen Fortschritt oder den ökonomischen Wohlstand beziehen. Was jedoch Lernen betrifft, wäre es an der Zeit, eine Neubewertung vorzunehmen. Ich schlage damit nicht vor, daß wir in die Zeit vor der Technologie zurückgehen, aber wir können von den Erkenntnissen und Praktiken anderer Kulturen viel über das Lernen lernen.

Erkenntnisse aus der dritten Welt

In den Dörfern von Lesotho in Südafrika erfahren Kinder in der frühen Kindheit sehr viel mehr Unterstützung durch soziale Werte und gemeinschaftliches Tun. Diese Kinder profitieren dabei entscheidend. Eine Beschäftigungstherapeutin in Kuazulu, Südafrika, berichtete von ihren Erfahrungen: Von den zehntausend Kindern, die jährlich auf ihre Schulreife untersucht werden, schnitten die afrikanischen Kinder aus ländlichen Gegenden sehr viel besser ab als weiße Kinder aus den Städten. Bei siebenundvierzig von fünfzig Tests waren die afrikanischen Kinder besser, bei zwei waren beide Gruppen gleich, und nur bei einem Test – bei dem fovealer Fokus geprüft wurde – waren die afrikanischen Kinder schlechter (aus Gründen, wie sie in Kapitel 6 erklärt wurden). Die schwarzen Kinder zeigen großes Lernvermögen, eine Integration von Körper und Geist und eine starke Motivation zum Lernen. (2)

Wir können von diesen Kulturen viel lernen: über die Wertschätzung des einzelnen, über frühe sensomotorische Stimulation, Ermutigung zu Verantwortung, Sprachentwicklung und interpersonale Beziehungen. Kinder und besonders Säuglinge sind der Reichtum des ganzen Clans. In einem Stamm verbringt das Neugeborene die ersten sechs Wochen nur mit seiner Mutter und im engsten Familienkreis, damit es die nötigen engen Bindungen entwickeln kann. Während dieser Zeit ist der ganze Stamm damit beschäftigt, vorhandene Streitigkeiten untereinander zu bereinigen. Sie tragen Lederschurze mit langen Fransen. Für jede Unstimmigkeit mit einem Mitglied der Gemeinschaft wird eine Franse zu einem Knoten geschlungen. Alle sind aufgefordert, alle Unstimmigkeiten zu bereinigen und die Knoten zu lösen, bevor der Säugling nach sechs Wochen dem Stamm präsentiert wird.

Da in diesem Stamm viele Kinder geboren werden, findet ununterbrochen Versöhnung statt. So ist zum Wohle der Jugend soziale Harmonie garantiert. Die Idealvorstellung wäre, daß alle Kinder in liebevollen, kooperativen Gemeinschaften aufwachsen, die gemeinsam für das Wohl der Heranwachsenden sorgen. In diesem Stamm ist außerdem jeder Erwachsene für jedes Kind mitverantwortlich. Dies ist ein weiteres Merkmal sozialer Verbundenheit, durch das Kinder Rücksicht auf Gemeinschaftsgüter lernen, Regeln und Grenzen kennenlernen und Sicherheit und Liebe gewinnen.

Als ich dieses System kennenlernte, wurde mir klar, warum ich als Alleinerziehende mich oft überfordert fühlte. Ich versuchte meiner Tochter zu geben, was in einem Familienclan ganz natürlich auf mindestens hundert weitere Menschen verteilt ist.

In einem Clan bekommt das Kind im ersten Jahr sehr viel sensomotorische Stimulation. Dazu gehört, daß das Kind immer wieder von den anderen Mitgliedern berührt wird und Aufmerksamkeit erhält, es schläft nachts in einem Bett mit der Familie, es bekommt die vertrauten Gerüche der übrigen Familie und von Freunden mit und hat beständig Körperkontakt mit der Mutter, auch bei der Arbeit. Dabei bindet sich die Mutter ihr Kind mit einem Tuch fest auf den Rücken, so daß sie das Kind nahe am Herzen trägt. So macht das Kind die wiegenden, schwingenden Bewegungen der Mutter mit und fühlt den Rhythmus der Lieder, mit denen sie ihre Arbeit begleitet. Die Kinder werden gefüttert, wenn sie danach verlangen. Da die grundlegenden Überlebensbedürfnisse nach Essen, Schutz, Wärme und Stimulation befriedigt werden, kann sich ein Muster von Sicherheit und Schutz entwickeln. Auf dieser Grundlage können Kinder ihre neue Umgebung frei erforschen.

Am Rücken der Mutter kann das Kind den Kopf frei bewegen und die Nackenmuskeln ausbilden, damit es das vibrierende Leben um sich herum mit beiden Augen sehen und mit beiden Ohren hören kann. Dabei verläuft die Entwicklung der Muskeln beim Kleinkind sehr schnell, so daß das Kind auch mehr Kontrolle über den sensomotorischen Input bekommt.

Arbeitet die Mutter nicht, legt sie ihr Kind auf ein Tuch, damit es seine Umgebung auf dem Bauch oder dem Rücken erkunden kann. Die Rumpfmuskeln werden gestärkt, wenn es sich windet, seine Gliedmaßen erforscht und schließlich lernt, sich umzudrehen, sich hochzudrücken, zu krabbeln und zu sitzen. In einer sensorisch reichen Umgebung lernt das Kind gut sehen. Da sind die Umrisse der grünen Blätter über ihm im Wind, der leuchtend blaue afrikanische Himmel mit ständig wechselnden Wolken, viele leuchtend bunte Vögel mit ihrem Gesang und die immer wieder auftauchenden lachenden Gesichter von Kindern und Erwachsenen, die phantasievolles Spielzeug aus Pflanzen, Steinen, Karton und sogar Plastiktüten bringen. Diese Kinder werden aufgenommen, liebkost, gekitzelt und umarmt.

Wenn sie schließlich robben und krabbeln, können sie das überall tun. Ihr Spielfeld ist nachts der erdige Boden in der Rundhütte, inmitten von Tanz, Gesang und Geschichten, oder tagsüber die staubigen, steinigen oder satten Felder, auf denen die Mutter arbeitet. Die Rumpfmuskeln, das Gleichgewicht und der Schulter- und Beckengürtel entwickeln sich natürlich, noch bevor das Kind den ersten Schritt tut.

Können die Kinder laufen, lernen sie sehr schnell auch rennen, um mit den anderen Kindern mitzuhalten, die mit bloßen Füßen anmutig jedes Gelände meistern. Ich erinnere mich noch lebhaft an einen kleinen Jungen, der sicher noch nicht lange laufen konnte, aber dennoch mit den anderen Kindern hinter unserem Wagen herlaufen wollte, als wir das Dorf verließen. Seine Schwester hielt ihn am Hemd fest, aber er riß sich los, ließ sie stehen und folgte uns ungefähr eine Meile mit einem Strahlen auf dem Gesicht, während er mit seinen kurzen Beinen barfuß die staubige Straße entlangrannte.

Kinder gehören zur Familie, zum Clan, und werden oft von den Groß-
eltern versorgt, wenn sie nicht mehr gestillt werden. Ältere Kinder passen
auf die jüngeren auf, und mit etwa sechs Jahren übernehmen sie kleine
Aufgaben, sie sammeln Feuerholz oder hüten eine Kuh, Schafe oder ein
Pferd. Sie werden zu verschiedenen Tätigkeiten ermutigt: Schnitzen,
Weben, Singen, Tanzen, Geschichtenerzählen, Malen und kreative, phantasievolle Spiele.

Abends essen die Familien des Dorfes gemeinsam und erzählen sich die
Ereignisse des Tages. Man kann hören, wie sie einander über weite Entfernungen etwas zurufen und beim Klang der Trommeln den Tag beenden.
Anstatt fernzusehen, werden Geschichten erzählt, von Familienmitglie-
dern oder von Clanangehörigen, die zu Besuch gekommen sind und einen
anderen Dialekt oder eine andere Sprache sprechen. Die Kinder wachsen
mehrsprachig auf und beherrschen, wenn sie in die Schule kommen, zwei
oder drei Sprachen. Immer ist Gesang zu hören, wenn die Nacht herein-
bricht und die letzten Trommelschläge und Harmonien verklingen und
die afrikanische Nacht sich mit Stille und Milliarden von Sternen füllt.

Hinter den mächtigen Stammestraditionen steht die Vorstellung von
ubuntu, was soviel heißt wie: „Da ich bin, sind wir; und da wir sind, bin
ich." Die Clanordnung beruht auf der gemeinsamen Macht. Für gemein-
schaftliche Entscheidungen ruft der Clanchef alle Mitglieder zusammen.
Es dauert manchmal Tage oder sogar Wochen, bis entschieden wird, da
alle Clanmitglieder das Recht haben, ihre Meinung zu äußern. Die
gemeinsame Entscheidung wird dann von allen Clanmitgliedern angenommen. Respekt für die Ältesten und für alle, die älter sind als man
selbst, wird früh gelernt.

Was mir am meisten auffiel, war die Neugier der Kinder und ihr starker
Wunsch zu lernen. Sie legen große Entfernungen zur Schule zurück, und
sie tun es bereitwillig. Lernen und Weisheit werden von allen Clanmitgliedern sehr geschätzt.

Afrikas Lernhilfe für die erste Welt

In diesen afrikanischen Gemeinschaften habe ich verstehen gelernt, welche
Entwicklungsfaktoren für die Ausbildung des Lernpotentials notwendig
sind. Da ich das Privileg hatte, ihr Leben zu beobachten und zu teilen,
biete ich diese Zusammenfassung an, als meine Idee eines „Entwicklungs-
hilfeprogramms" für die „erste Welt" zur Unterstützung des Lernens und
des Gehirns:

- Eine sensorisch reiche Umgebung, voll mit Klang, Berührungen, Gerüchen und visuellen Eindrücken.
- Viel Bewegung und die Möglichkeit, den eigenen Körper im Raum zu erfahren.
- Sicherheit und Befriedigung der Grundbedürfnisse, damit die Umgebung frei erforscht werden kann.
- Eltern oder andere Erwachsene sind für die Kinder da, als Zuhörer, Berater und interaktive Begleiter.
- Viel Zeit zum Üben des Wiederkennens von Mustern – sensomotorische Muster, Sprachmuster, Rhythmus- und musikalische Muster, Muster für menschliche Beziehungen.
- Übernahme von Verantwortung, Achtung von Grenzen, Respekt vor sich selbst und anderen.
- Ermutigung zum Phantasieren, zu künstlerischem und musikalischem Gestalten, zu Kommunikation und interaktiven Spielen.

Wirksame Unterrichtsprogramme

Wenn in der frühen Kindheit die genannten Faktoren zu Hause und in der Gemeinschaft gegeben sind, wird damit der Lernprozeß entscheidend unterstützt. Genausowichtig ist in diesen prägenden Jahren die Art und Weise, wie der Lernprozeß im normalen Unterricht behandelt wird. Ich war in der glücklichen Lage, daß ich Unterrichtsprogramme erlebte, die den Lernenden wirklich achten, auf die Schüler ausgerichtet und demokratisch sind, und – noch bedeutsamer – auch nachweislich erfolgreich sind. Dort wo die Gemeinde sich engagiert, werden diese Programme in amerikanischen Schulen eingeführt – mit unterschiedlichem Erfolg. Auf alle Fälle erregen sie die Aufmerksamkeit der Öffentlichkeit und machen es möglich, daß Unterrichtspraktiken aufgegeben werden, die allzuoft wirkungslos sind.

Einige Schulen in den USA haben sich umgestellt und fördern individualisiertes Lernen. Arney Langburg entwickelte einen Plan für das High School Redirection Program, das innerhalb des Schulsystems in Denver Schulabbrechern noch eine Chance gibt. Vorbild dafür war eine Schule in Evergreen, Colorado, die Arney aufgebaut und geleitet hatte, um seinen eigenen Kindern während ihrer High-School-Jahre bessere Chancen zu bieten. (3)

Um einen Abschluß zu erreichen, muß jeder Schüler vierzehn Kriterien erfüllen. Dazu gehören: Kenntnis der inneren Ressourcen, Fürsorge für sich selbst und andere, Gerechtigkeitssinn, ethische Haltung und Integrität, Risikobereitschaft, Anforderungen an sich selbst, Bereitschaft zu Veränderungen, Toleranz gegenüber kulturellen Unterschieden, Ausdauer und Einsatz, Durchhaltevermögen bei der Arbeit, Unternehmungsgeist, grundlegende kognitive Fähigkeiten. Bei Eintritt schätzt sich der Schüler anhand der vierzehn Punkte selbst ein und entscheidet damit, worauf er sich bei seiner weiteren Arbeit besonders konzentriert. Von der Schule werden alle Schüler ermutigt, ihre persönlichen, schulischen und sozialen Ziele selbst zu bestimmen. Mit Hilfe eines Mentors erstellt jeder Schüler sein eigenes Lernprogramm.

High School Redirection wurde 1992 von über dreihundert Schülern besucht und konnte auf die niedrigste Abwesenheitsrate aller Schulen von Denver verweisen. Die Schule leistet gute Arbeit und verhilft selbstbestimmten Schülern zu einem Abschluß. Diese Schüler sind persönlich integer, haben auf dem Arbeitsmarkt gute Chancen und haben eine solide Basis mitbekommen, die ihnen ihr Leben lang Lernerfolge sichert.

Das dänische öffentliche Schulsystem

Das dänische System ist in noch größerem Umfang Vorbild für ein ausgezeichnetes öffentliches Bildungssystem. Die Schulen in Dänemark verfolgen eine kluge, auf den Schüler ausgerichtete Politik. Lernen geschieht in einem Tempo, das mehr Rücksicht auf das Gehirn nimmt als in Amerika, der Lehrplan richtet sich mehr nach der natürlichen Entwicklung des Gehirns. Schüler sind an der Entwicklung des Lehrplans beteiligt und deshalb mehr zum Lernen motiviert. In der Schule werden Denken und Integration von Wissen besonders betont. Der Fortschritt wird nicht ständig getestet, deshalb gibt es weniger Wettbewerb.

In Dänemark gehen die Kinder erst mit sieben Jahren zur Schule, und sie werden erst mit etwa vierzehn Jahren geprüft. Und dabei werden nur linguistische, naturwissenschaftliche, technische und mathematische Fähigkeiten geprüft. Diese gelten als die Grundfertigkeiten, wobei der Lehrplan vor allem die Verarbeitung von Informationen und kreatives Denken betont, und nicht auswendig gelerntes Wissen. Das Abschlußexamen mit etwa siebzehn oder achtzehn Jahren ist nicht mit den amerikanischen

High-School-Abschlußprüfungen zu vergleichen. Es wird sehr viel mehr integratives, formal-logisches Denken gefordert.

Die Schüler können den Zeitpunkt für ihr Abschlußexamen selbst wählen. Jeder muß eine Aufgabe aus dem Bereich der Kunst und einen literarischen (gewöhnlich klassischen) Text (Prosa oder Gedicht) bearbeiten. Für die Abschlußarbeit haben sie bis zu einem Monat Zeit. Sie bereiten einen wissenschaftlichen Vortrag vor, in dem sie ihr Thema im Zusammenhang mit Geschichte, Biologie, Physik, Chemie, Sprache, Mathematik, Kunst und Sozialwissenschaft darstellen. Das Abschlußexamen wird in zwei Sprachen geschrieben und dann einem Gremium vorgestellt, das den Schüler dazu interviewt und über das Bestehen der Prüfung entscheidet. (4)

In allen dänischen Schulklassen, die ich besuchte, fiel mir auf, daß Problemlösung und logisches Denken einen großen Raum einnahmen. Auffallend war, daß es kaum Probleme mit der Disziplin gab, obwohl wegen einer großen Zahl an Einwanderern manchmal zwischen fünfunddreißig und fünfundvierzig Schülerinnen und Schüler in einer Klasse waren. Die Denkfähigkeit und die Phantasie der Schüler wurden respektiert, die Schüler arbeiteten viel in Gruppen, um die Kommunikation zu fördern.

Alle neun Wochen wurde unter Mitbestimmung der Schüler ein Arbeitsplan aufgestellt, um die Interessen von Schülern und Lehrer aufeinander abzustimmen. Die Schüler wurden gefragt, welche Themen sie bearbeiten wollten. Die gewählten Themen wurden besprochen und dementsprechend der Plan mit den thematischen Schwerpunkten für die nächsten neun Wochen erstellt. Die Schüler übernahmen die Verantwortung und trugen Hilfsmittel zusammen, bearbeiteten die Projekte in kooperativen Gruppen und tauschten ihre Ergebnisse mit der übrigen Klasse aus. Lehrer und Schüler lernten gemeinsam. Es wurden altersgemäße Fertigkeiten gelehrt und mit dem gemeinsamen Stundenplan in Verbindung gebracht, so daß diese Fähigkeiten eingeübt und geankert wurden. (5)

In der dänischen Volksschule wurden in jeder Stunde Kunst, Musik, Bewegung und kooperatives Arbeiten einbezogen. Durch kooperatives Lernen wurden die Schüler zu Interaktionen ermutigt, sie sprachen miteinander, hörten den anderen zu und lernten voneinander. Im Umgang miteinander, der sich im Zuge all dieser Lernaktivitäten ergab, wurden die individuellen Unterschiede und Stärken respektiert, und damit fielen die Etiketten und Einschränkungen weg, die die Initiative und Kreativität des einzelnen behindern. (6)

Im Schuljahr 1992/93 wurden britische, niederländische, deutsche und dänische Mittel- bzw. Oberschulen für eine Studie ausgewählt, um die verschiedenen Systeme zu vergleichen. Besonders interessant war, wie die jungen Menschen auf ihre Rolle als Staatsbürger in einer Demokratie vorbereitet werden. In Dänemark fordert die nationale Gesetzgebung, daß die Volksschule Schüler darauf vorbereitet, Bürger in einer Demokratie zu sein. Teilnahme an Entscheidungsprozessen auf Klassenebene beginnt bereits in der ersten Klasse und bleibt bis zur letzten Klasse erhalten.

Die Studie vermerkt, daß dänische Schüler selbstsicher kommunizierten und sich die Gedanken anderer aufmerksam anhörten. Sie zeigten vergleichsweise starkes politisches Interesse und glaubten, daß sie durch ihr Tun etwas bewirken könnten. Das Klima in dänischen Klassen war im Vergleich das freieste, hier gab es am meisten Gelegenheit, die verschiedensten Aspekte eines Themas zu betrachten. Die Schüler wurden von ihren Lehrern ermutigt, ihre eigene Meinung frei zu äußern, auch wenn sie der Meinung des Lehrers oder anderer Schüler widersprach. Die Mehrheit der dänischen Schüler (zahlenmäßig größer als in den Vergleichsländern) unterstützte die Forderung nach mehr Frauen in Regierungsämtern und die Redefreiheit für alle, unabhängig von ihren Ansichten. (7)

Überdenken von Bildungszielen

„In unserer übergroßen Begeisterung für rationale, wissenschaftliche und technologische Erkenntnisse haben wir die Verbindung zu unserer eigenen Erfahrung als Quelle für unsere persönliche Entwicklung und für Lernen verloren. Der Lernprozeß muß wieder die menschlichen Erfahrungen einbeziehen, die im Dialog mit anderen gewonnen werden." (8) Auf diese Weise beschreibt David Kolb die bisherige Entwicklung.

Inzwischen haben viele Einzelpersonen und Organisationen über die Erneuerung von Bildungszielen in den USA nachgedacht. Dazu gehört auch die National Learning Foundation (NLF), die es als ihre Mission bezeichnet, Amerika in die vorderste Reihe der aufstrebenden Gesellschaften des 21. Jahrhunderts zu bringen, deren erstes Charakteristikum Lernen ist. Die NLF ist eine halb öffentliche, halb private Initiative, die von der White House Task Force on Innovative Learning angeregt wurde, um die Arbeitskräfte auf die veränderten Anforderungen von Industrie und Handel vorzubereiten. Die Arbeitsplätze haben sich verändert. Die explosionsartige Vermehrung von Informationen in unserer technologischen Gesellschaft stellt neue Anforderungen an alle Arbeitenden. Unsere Schulen müssen sich darauf einstellen und die Schüler besser vorbereiten, sie zu Bürgern erziehen, die immer wieder bereit sind, neu zu lernen; lernbereit und geistig beweglich, wie die NLF es nennt.

Diese Bürger nehmen Information nicht nur passiv (wie ein Schwamm) auf, sie arbeiten mit den Informationen, sie denken nach und wählen aus. Solche Menschen haben ganz andere Eigenschaften und Fähigkeiten, als sie unser gegenwärtiges Schulsystem belohnt. Dazu gehören:

Persönlichkeit
Flexibilität
Kreativität
Gute Selbstwahrnehmung
Neugier
Phantasie
Anpassungsfähigkeit
Sinn für Ästhetik
Hält Mehrdeutigkeit aus
Integres Handeln

Interpersonale Beziehungen
Achtet Vielfalt
Altruistische Motivation
Respektiert wechselseitige Abhängigkeit:
– Zusammenarbeit
– Arbeit im Team

Grundlagen
Grundlegende Kenntnisse in Sprache und Mathematik
Technisch versiert
Kommunikation
Verhandlungsgeschick

Leistungen
Systemisches Denken
Erkennen von Mustern
Fähigkeit zur Synthese
Analytische Fähigkeiten
Bereitschaft zum Experimentieren
Problemlösen
Entscheidungsfähigkeit
Reflektierendes Denken

Indikatoren für den Erfolg einer solchen Erziehung wären Lernbereitschaft, hohe Selbstachtung, Kongruenz von Körper und Geist, Selbstverantwortung und Gemeinschaftsgefühl. (9) Genau diese Eigenschaften konnte ich in dänischen Volksschulen beobachten; deshalb weiß ich, daß diese Ziele durchaus erreichbar sind, um so mehr, als es bereits erprobte Modelle dafür gibt.

Die NLF hat Brain-Gym® als eine der besten Methoden ausgewählt, mit der die Lerngesellschaft des 21. Jahrhunderts neue – und nicht nur überarbeitete – Bildungsstrategien entwickeln kann, um die Menschen für die globalen Aufgaben der Zukunft vorzubereiten.

Integrative Bewegungen wie Brain-Gym® fördern alle Lernstile, führen zu einer stärkeren Myelinschicht zwischen den Gehirnhälften und fördern den Ausgleich elektrischer Energie und die integrative Arbeit des ganzen Gehirns. Ziel ist es, das maximale Potential des Lernenden zu verwirklichen, indem das ganze Gehirn aktiviert und der individuelle Lernstil und das individuelle Lerntempo unterstützt werden. Brain-Gym® kann den Übergang bilden zwischen dem gegenwärtigen Bildungssystem und zukünftigen Systemen, die weltweit entwickelt werden, um die Entwicklung lebenslangen Lernens zu begünstigen.

Lernen gehört zu einem erfüllten Leben und sollte von der Kindheit bis ins hohe Alter die zentrale Rolle spielen. Deshalb sollten die Überzeugungen und Übungen, die Lernen fördern, studiert und kultiviert werden. Dies ist eine Lektion, die bereits viele einzelne in vielen Kulturen verbreiten.

Integrative Bewegungen wie bei Brain-Gym® sind eine wirkungsvolle, grundlegende, vernünftige und chemikalienfreie Möglichkeit, lebenslanges Lernen zu erleichtern. Das ist ein hoher Anspruch für etwas, was jeder Mensch zu jeder Zeit und überall kostenlos tun kann. Wenn wir einmal damit beginnen, die volle Kapazität des Geist-Körper-Systems einzusetzen, wird Lernen unendlich wirkungsvoller. Wir werden angeregt und voller Freude unsere Welt wiederentdecken, unsere Verbundenheit mir ihr erneuern und über unsere eigene Kreativität staunen.

Wir wissen jetzt, daß Bewegung, ein natürlicher Lebensvorgang, Voraussetzung für Lernen, kreative Gedanken und formales Denken auf einer höheren Ebene ist. Es ist höchste Zeit, daß wir Bewegung bewußt wieder in unser Leben integrieren und erkennen – so wie ich es erlebt habe –, daß eine so einfache und natürliche Sache Wunder bewirken kann.

Anhang

Quellenverzeichnis

Kapitel 2: Neurale Netzwerke

(1) Stevens, Charles F.: „The Neuron", in: *Scientific American*, Sept. 1979, S. 1

(2) Tortora, Gerard J./Anagnostakos, Nicholas P.: *Principles of Anatomy and Physiology*, New York: Harper, 6. Aufl. 1990, S. 425–445

(3) Nauta, Walle J. H./Feirtag, Michael: „The Organization of the Brain", in: *The Brain. A Scientific American Book*, San Francisco: W. H. Freeman, 1979, S. 40

(4) Tortora/Anagnostakos: *Principles ...*, a.a.O., S. 238

(5) Nauta/Feirtag: „The Organization of the Brain", a.a.O., S. 49

(6) Tortora/Anagnostakos: a.a.O., S. 336–337

(7) Tortora/Anagnostakos: ebd., S. 345–348

(8) Chopra, Deepak: *Quantum Healing. Exploring The Frontiers Of Mind/Body Medicine*, New York: Bantam Books, 1989, S. 26, 50; dt.: *Die heilende Kraft: Ayurveda, das altindische Wissen vom Leben und die modernen Naturwissenschaften*, Bergisch-Gladbach: Lübbe, 1990.

(9) Snyder, Solomon H.: „The Molecular Basis of Communication Between Cells", in: *Scientific American*, Okt. 1985, S. 33

(10) Diamond, Marian: *Enriching Heredity. The Impact of the Environment on the Anatomy of the Brain*, New York: Free Press, 1988, S. 67–77

(11) Lichman, Jeff W./Balice-Gordon, Rita J./ Katz, Lawrence u.a.: *Seeing Synapses: New Ways to Study Nerves*, American Association for the Advancement of Science: Annual Meeting in San Francisco, 1994

(12) Stevens, Charles F.: „The Neuron", a.a.O., S. 1–2

(13) Chopra, Deepak: a.a.O., S. 50

(14) Masland, Richard H.: „The Functional Architecture of the Retina", in: *Scientific American*, Dez. 1986, S. 131–147

(15) Merzenich, Michael: *Brain Plasticity Origins of Human Abilities and Disabilities*, Sixth Symposium, Decade of the Brain Series. NIMH and the Library of Congress. Washington, DC, 7. Feb. 1995

(16) Chopra, Deepak: a.a.O., S. 26

(17) Golden, Daniel: „Building A Better Brain – Brain Calisthenics", in: *Life Magazine*, Juli 1994, S. 63–72

(18) Schrof, Joannie M.: „Brain Power", in: *U.S.News & World Report*, 28. Nov. 1994, S. 94

Kapitel 3: Sensorische Erfahrung

(1) Damasio, Antonio R.: *Descartes' Error: Emotion, Reason, and the Human Brain*, New York: Putnam, 1994, S. 112–113; dt.: *Descartes' Irrtum: Fühlen, Denken und das menschliche Gehirn*, München/Leipzig: List, 1995

(2) MacLean, Paul D.: „A Mind of Three Minds: Educating the Triune Brain", in: *Seventy-Seventh Yearbook of the National Society for the Study of Education*, Chicago, 1978

(3) Pearce, Joseph Chilton: *Evolution's End. Claiming the Potential of Our Intelligence*, San Francisco: Harper & Row, 1992; dt.: *Der nächste Schritt der Menschheit. Die Entfaltung des menschlichen Potentials aus neurobiologischer Sicht*, Freiamt: Arbor, 1994

(4) Schiefelbein, Susan: „Beginning the Journey", in: *The Incredible Machine*, Washington, DC: National Geographic Society, 1986, S. 36

(5) Tortora/Anagnostakos: a.a.O., S. 488

(6) Ayres, A. Jean: *Sensory Integration and Learning Disorders*, Los Angeles: Western Psychological Services, 1972, S. 58; dt.: *Bausteine der kindlichen Entwicklung. Die Bedeutung der Integration der Sinne für die Entwicklung des Kindes*, Berlin/Heidelberg: Springer, 1992

(7) Tortora/Anagnostakos: a.a.O., S. 392, 483–490

(8) Hendrickson, Homer: *The Vision Development Process*, Santa Ana: Optometric Extension Program, 1969, S. 4

(9) Schwartz, Eugene: *Seeing, Hearing, Learning: The Interplay of Eye and Ear in Waldorf Education. Excerpts from Camp Glenbrook Conference of the Association for a Healing Education* (14.–16. Juni 1988), 1990

(10) Livington, Kenneth: *The Science of Mind*, Cambridge: MIT Press, 1989, S. 149

(11) Ayres, A. Jean: a.a.O., S. 70

(12) Hernandez-Peon, R.: „Neurophysiology of Attention", in: P. J. Vinkin; G. W. Bruyn (Hrsg.): *Handbook of Clinical Neurology*, Amsterdam: North Holland Pub., 1969

(13) Tomatis, Alfred A.: *The Conscious Ear. My Life of Transformation through Listening*, Barrytown: Station Hill Press, 1991, S. 208–215; dt.: *Das Ohr und das Leben. Erforschung der seelischen Klangwelt*, Solothurn/Düsseldorf: Walter, 1995

(14) Campbell, Don G.: *The Roar of Silence*, Wheaton: Quest Books, 1989

(15) Schiefelbein, Susan: a.a.O., S. 36–39

(16) Tomatis, Alfred A.: *Education and Dyslexia*, Fribourg/Schweiz: Association Internationale d'Audio-Psycho-Phonologie, 1978

(17) Lonsbury-Martin, Brenda: „Using the Sounds of Hearing", in: *Science News*, 27.2.1993 (Bd. 143), S. 141

(18) Hopson, Janet L.: „We May Follow Our Noses More Often Than Is Now Realized", in: *Smithsonian Magazine*, März 1979, S. 78–95

(19) Stiller, Angelika/Wennekes, Renate: *Sensory Stimulation Important to Developmental Processes*, dt.: *Die motorische Entwicklung über die Mittellinie*, Neuenkirchen-Vörden: Selbstverlag, 1992

(20) Hopson, Janet L.: a.a.O.

(21) Tortora/Anagnostakos: a.a.O., S. 427–433

(22) Tortora/Anagnostakos: ebd., S. 336–337

(23) Restak, Richard M.: *The Mind*, New York: Bantam, 1988, S. 87

(24) Levi-Montalcini, Rita: *Developmental Neurobiology and the Natural History of Nerve Growth Factor. Annual Review of Neurosciences*, 1982 (5), S. 341–362

(25) Ayres, A. Jean: a.a.O.

(26) Pearce, Joseph Chilton: a.a.O., S. 113

(27) Pearce, Joseph Chilton: *The Magical Child Matures*, New York: Bantam, 1986

(28) Penfield, Wilder/Jasper, H. H.: *Epilepsy and the Functional Anatomy of the Human Brain*, Boston: Little Brown, 1954, S. 28

(29) Sacks, Oliver: *The Man Who Mistook His Wife for A Hat, And Other Clinical Tales*, New York: Harper & Row, 1987, S. 43; dt.: *Der Mann, der seine Frau mit einem Hut verwechselte*, Reinbek: Rowohlt, 1987

(30) Crum, Thomas F.: *The Magic of Conflict: Turning A Life of Work into A Work of Art*, New York: Simon & Schuster, 1987, S. 54–56

(31) Suplee, Curt: „Neurology: Watching, Imagining and Doing", in: *Science Notebook,* The Washington Post, 17. Okt. 1994, S. 2 (Zusammenfassung aus *Nature*, 13. Okt. 1994)

(32) Tortora/Anagnostakos: a.a.O., S. 475–480

(33) Kohler, Ivo: „Experiments with Goggles", in: *Scientific American*, 206 (5), 1962, S. 62

(34) Gregory, Richard: *Eye and Brain. The Psychology of Seeing*, New York: McGraw-Hill, 1966, S. 204–219

(35) Grady, Denise: „The Vision Thing: Mainly in the Brain", in: *Discover*, Juni 1993 (Bd. 14/6), S. 58

(36) Escher, M. C.: *M. C. Escher. 29 Master Prints*, New York: Abrams, 1981; dt.: Elffers, Jost (Hrsg.): *M. C. Escher* (16 Blatt), Köln: Dumont, 1987

(37) Thing, N. E.: *Magic Eye: A New Way of Looking at the World,* Kansas City: Andrews and McMeel, 1993

(38) Tortora/Anagnostakos: a.a.O., S. 476–477

(39) Diamond, Marian: a.a.O., S. 9–62

(40) Thomas, Alexander/Chess, Stella: *Temperament and Development*, New York: Brunner/Mazel, 1977, S. 18–26, 93–107, 183–190

(41) dies.: „Genesis and Evolution of Behavioral Disorders: From Infancy to Early Adult Life", in: *American Journal of Psychiatry*, 141 (1), S. 1–9

Kapitel 4: Die Rolle der Emotionen

(1) Damasio, Antonio R.: „Descartes' Error and the Future of Human Life", in: *Scientific American,* Okt. 1994, S. 144

(2) Gelernter, David: *The Muse in the Machine. Computerizing Poetry of Human Thought*, New York: Free Press, 1994, S. 46–47

(3) Gelernter, David: ebd., S. 35

(4) Damasio, Antonio R.: *Descartes' Error ...*, Putnam, 1994, S. 205–223

(5) ebd., S. 205–223

(6) ebd., S. 199

(7) ebd., S. 170–173

(8) ebd., S. 200

(9) Coulter, Dee Joy: *The Triune Brain*, Longmont: Coulter Pub., 1985 (Audiokassette)

(10) Damasio, Antonio, u.a.: „Brain Faces Up to Fear, Social Signs", *Nature*, 15. Dez. 1994, in: *Science News*, 17. Dez. 1994 (Bd. 146), S. 406

(11) Tortora/Anagnostakos: a.a.O., S. 400–401

(12) Middleton, Frank A./Strick, Peter L.: „Brain Gets Thoughtful Reappraisal", *Science*, 21. Okt. 1994, in: *Science News*, 19. Okt, 1994 (Bd. 146), S. 284

(13) Meaney, Michael J., u.a.: „Memory Loss Tied to Stress", in: *Science News*, 20. Nov 1993 (Bd. 144), S. 332

(14) Chopra, Deepak: *Quantum Healing. Exploring the Frontiers of Mind/Body Medicine*, Conference in Honolulu, Hawaii, Febr. 1991

(15) de Beauport, Elizabeth: *Tarrytown Newsletter*, 1983

(16) Restak, Richard: *The Mind*, a.a.O., S. 319

(17) Lazarus, Richard S./Lazarus, Bernice N.: *Passion and Reason. Making Sense of Our Emotions*, New York: Oxford University Press, 1994, S. 203–208, 290–297

(18) Coulter, Dee Joy: *Children at Risk: The Development of Drop-outs*, Longmont: Coulter Pub., 1986 (Audiokassette)

(19) Pearce, Joseph Chilton: *Evolution's End ...*, a.a.O., S. 44–51

(20) Coulter, Dee Joy: *Enter the Child's World*, Longmont: Coulter Pub., 1986 (Audiokassette)

(21) Coulter, Dee Joy: ebd.

(22) Damasio, Antonio: *Descartes' Error ...*, Putnam, 1994, S. 112–113

(23) Tulving, Endel, u.a.: „Hemispheric Encoding/Retrieval Asymmetry in Episodic Memory: Positron Emission Tomography Findings", in: *Proceedings of The National Academy of Sciences*, 15. März 1994, S. 2016–2020. Siehe auch: „Brain Scans Show Two-Sided Memory Flow", in: *Science News*, 26. März 1994 (Bd. 145), S. 199

(24) Kandel, Eric R.: *The Principles of Neuroscience*, New York: Elsvier Press, 3. Aufl. 1991, S. 1024–1025

(25) Pearce, Joseph Chilton: *Evolution's End ...*, a.a.O., S. 141

(26) MacLean, Paul D.: *The Triune Brain in Evolution. Role in Paleocerebral Functions*, New York: Plenum Press, 1990, S. 559–560

(27) MacLean, Paul D.: ebd., S. 559–575

(28) Trowbridge, Anthony: „Ecology of Knowledge Network", Vortrag bei der Science and Vision Conference, Human Sciences Research Center, Pretoria, Südafrika, Januar 1992

(29) Pearce, Joseph Chilton: *Evolution's End ...*, a.a.O., S. 164–171

(30) Healy, Jane M.: *Endangered Minds. Why Children Don't Think and What We Can Do About It*, New York: Simon & Schuster, 1990

(31) Moody, Kate: *Growing Up On Television*, New York: Times Books, 1980, S. 37, 51, 53

(32) Bryant, Dr. Jennings: in: Jane Healy, *Endangered Minds*, a.a.O., S. 201–202

(33) Rosemond, John K.: „Parents Ask Questions About School, in: *Hemispheres Magazine* (Delta Airlines), April 1994, S. 105–106

(34) Gachelmann, K. A.: „Dream Sleep: A Risk For Heart Patients?" in: *Science News*, 6. Febr. 1993 (Bd. 143), S. 85

(35) Somers, Virend K./Dyken, Mark E./Mark, Allyn L.: „Sympathetic-Nerve Activity During Sleep in Normal Subjects", in: *New England Journal of Medicine*, 4. Febr. 1993 (Bd. 328), S. 303–307

Kapitel 5: Verbindungen herstellen

(1) Harvey, Arthur: *The Numbered Brain*, Louisville: Center for Music and Medicine, University of Louisville, School of Medicine, 1985, S. 7

(2) Chopra, Deepak: *Quantum Healing ...*, Bantam, 1988, S. 50

(3) Penfield, Wilder: *The Mystery of the Mind. A Critical Study of Consciousness and the Human Brain*, Princeton: University Press, 1977

(4) Begley, Sharon/Wright, Linda/Church, Vernon/Hager, Mary: „Mapping the Brain", in: *Newsweek*, 20. April, 1992, S. 66–70

(5) Haier, Richard: „Images of Intellect. Brain Scans May Colorize Intelligence", in: *Science News*, 8. Okt. 1994 (Bd. 146), S. 236–237

(6) Tortora/Anagnostakos: a.a.O., S. 433–438

(7) ebd., S. 433

(8) ebd., S. 438

(9) Luria, Alexander R.: *Language and Cognition*, New York: Wiley, 1981, S. 103–113

(10) Tortora/Anagnostakos: a.a.O., S. 403

(11) Montgomery, Geoffrey: „The Mind in Motion", in: *Discover*, März 1989, S. 61–64

(12) McCrone, John: *The Ape That Spoke. Language and the Evolution of the Human Mind*, New York: Avon Books, 1991, S. 65; dt.: *Als der Affe sprechen lernte. Die Entwicklung des menschlichen Bewußtseins*, Frankfurt: Krüger, 1992

(13) Kolb, David: *Experiential Learning. Experience As the Source of Learning and Development*, Englewood: Prentice-Hall, 1984, S. 47

(14) ebd., S. 47

(15) Williams, Linda Verlee: *Teaching for the Two-Sided Mind. A Guide to Right Brain/Left Brain Education*, New York: Simon & Schuster, 1983, S. 26

(16) Edwards, Betty: *Drawing on the Right Side of the Brain*, Los Angeles: Tarcher, 1979, S. 40; dt.: *Garantiert zeichnen lernen. Das Geheimnis der rechten Hirn-Hemisphäre und die Befreiung unserer schöpferischen Gestaltungskräfte*, Reinbek: Rowohlt, 1992

(17) Coulter, Dee Joy: *The Triune Brain*, a.a.O.

(18) Pearce, Joseph Chilton: *Magical Child*, a.a.O., S. 29–34

(19) Piaget, Jean: *The Grasp of Consciousness. Action and Concept in the Young Child*, Cambridge: Harvard, 1976, S. 208, 346–353

(20) Shaffer, David: „Attention Deficit Hyperactive Disorder in Adults", in: *American Journal of Psychiatry*, Mai 1994, S. 633–638

(21) Harvey, Arthur: a.a.O., S. 7–8

(22) Die für die volle Funktionsfähigkeit des Geist–Körper-Systems notwendige Integration wird in *EK für Kinder* anschaulich illustriert. Siehe dazu: Dennison, Paul E/Dennison, Gail E.: *EK für Kinder. Das Handbuch der Edu-Kinestetik für Eltern, Lehrer und Kinder jeden Alters*, Freiburg: VAK, 11. Aufl. 1995.– Zu den Brain-Gym®-Übungen siehe Kapitel 7.

(23) Coulter, Dee Joy: *The Sympathetic Thinker in a Critical World*, Longmont: Coulter Pub., 1986 (Audiokassette)

(24) Coulter, Dee Joy: *Classroom Clues to Thinking Problems*, Longmont: Coulter Pub., 1986 (Audiokassette)

(25) Ministry of Education and Research, International Relations Division: *Characteristic Features of Danish Education, Copenhagen/Denmark, 1992*

(26) Henriksen, Spaet/Hesseltholdt, Svend/Jensen, Knud/Larsen, Ole B.: *The Democratization of Education*, Copenhagen/Denmark: Department of Education and Psychology, The Royal Danish School of Educational studies, 1990, S. 1–39

(27) Seligman, Martin E.: *Helplessness: On Depression, Development, and Death*, San Francisco: W. H. Freeman, 1975, S. 37–44, 134–165; dt.: *Erlernte Hilflosigkeit*, München/Weinheim: Psychologie-Verlags-Union, 1986

(28) Mandaus, George F., u.a.: „Tests Flunk, Study Finds" in: *Science News*, 24. Okt. 1992 (Bd. 142), S. 277

(29) Epstein, Herman T.: „Growth Spurts During Brain Development: Implications for Educational Policy and Practice", in: Chall, J./Mirsky, A. F. (Hrsg.): *Education and the Brain*, Chicago: University of Chicago Press, 1979, S. 343–370

(30) Piaget, Jean, in: Campbell, Sarah F. (Hrsg.): *Piaget Sampler: An Introduction to Jean Piaget Through His Own Words*, New York: Wiley, 1976, S. 15–16, 71–78

(31) Coulter, Dee Joy: *Enter the Child's World*, a.a.O.

(32) Gardner, Howard: *Frames of Mind. The Theory of Multiple Intelligences*, New York: Basic Books, 1983; dt.: *Abschied vom IQ. Die Rahmen-Theorie der vielfachen Intelligenzen*, Stuttgart: Klett-Cotta, 1991

(33) Luria, Alexander R.: „The Role of Speech in the Formation of Temporary Connections and the Regulation of Behavior in the Normal and Oligophrenic Child", in: Simon and Simon (Hrsg.): *Educational Psychology in the USSR*, Stanford: Standford University Press, 1968, S. 85

(34) Healy, Jane M.: *Endangered Minds ...,* a.a.O., S. 101

(35) Tomatis, Alfred A.: *The Conscious Ear ...,* a.a.O., S. 201–218

(36) Coulter, Dee Joy: *Movement, Meaning and the Mind,* Hauptvortrag beim siebten Jahrestreffen der Educational Kinesiology Foundation, Greeley, Juli 1993

(37) Coulter, Dee Joy: *Children at Risk ...,* a.a.O.

(38) Blakeslee, Sandra: „Brain Yields New Clues on Its Organization for Language", in: *New York Times. Science Times,* 19. Sept. 1991, S. C-1

(39) Tortora/Anagnostakos: a.a.O., S. 403

(40) Tortora/Anagnostakos: ebd., S. 403

(41) Die Übung *Sprechender Fisch* aus Vision-Gym® und das *Energiegähnen* aus Brain-Gym® verstärken die Aktivierung zu den Kommunikationszentren über die Kiefer- und Mundregion hinweg. Damit wird die Spannung im Kiefer und in den Gesichtsmuskeln, einschließlich der Augenmuskeln gelöst, so daß verbale und expressive Kommunikation gleichzeitig möglich sind. Siehe dazu Kapitel 7 und Dennison, Paul E.; Dennison, Gail, E.: *Brain-Gym®-Lehrerhandbuch,* Freiburg: VAK, 7. neu illustr. u. von den Autoren vollständig überarb. Auflage 1995

(42) Rankin, Paul T.: „The Importance of Listening Ability", in: *English Journal,* (college ed.), 2 (Nov. 1981), S. 523–630

(43) Werner, Elyse K.: *A Study in Communication Time,* unveröffentlichte Doktorarbeit. College Park: University of Maryland, 1975

(44) *American's Use of Time Project,* Ann Arbor: Inter-University Consortium for Political and Social Research, 1993

(45) Healy, Jane M.: *Endangered Minds,* a.a.O., S. 86–104

(46) Brewer, Chris/Cambel, Don: *Rhythms of Learning. Creative Tools for Developing Lifelong Skills,* Tucson: Zephyr Press, 1991, S. 31

(47) Coulter, Dee Joy: *Children at Risk...,* a.a.O.

(48) Fuster, Joaquin M.: *The Prefrontal Cortex: Anatomy, Physiology and Neuropsychology of the Frontal Lobe,* New York: Raven Press, 2. Aufl. 1980, S. 255

(49) McCrone, John: *The Ape That Spoke,* a.a.O., S. 252–253

(50) MacLean, Paul D.: *The Triune Brain in Evolution,* a.a.O., S. 559–562

Kapitel 6: Bewegung

(1) Zitiert in Restak, Richard: *The Brain,* a.a.O., S. 76

(2) Gardner, Howard: a.a.O., S. 193

(3) ebd., S. 194–195. Roger Sperry zitiert in E. Edwarts „Brain Mechanisms in Movement", in: *Scientific American,* 229, Juli 1973, S. 103

(4) Middleton, Frank A./Strick, Peter L.: „Anatomical Evidence for Cerebellar und Basal Ganglia Involvement in Higher Cognitive Function", in: *Science,* 21. Okt 1994 (Bd. 266), S. 458–461

(5) Stiller, Angelika/Wennekes, Renate: *The Motoric Development Across the Body Midline;* dt.: *Die motorische Entwicklung über die Mittellinie,* Neuenkirchen-Vörden: Selbstverlag, 1992

(6) Olsen, Eric: „Fit Kids, Smart Kids – New Research Confirms that Exercise Boosts Brainpower", in: *Parents Magazine,* Okt. 1994, S. 33–35

(7) Brink, Susan: „Smart Moves. New Research Suggests that Folks from 8 to 80 Can Shape Up Their Brains with Aerobic Exercise", in: *U.S.News & World Report,* 15. Mai 1995, S. 78–82

(8) Albalas, Moses, zitiert in Dennison, Paul E./Dennison, Gail E.: *Edu-Kinesthetics In-Depth, The Seven Dimensions of Intelligence,* Ventura: Educational Kinesiology Foundation, 1990

(9) Dennison, Gail E.: *The Big Vision Book*, Ventura: Edu-Kinesthetics, Inc., 1995

(10) Schwartz, Eugene: *Seeing, Hearing, Learning ...,* a.a.O., S. 12

(11) Interviews mit Beschäftigungstherapeuten an den Kwazulu-Schulen und mit Beratern der Sunfield Home School, Verulum, Südafrika, März 1993

(12) Pisani, T. du/Plekker, S. J./Dennis, C. F./Strauss, J. P.: *Education and Manpower Development*, Bloemfontein/Südafrika: Research Institute for Educational Planning, University of the Orange Free State, 1990, S. 17

(13) Coulter, Dee Joy: *Enter the Child's World ...,* a.a.O.

(14) Brewer, Chris; Campbell, Don: *Rhythms of Learning ...,* a.a.O.

(15) Coleman, H. M.: „Increased Myopia in Schools", in: *Journal of American Ophtalmic Association*, (41) 1970, S. 341

(16) Young, F. A.: „Myopia Development", in: *American Journal of Ophtalmology*, (52) 1961, S. 799

(17) Kelley, C. R.: *The Psychological Factors In Myopia*, unveröffentlichte Dissertation, New York: New School of Research, 1953

(18) Streff, John W.: „The Cheshire Study: Changes in Incidence of Myopia Following Program of Intervention", in: *Frontieres in Visual Science*, Proceedings of the University of Houston College of Optometry Dedication Symposium, Houston, März 1977

Kapitel 7: Brain-Gym®

(1) Coulter, Dee Joy: *Movement, Meaning and the Mind,* a.a.O.

(2) McAllen, Audrey E.: *The Extra Lesson. Exercises in Movement, Drawing and Painting for Healing Children with Difficulties with Writing, Reading and Arithmetic,* East Sussex/England: Steiner Schools Fellowship Publications, 1985

(3) Brink, Susan: „Smart Moves" ..., a.a.O., S. 78– 82

(4) Delacato, Carl H.: *The Diagnosis and Treatment of Speech and Reading Problems*, Springfield: Thomas, 1963

(5) Masgutova, Svetlana: „Psychological Impact on Children of Catastrophe", in: *Psychological Problems*, 1990, S. 86–92. (Bei der Educational Kinesiology Foundation erhältlich.)

(6) Ich gebe hier nur einen kleinen Teil dieser Arbeit wider. Weitere Informationen sind erhältlich bei der Educational Kinesiology Foundation, P.O. Box 3396, Ventura, California 93006–3396

(7) Dennison, Paul E/Dennison, Gail E.: *Brain-Gym®-Lehrerhandbuch*, Freiburg: VAK, 7. neu illustr. u. von den Autoren vollständig überarb. Auflage 1995

(8) Tortora/Anagnostakos: a.a.O., S. 591

(9) Olsen, Eric: „Fit Kids, Smart Kids", a.a.O., S. 33

(10) Dennison: *Brain-Gym®-Lehrerhandbuch*, a.a.O., S. 13

(11) ebd., S. 39

(12) ebd., S. 14

(13) ebd., S. 38

(14) ebd., S. 37

(15) ebd., S. 28

(16) ebd., S. 22

(17) Delacato, Carl H.: a.a.O.

(18) Dennison, Paul E./Dennison, Gail E.: *Edu-Kinesthetics In-Depth ...,* a.a.O., S. 113–114

Kapitel 8: Was läuft falsch?

(1) McGuiness, Diane: „Attention Deficit Disorder, The Emperor's Clothes, Animal Pharm, and Other Fiction", in: S. Fisher; R. Greenburg (Hrsg.): *The Limits of Biological Treatment for Psychological Distress,* New York: Erlbaum, 1989

(2) Wang, M. C.: „Commentary", in: *Education Week,* 4. Mai 1988

(3) Zametkin, Alan J./Nordahl, Thomas E., u.a.: „Cerebral Glucose Metabolism in Adults with Hyperactivity of Childhood Onset", in: *New England Journal of Medicine,* 15. Nov. 1990 (Bd. 323:20), S. 1365–1366

(4) ebd., S. 1361–1363

(5) MacLean, Paul D.: *The Triune Brain in Evolution ...,* a.a.O., S. 561–562

(6) Thatcher, Robert W./Hallet, M., u.a.: *Functional Neuroimaging,* New York: Academic Press, 1994, S. 95–105

(7) Giedd, Jay N.: „Quantitative Morphology of the Corpus Callosum in Attention Deficit Hyperactive Disorder", in: *American Journal of Psychiatry,* 1994 (Bd. 151:5), S. 665–669

(8) Snyder, Solomon, u.a.: „Opiate Receptors and Opioid Peptides", in: *Annual Review of Neuroscience,* 1979 (2:35)

(9) Sapolsky, Robert: „Stress Exacerbates Neuron Loss and Cytoskeletal Pathology in the Hippocampus", in: *Journal of Neuroscience,* Sept. 1994 (Bd. 14:9), S. 5373–5380

Kapitel 9: Grundstoffe für das Gehirn: Wasser und Sauerstoff

(1) Tortora/Anagnostakos: a.a.O., S. 37–38, 861–866

(2) ebd., S. 339–342

(3) Fischbach, Gerald D.: „Mind and Brain", in: *Scientific American,* Sept. 1992, S. 50

(4) Tortora/Anagnostakos: a.a.O., S. 37–40, 861–862

(5) ebd., S. 788–789

(6) ebd., S. 37–38, 861–866

(7) Koester, John: „Current Flow in Neurons", in: *Principles of Neuroscience,* New York: Elsevier Press, 3. Aufl. 1991, S. 1033–1040

(8) Fischbach: a.a.O., S. 50

(9) Harvey, Arthur: a.a.O., 1985

(10) Goodman and Gilman: *The Pharmacological Basis of Therapeutics,* New York: Pergamon Press, 8. Aufl. 1990, S. 622

(11) Wiggins, Phillippa M.: *A Mechanism Of ATP-Driven Cation Pumps, Biophysics Of Water,* New York: John Wiley, 1982, S. 266–269

(12) Batmanghelidj, F.: *Your Body's Many Cries for Water*, Falls Church: Global Health Solutions, 1993; dt.: *Wasser – die gesunde Lösung. Ein Umlernbuch*, Freiburg: VAK, 1996

(13) Tortora/Anagnostakos: a.a.O., S. 837–845

(14) Ferris, Thomas F.: „Pregnancy, Preeclampsia and the Endothelial Cell", in: *New England Journal of Medicine*, 14. Nov. 1991 (Bd. 325:20), S. 1439–1440

(15) Tortora/Anagnostakos: a.a.O., S. 852

(16) Harrison, Tinsley Randolph: *Harrison's Principles of Internal Medicine*, New York: McGraw Hill, 12. Aufl. 1991, S. 281–297; dt.: Isselbacher, Kurt J.: *Harrisons Innere Medizin*, Berlin/Wien: Blackwell Wiss. Vlg., o. J.

(17) McCrone, John: *The Ape That Spoke ...*, a.a.O., S. 17

(18) Colombo, Marcio F./Rau, Donald C./Parsegian, V. Adrian: „Protein Solvation in Allosteric Regulation: A Water Effect on Hemoglobin", in: *Science*, 1. Mai 1992 (Bd. 256), S. 655–659

(19) Tortora/Anagnostakos: a.a.O., S. 38

(20) Hollowell, Marguerite: „Unlikely Messengers: How Do Nerve Cells Communicate?", in: *Scientific American*, Dez. 1992, S. 52–56

(21) Olsen, Eric: „Fit Kids, Smart Kids" ..., a.a.O., S. 33–35

(22) ebd.

(23) Olds, David L./Henderson, Charles R.: „Prevention of Intellectual Impairment in Children of Women Who Smoke Cigarettes During Pregnancy", in: *Pediatrics*, Febr. 1994 (Bd. 93:2), S. 228–233. Siehe auch Fackelmann, K. A.: „Mother's Smoking Linked to Child's IQ Drop", in: *Science News*, 12. Febr. 1994 (Bd. 145), S. 101

(24) Stuchly, Maria A.: „Electromagnetic Fields And Health", in: *IEEE Potentials Journal*, April 1993, S. 38

(25) Taubes, Gary: „Electromagnetic Fields", in: *Consumer Reports*, Mai 1994, S. 354–355

(26) Stuchly, Maria A.: „Electromagnetic Fields And Health", a.a.O., S. 35

(27) Raloff, Janet: „EMFs Run Aground", in: *Science News*, 21. Aug. 1993 (Bd. 144), S. 125–126

(28) Taubes, Gary: „Electromagnetic Fields", a.a.O., S. 355–356

(29) Hendee, William/Beteler, John C.: „Another Way EMFs Might Harm Tissue", in: *Science News*, 19. Febr. 1994, S. 127

(30) Coulter, Dee Joy: *Movement, Meaning and the Mind*, a.a.O.

(31) ebd.

(32) Lee, K. Y. C./Klinger, Jürgen/McConnell, Harden: „Electric Field-Induced Concentration Gradients in Lipid Monolayers", in: *Science*, 4. Febr. 1994 (Bd. 263), S. 655

Kapitel 10: Grundstoffe für das Gehirn: Ernährung

(1) Wilmanns, Matthias/Eisenberg, David: „Three-Dimensional Profiles from Residue-Pair Preference. Identification of Sequences with Beta/Alpha Barrel Fold", in: *Proceedings of the National Academy of Science*, 15. Febr. 1993 (Bd. 90), S. 1379–1383

(2) Luthy, Roland/Bowie, James U./Eisenberg, David: „Assessment of Protein Models with 3–Dimensional Profiles", in: *Nature*, 5. März 1992 (Bd. 356), S. 83–85

(3) Tortora/Anagnostakos: a.a.O., S. 801–803

(4) Insel, Paul M./Roth, Walton T.: *Core Concepts in Health*, Mountain View: Mayfield Publishing, 1988, S. 256–264

(5)   Crook, William G.: *The Yeast Connection: A Medical Breakthrough*, New York: Random House, 1985, S. 201

(6)   Levinson, Harold N.: „The Cerebellar-Vestibular Basis of Learning Disabilities in Children, Adolescents, and Adults. Hypothesis and Study", in: *Perceptual & Motor Skills*, 1988 (Bd. 67)

(7)   Crook, William G.: a.a.O., S. 102

(8)   Witkin, Steven S.: „Defective Immune Responses in Patients with Recurrent Candidiasis", in: *Infections in Medicine*, Mai-Juni 1985

(9)   Crook, William G.: a.a.O., S. 378

(10) Truss, C. Orian: „Metabolic Abnormalities in Patients with Chronic Candidiasis", in: *Journal of Orthomolecular Psychiatry*, 1984 (Bd. 13,2)

(11) Iwata, K./Yamamoto, Y.: „Glycoprotein Toxins Produced by Candida Albicans", in: *Proceedings of the Fourth International Conference on the Mycoses*, PAHO Scientific Pub. Nr. 356, Juni 1977

(12) Levinson, Harold N.: *Turning Around The Upside-Down Kids. Helping Dyslexic Kids Overcome Their Disorder*, New York: M. Evans, 1992, S. 145–153

(13) Crook, William G.: a.a.O.

(14) Prinz, R. J./Robert, W. A./Hautman, E.: „Dietary Correlates of Hyperactive Behavior in Children", in: *Journal of Consulting Clinical Psychology*, 1988, 48:769

(15) Horrobin, D. F.: „Alcohol – Blessing and Curse of Mankind!", in: *Executive Health*, Juni 1981 (Bd. XVII, Nr. 9)

(16) Mauro, Frank/Feios, Roberta: *Kids, Food and Television. The Compelling Case for State Action*, New York State Assembly Publishers, 1977, S. 102

(17) Burgess, Donna M./Streisguth, M. P.: „Educating Students with Fetal Alcohol Syndrome of Fetal Alcohol Effects", in: *Pennsylvania Reporter*, Nov. 1990 (Bd. 22:1)

(18) Donovan, Bernard T.: *Humors, Hormones and the Mind: An Approach to the Understanding of Behavior*, London: Macmillan, 1988

(19) Feldman, David, u.a.: „Steroid Hormone Systems Found in Yeast", in: *Science*, 31. Aug. 1984 (Bd. 225), S. 913–914

Kapitel 11: Das Gleichgewichtsorgan und Lernstörungen

(1)   Frank, J./Levinson, Harold N.: „Dysmetric Dyslexia and Dyspraxia: Hypothesis And Study", in: *Journal of American Academy of Child Psychiatry*, 1973 (Bd. 12), S. 690–701

(2)   Levinson, Harold N.: a.a.O.

(3)   Frank, J.; Levinson/Harold N.: a.a.O., S. 133–143

(4)   Levinson, Harold N.: „The Cerebellar-Vestibular Basis of Learning Disabilities in Children, Adolescents, and Adults: Hypothesis and Study", in: *Perceptual and Motor Skills*, 1988 (67), S. 983–1006

(5)   Livingston, Richard: „Season of Birth and Neurodevelopmental Disorders: Summer Birth is associated with Dyslexia", in: *Journal of the American Academy of Child and Adolescent Psychiatry*, Mai 1993 (Bd. 32:3), S. 612–616. Siehe auch: *Science News*, 1. Mai 1993 (Bd. 143), S. 278

(6)   Frank, J./Levinson, Harold N.: a.a.O.

(7)   Coulter, Dee Joy: *Movement, Meaning and the Mind*, a.a.O.

(8) Korner, A. F./Thoman, E. B.: „The Relative Efficacy of Contact and Vestibular Stimulation on Soothing Neonates", in: *Child Development*, 1972 (Bd. 43), S. 443–453

(9) Kaga, K./March, R. R./Tanaka, Y.: „Influence of Labyrinthine Hypoactivity on Gross Motor Development of Infants", in: Cohen, B. (Hrsg.): *International Meeting of the Barany Society*, Annals of the New York Academy of Sciences, 1981 (374), S. 412–420

(10) Kohen-Raz, R.: *Learning Disabilities and Postural Control*, London: Freund, 1988

(11) Mosse, H. L.: „A Complete Handbook of Children's Reading Disorders. A Critical Evaluation of Their Clinical, Educational, and Social Dimensions", in: *Human Sciences Press*, Bd. 1 und 2, 1982

12: Kampf oder Flucht: Die Auswirkungen von Streß auf das Lernen

(1) Tortora/Anagnostakos: a.a.O., S. 455–457

(2) Restak, Richard: a.a.O., S. 39

(3) Tortora/Anagnostakos: a.a.O., S. 523, 526, 807

(4) Diorio, Diane/Viau, Victor/Meaney, Micheal J.: „The Role of the Medial Prefrontal Cortex (Cingulate Gyrus) in the Regulation of Hypothalamic-Pituitary-Adrenal Responses to Stress", in: *Journal of Neuroscience*, Nov. 1993 (13:9), S. 3839–3847. Siehe auch: „Memory Loss Tied to Stress ...", in: *Science News*, 20. Nov. 1993 (Bd. 144), S. 332

(5) McCrone, John: a.a.O., S. 216–217

(6) Tortora/Anagnostakos: a.a.O., S. 365–366

(7) Paul Dennison in einem persönlichen Gespräch mit der Autorin.

(8) Dennison, Paul E./Dennison, Gail E.: *Brain-Gym®-Lehrerhandbuch*, S. 28

(9) Selye, Hans: „General Adaptation Syndrome and Diseases of Adaptation", in: *Journal of Clinical Endocrinoloy and Metabolism*, 1946 (6), S. 117–230

(10) Freize, Irene, u.a.: *Women and Sex Roles. A Social Psychological Perspective*, New York: Norton, 1978

(11) Beardslee, William R., u.a.: „Level of Social-Cognitive Development, Adaptive Functioning, and DSM III Diagnoses in Adolescent Offspring of Parents with Affective Disorders. Implications of the Development of the Capacity for Mutuality", in: *Developmental Psychology*, 1987 (Bd. 23:6) S. 807–815

(12) Field, T./Sandberg, D., u.a.: „Pregnancy Problems, Postpartum Depression and Early Mother-Infant Interaction", in: *Developmental Psychology*, 1985 (Bd. 21), S. 1152–1156

(13) Bower, Bruce: „Growing Up Poor, Poverty Packs Several Punches for Child Development", in: *Science News*, 9. Juli 1994 (Bd. 146), S. 24–25

(14) Satir, Virginia: *The Satir Model: Family Therapy and Beyond*, Palo Alto: Science and Behavior Books, 1991; dt.: *Das Satir-Modell. Familientherapie und ihre Entwicklung*, Paderborn: Junfermann, 1995

(15) Wegscheider-Cruse, Sharon: *Another Chance. Hope and Health for the Alcoholic Family*, Palo Alto: Science and Behavior Books, 1989, S. 137–149; dt.: *Es gibt doch eine Chance. Hoffnung und Heilung für die Alkoholikerfamilie*, Wildberg: Bögner-Kaufmann, 1988

(16) Hamburg, David: „39 Million Poor Americans – If They Don't Know Their Place, They're Learning It", Carnegie Corporation of New York Report, in: *The Washington Spectator*, 15. Mai 1994 (Bd. 20:10), S. 1–2

(17) Healy, Jane M.: a.a.O, S. 201

(18) Wegscheider-Cruse, Sharon: a.a.O., S. 132–137

(19) Satir, Virginia: a.a.O.

(20) Crile, George W.: *A Bipolar Theory of Living Processes*, New York: Macmillan, 1926, S. 104–110, 180–184

(21) Levinson, Harold N.: „The Cerebellar-Vestibular Basis ...", a.a.O.

(22) Ruff, Michael R./Pert, Candace B./Weber, Richard J.: „Benzodiazapine Receptor-Mediated Chemotaxis of Human Monocytes", in: *Science*, 20. Set. 1985 (Bd. 229), S. 1281–1283

(23) Chopra, Deepak: *Quantum Healing* ..., a.a.O., Bantam, 1990, S. 66–67

(24) Cantin, Marc/Genest, Jacques: „The Heart As An Endocrine Gland", in: *Scientific American*, Febr. 1986 (Bd. 254:2), S. 76

(25) Putnam, Frank/Teicher, Martin: Resultate vorgetragen beim Treffen der American Psychiatric Association, Philadelphia, Frühjahr 1994

(26) Terr, Lenore C.: „Adult Memories of Child Abuse", in: *American Journal of Psychiatry*, Jan. 1991, S. 68–72

(27) Chopra, Deepak: a.a.O.

(28) Block, Jack/Robins, Richard W.: „Gender Paths Wind Toward Self-Esteem", in: *Child Development*, Juni 1993. Siehe auch: *Science News*, Bd. 143, S. 308

(29) Moody, Kate: a.a.O., S. 81

(30) A. C. Nielsen Company: *Nielsen Report on Television 1990*, Northbrook: Nielsen Media Research, 1990

(31) Gallup, G. Jr./Newport, F.: *Americans Have Love-Hate Relationship With Their TV Sets.* Gallup Poll News Service, 1990 (55:21), 1–9

(32) Peter D. Hart Research Associates: „Would You Give Up TV for A Million Bucks?", in: *TV Guide*, 1992 (40:41), S. 10–17

(33) Pearce, Joseph Chilton: *Evolution's End* ..., a.a.O., S. 169–170

(34) Centerwell, B. S.: „Exposure to Television As A Cause of Violence", in: G. Comstock (Hrsg.): *Public Communication and Behavior*, Orlando: Academic Press, 1989, Bd. 2, S. 1–58

(35) Moody, Kate: a.a.O., S. 83, 90

(36) Healy, Jane M.: a.a.O., S. 200

(37) Liebert, R./Sprafkin, J.: *The Early Window*, NewYork: Pergamon, 1988

(38) Moody, Kate: a.a.O.

(39) Mander, J.: *Four Arguments for the Elimination of Television*, New York: Morrow, 1978

(40) Buzzell, Keith A.: *The Neurophysiology of Television Viewing: A Preliminary Report.* (Erhalten von Dr. Keith A. Buzzell, 14 Portland St., Frysburg, ME 04037)

(41) Meltzoff, A. N.: „Infant Imitation After A 1-Week Delay: Long-Term Memory for Novel Acts and Multiple Stimuli", in: *Developmental Psychology*, 1988 (24), S. 470–476

(42) Meltzoff, A. N.: „Imitation of Televised Models by Infants", in: *Child Development*, 1988 (59), S. 1221–1229

(43) Flavell, J. H.: „The Development of Children's Knowledge about the Appearance-Reality Distinction", in: *American Psychologist*, 1986 (41), S. 418–425

(44) Heller, M. S./Polsky, S.: *Studies in Violence and Television*, New York: American Broadcasting Company, 1976

(45) Biederman, J./Faraone, S./Keenan K./Knee, E./Twuang, M.: „Family Genetic and Psychosocial Risk Factors in DSM-III Attention Deficit Disorder", in: *Journal of American Academy of Child and Adolescent Psychiatry*, 1990 (Bd. 29)

(46) Tortora/Anagnostakos: a.a.O., S. 408–409

(47) Olsen, Eric: a.a.O., S. 35

(48) Burks, Robert/Keeley, S.: „Exercise and Diet Therapy: Psychotherapist's Beliefs and Practices", in: *Professional Psychology: Research & Practice*, 1989 (Bd. 20), S. 62–64

(49) Ackerman, Jennifer Gorham: „The Healer Within", in: *The Incredible Machine*, Washington: National Geographic Society, 1986, S. 217–219

(50) Restak, Richard M.: a.a.O., S. 40

(51) Tortora/Anagnostakos: a.a.O., S. 349, 407, 409, 531

Kapitel 13: Einseitige Unterrichtsmethoden und fragwürdige Etiketten

(1) MacLean, Paul D.: *The Triune Brain in Evolution*, S. 575

(2) Dennison, Paul E.: *Whole Brain Learning for the Whole Person*, Ventura: Edu-Kinesthetics, Inc., 1985

(3) Hannaford, Carla L.: *Educational Kinesiology („Brain Gym®") with Learning-Style Discriminated K-12 Students,* unveröffentlichte Dissertation, Columbia Pacific University, 1993

(4) Mattson, A., u.a.: *40 Hertz EEG Activity in Learning Disabled and Normal Children,* Posterpräsentation, International Neuropsychological Society, Vancouver, Febr. 1989

(5) Albert Einstein zitiert bei Howard Gardner, a.a.O., S. 178

(6) Brewer, Chris; Campbell, Don: a.a.O.

(7) *The Folkeskole. Education in Denmark.* Ministry of Education and Research, Department of Primary and Lower Secondary Education, Frederiksholms Kanal 26, DK-1220 Copenhagen K, März 1991

(8) Wheatly, Grayson H.: „The Right Hemisphere's Role in Problem Solving", in: *Arithmetic Teacher*, 1977 (11), S. 36–39

(9) Samples, Bob: „Educating for Both Sides of the Human Mind", in: *The Science Teacher,* Jan. 1975, S. 21–23

(10) Epstein, Herman T.: a.a.O., S. 343–370

(11) Meyers, John T.: „Hemisphericity Research. An Overview with Some Implications for Problem Solving", in: *Journal of Creative Behavior*, 1982 (Bd. 16:3), S. 197–211

(12) McCarthy, Bernice: *The 4-MAT System*, Barrington: Excel, Inc., 1986

(34) Kolb, David: a.a.O., S. 96

(14) Gardner, Howard: a.a.O., S. 59–70

(15) „Letter to a Teacher", in: *The Native Perspective*, (Perth, Western Australia) Juli–August 1977

Kapitel 14: Medikamente gegen Hyperaktivität

(1) Breggin, Peter R./Breggin, Ginger Ross: *The War Against Children*, New York: St. Martin's, 1994, S. 3, 62, 78

(2) Chopra, Deepak: *Quantum Healing*, a.a.O., S. 66–67

(3) Breggin, Peter/Breggin, Ginger: a.a.O., S. 4

(4) American Psychiatric Association: *Treatments of Psychiatric Disorder. A Task Force Report of the American Psychiatric Association*, Washington: APA, 1989, S. 1221

(5) Johnson, Dorothy Davis: *I Can't Sit Still – Educating and Affirming Inattentive and Hyperactive Children*, Santa Cruz: Education, Training and Research Association, 1992, S. 153–154

(6) Hartmann, Thom: *Attention Deficit Disorder: A Different Perception*, Novat: Underwood-Miller, 1993, S. 73

(7) Whalen, D./Henker, B.: *Hyperactive Children*, New York: Academic Press, 1980

(8) Breggin, Peter: *Toxic Psychiatry: Why Therapy, Empathy and Love Must Replace the Drugs, Electroshock and Biochemical Theories of the „New Psychiatry"*, New York: St. Martin's, 1991, S. 15; dt.: *Giftige Psychiatrie. Was Sie über Psychopharmaka, Elektroschock, Genetik und Biologie bei „Schizophrenie", „Depression" und „Manisch-depressiver Erkrankung" wissen sollten!*, Heidelberg: Carl Auer, 1996

(9) Swanson, J. M./Cantwell, D./Lerner, M./McBurnett, K./Pfiffner, L./Kotkin, R.: „Treatment of ADHD: Beyond Medication", in: *Beyond Behavior*, 1992 (4:1), S. 13–22

(10) Mannuzza, Salvatore, u.a.: „Adult Outcome of Hyperactive Boys: Educational Achievement, Occupational Rank, and Psychiatric Status", in: *Archives of General Psychiatry*, Juli 1993 (Bd. 50), S. 565–576

(11) Fischbach, Gerald D.: a.a.O., S. 54–55

(12) Winslow, W./Markstein, R.: *The Neurobiology of Dopamine Systems*, Zweites Symposium der Northern Neurobiology Group, Leeds, U.K., Juli 1984

(13) Hartmann, Thom: a.a.O., S. 75–76

(14) Breggin, Peter/Breggin, Ginger: a.a.O., S. 85

(15) Hartmann, Thom: a.a.O., S. 76

(16) Arby, Ronald/Cole, William J.: *Physician's Desk Reference 1995*, Montvale: Medical Economics, 1995, S. 897

(17) Shaffer, David: a.a.O., S. 633–638

(18) Nasrallah, H./Loney, J./Olsson, S./McCalley-Whitters, M./Kramer, J./Jacoby, C.: „Cortical Atrophy in Young Adults with a History of Hyperactivity in Childhood", in: *Psychiatric Research*, 1986 (17), S. 241–246

(19) Mann, Eberhard M.: *The Ritalin Controversy*, Vortrag bei der Attention Deficit Hyperactive Disorder Conference in Honolulu, Hawaii, März 1994

(20) Galaburda, Albert: *Ordinary and Extraordinary Brains: Nature, Nurture and Dyslexia*, Vortrag beim Jahrestreffen der Orton Dyslexia Society, Tampa, Florida, Nov. 1988

(21) Vail, Priscilla: *Smart Kids with School Problems*, New York: Dutton, 1987

Kapitel 15: Auf der Suche nach Vorbildern

(1) Paul MacLean in einem persönlichen Gespräch mit der Autorin

(2) Interview mit Beschäftigungstherapeuten der Sunfield Home School, Verulum, Südafrika, März 1993

(3) Langbury, Arney: *High School Redirection. Denver Public School System*, Denver, Colorado

(4) Ministry of Education and Research, International Relations Division: *Characteristic Features of Danish Education*, Copenhagen/Dänemark, 1992, S. 1–39

(5) Henriksen, Spaet, u.a.: a.a.O.

(6) Nielsen, Jorgen/Webb, Thomas: *An Emerging Critical Pedagogy. Rethinking Danish Educational Philosophy in the Light of Changing Concepts of Culture*, Huanistic Arbog Pub., No. 4, Roskilde Universitetscenter, 1991

(7)   Hahn, Carole L./Dilworth, Paulette: *Preparing Participating Citizens in the European Community.* Vortrag vor der Comparative and International Education Society, San Diego, 21. März 1994

(8)   Kolb, David: a.a.O., S. 2

(9)   Messier, Paul/Given, Barbara/Engel, Charlene: *National Learning Foundation Mission Statement,* Februar 1994. Erhältlich bei: National Learning Foundation, 11 Dupont Circle, N.W., Suite 900, Washington, DC 20036–1271.

Abbildungsverzeichnis

(Urheber der Abbildungen in Klammern; alle Abbildungen ohne Urheberangabe stammen von Carla Hannaford)

274

Stichwortverzeichnis

Über die Autorin

Dr. Carla Hannaford ist Neurophysiologin und Pädagogin und kann auf mehr als achtundzwanzig Jahre Unterrichtserfahrung zurückblicken. Sie lehrte zwanzig Jahre lang als Professorin der Biologie. Danach war sie vier Jahre als Beraterin für Schüler mit Lernbehinderungen an der Grund- und Mittelstufe tätig. Seit 1988 ist sie international anerkannte Lernberaterin und hat weltweit bereits mehr als fünfhundert Vorträge über die neuralen Grundlagen des Lernens und über Edu-Kinestetik gehalten. Sie lebt in Hawaii und Montana.

Paul E. Dennison, Gail E. Dennison:

BRAIN-GYM®

In Fortsetzung zu *EK für Kinder* bringt dieses Buch weitere Übungen für ein ganzheitliches, das ganze Gehirn einbeziehendes Lernen.

Die anschaulich illustrierten Körperübungen sind auf spezielle Lernprobleme und Anwendungsgebiete wie Rechnen und Schreiben, kreatives Denken und Selbstbestimmung bezogen. Die Übungen sind so angelegt, daß ihre Auswirkungen im Alltag schnell zu spüren sind.

9. Auflage 1997, 63 Seiten, Spiralbindung (16,5 x 24 cm), durchgehend illustriert, plus sechsseitige Falttafel „Alle 26 Brain-Gym®-Übungen auf einen Blick", 19,80 DM / 19,– sFr / 145,– öS, ISBN 3-924077-75-4

Gail E. Dennison, Paul E. Dennison, Jerry V. Teplitz:

BRAIN-GYM® fürs Büro

Dieses Buch zeigt einfache Bewegungsübungen für Gehirn und Körper, die Ihnen in kurzer Zeit mehr Energie und Freude an der Arbeit bringen. Alle, die sich zeitweise durch berufliche Aufgaben überfordert fühlen, finden hier die verblüffend wirksame Antwort: Brain-Gym® aktiviert und koordiniert beide Gehirnhälften, erhöht die Streßtoleranz und fördert das Wohlbefinden bei der Arbeit.

Die Übungen sind besonders geeignet für: Buchhaltung, Datenverarbeitung, Führungsaufgaben, Kundenbetreuung, Management, Programmieren, PR-Tätigkeiten, Sekretariat, Telefonmarketing und Verkauf.

1997, 83 Seiten, durchgehend illustriert, Paperback (16,5 x 24 cm), **preiswerte Sonderausgabe** 19,80 DM / 19,– sFr / 145,– öS, ISBN 3-932098-09-9

Das **IAK Institut für Angewandte Kinesiologie GmbH, Freiburg,** veranstaltet laufend Kurse in Touch For Health (Gesund durch Berühren), in Edu-Kinestetik, in Entwicklungskinesiologie und in vielen anderen Bereichen der Angewandten Kinesiologie. Dank enger persönlicher Kontakte zu den Pionieren der AK ist das Institut in der Lage, ständig die neuesten Entwicklungen auf diesem Gebiet zu präsentieren.

Außerdem fördert das Institut die Verbreitung der Angewandten Kinesiologie im deutschsprachigen Raum durch Literaturempfehlungen und Adressenvermittlung.

Wer an der Arbeit des Instituts interessiert ist, kann kostenlose Unterlagen anfordern bei:

IAK Institut für Angewandte Kinesiologie GmbH, Freiburg

Zasiusstraße 67, D-79102 Freiburg, Telefon 07 61-733 08, Telefax 07 61-70 63 84

Claudia Meyenburg:
Achter, X und über Kreuz
Edu-Kinestetik in Theorie und Praxis

Aus dem anfänglichen Plan, einen zweiten Band zu *Die Sache mit dem X* herauszubringen, entwickelte sich ein neues Konzept: ein Forum für Edu-Kinestetik als Plattform für die Weiterentwicklung und den Austausch zwischen Theorie und Praxis in der pädagogischen Kinesiologie. Berichte über und Anregungen für die praktische Arbeit mit Brain-Gym® schreiben einerseits Lehrer und andere Anwender, andererseits auch Wissenschaftler, die neue Forschungsergebnisse mitzuteilen haben. So finden hier Lehrer, Kursleiter und Dozenten der Lehrerfortbildung interessantes Material für die Diskussion mit Kollegen und Eltern.

1996, 312 Seiten, 50 Abb., Paperback (15 x 21,5 cm), 42,– DM / 39,– sFr / 307,– öS, ISBN 3-924077-92-4

Christina Buchner:
Lesen lernen mit links
... und rechts, gehirnfreundlich und ohne Streß. Bilder, Geschichten, Ideen für Lehrer, Eltern und Therapeuten

Dieses Buch zeigt Lehrern, Eltern, Logopäden und anderen Therapeuten, wie sie Kindern dazu verhelfen können, gut und gerne zu lesen. Wird diese Leselernmethode von Anfang an eingesetzt, lassen sich viele Lernprobleme vermeiden: durch Ansprechen der linken und der rechten Gehirnhälfte. Alle Kinder lieben Geschichten. Anders als herkömmliche Lesefibeln vermittelt Christina Buchner das Alphabet spielerisch anhand von Geschichten mit Tiefgang, die Kindern Spaß machen. Die vielen originellen Ideen, die die Autorin selbst in der Schule erprobt hat, werden auch Ihre Phantasie beflügeln.

3. Aufl. 1996, 186 S., 55 Abb., Spiralbdg. (18 x 24,5 cm) , 36,– DM / 33,– sFr / 263,– öS, ISBN 3-924077-49-5

Dawna Markova:
Wie Kinder lernen
Eine Entdeckungsreise für Eltern und Lehrer

In den meisten Kindern schlummern Talente, die bisher niemand erkannt hat. Im traditionellen Schulunterricht wird nur wenig dafür getan, Begabungen, die außerhalb des geforderten Leistungsprofils liegen, zu fördern und so den Kindern ein erfolgreiches und lustvolles Lernen zu ermöglichen.

Dieses Buch richtet sich an Eltern und Lehrer, die sich damit nicht zufrieden geben wollen. Mit vielen Beispielen aus der Praxis und klar strukturiertem Anschauungsmaterial wird das Lernen so zu einer Entdeckungsreise für Eltern, Lehrer und Kinder.

1996, 168 Seiten, Paperback (13 x 20,5 cm), 36,– DM / 36,– sFr / 263,– öS, ISBN 3-924077-84-3